漢字のふく習 1.

漢字を使おう 三年生で習った漢字

新しく使う、四年の教科書でふく習する漢字です。

1 漢字の読みがなを書きましょう。 16点(一つ2)

① 本の感想を言う。（　　）

② 農業にたずさわる。（　　）

③ 列車が通りすぎる。（　　）

④ 湖で泳ぐ。（　　）

⑤ つまずいて転ぶ。（　　）

⑥ 暗い部屋に入る。（　　）

⑦ 悲しい出来事。（　　）

⑧ 味見をする。（　　）

2 あてはまる漢字を書きましょう。 32点(一つ4)

① □(くすり)を飲む。

② 遠くに□(しま)が見える。

③ □□(びょういん)に行く。

④ □□(てつどう)会社

⑤ □(うつく)しいけしき。

⑥ □(みなと)まで歩く。

⑦ □□(とし)に住む。

⑧ テレビの□□(ほうそう)局。

教科書 上27・53・79・86・131・147ページ

← うらのページにつづくよ！

3 漢字の読みがなを書きましょう。 20点（一つ2）

① 車庫（　）に車を入れる。

② くわしく調（　）べる。

③ 家族（　）で出かける。

④ 緑色（　）の絵の具。

⑤ 雲で太陽（　）がかくれる。

⑥ りんごの実（　）がなる。

⑦ 荷物（　）をあずける。

⑧ 友だちに相談（　）する。

⑨ 練習（　）をくり返す。

⑩ 高速（　）道路を走る。

4 あてはまる漢字を書きましょう。 32点（一つ4）

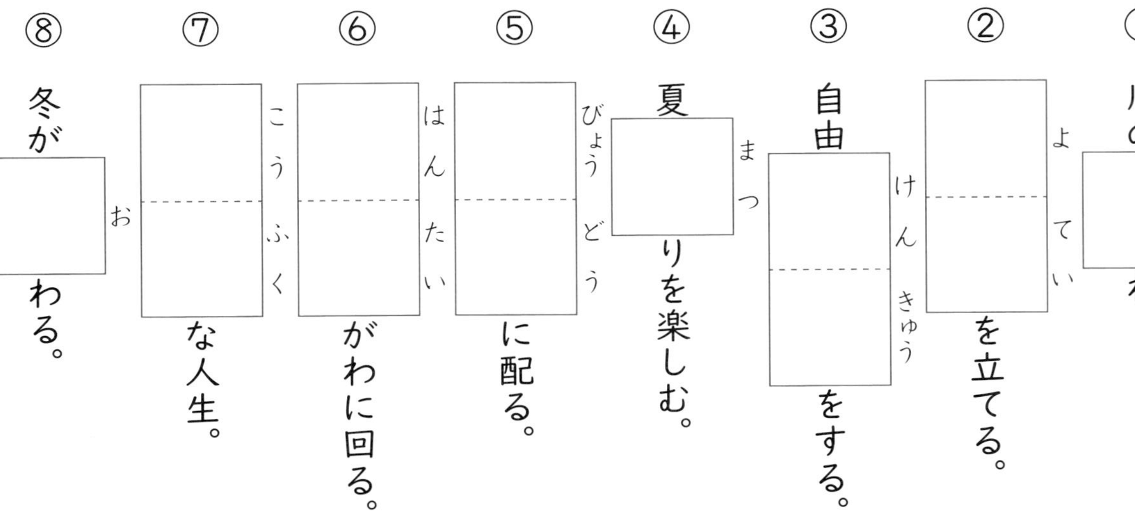

① 川の［なが］れ。

② ［よてい］を立てる。

③ 自由［けんきゅう］をする。

④ 夏［まつ］りを楽しむ。

⑤ ［びょうどう］に配る。

⑥ ［はんたい］がわに回る。

⑦ ［こうふく］な人生。

⑧ 冬が［お］わる。

こわれた千の楽器 (1)

時間 15分　合かく80点　/100

答え 115ページ　サクッとこたえあわせ

月　日

書いて覚えよう！

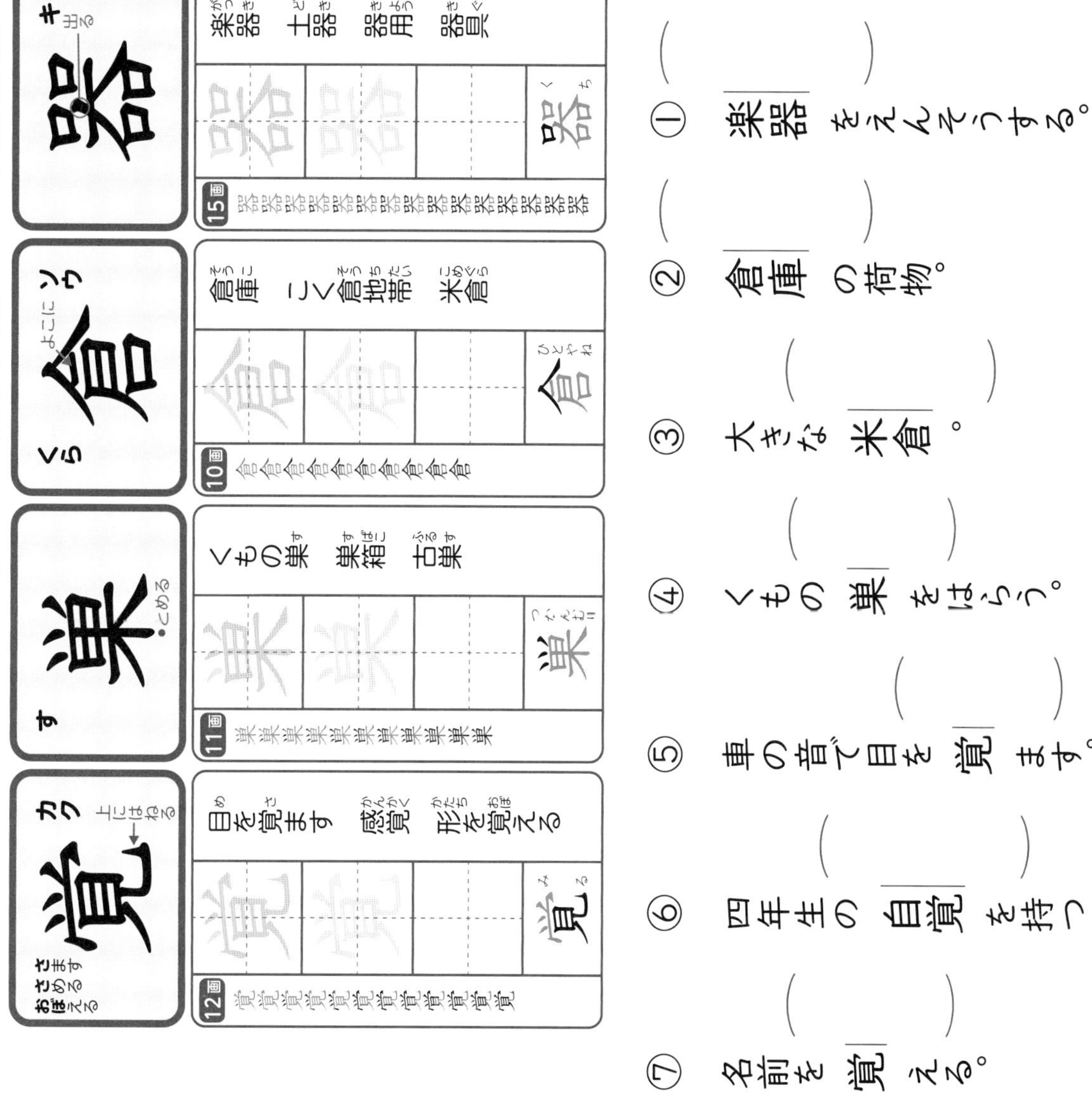

教 18ページ　器　キ　15画
楽器　土器　器用　器具

教 18ページ　倉　くら　ソウ　10画
倉庫　こく倉地帯　米倉

教 18ページ　巣　す　11画
くもの巣　巣箱　古巣

教 18ページ　覚　おぼえる　さます　さめる　カク　12画
目を覚ます　感覚　形を覚える

1 読みがなを書きましょう。 28点（一つ4）

① 楽器をえんそうする。（　）

② 倉庫の荷物。（　）

③ 大きな米倉。（　）

④ くもの巣をはらう。（　）

⑤ 車の音で目を覚ます。（　）

⑥ 四年生の自覚を持つ。（　）

⑦ 名前を覚える。（　）

「器」には「口」が四つあるんだね。

つぎのページにつづくよ！

❷ あてはまる漢字を書きましょう。

72点（一つ9）

① □□（しょうき）をふいて、たなにしまう。

② 手先が□□（きよう）な母は、手芸（げい）が得意（とく）だ。

③ ゆたかなこく□（そう）地帯（たい）が広がる。

④ 港には大きな□□（そうこ）がある。

⑤ 休日に、鳥の□□（すばこ）を作る。

⑥ 犬はにおいの□□（かんかく）がとてもするどい。

⑦ ねむりから□（さ）めると、外は雪の世界になっていた。

⑧ この公園で、写真をとったことを□（おぼ）えている。

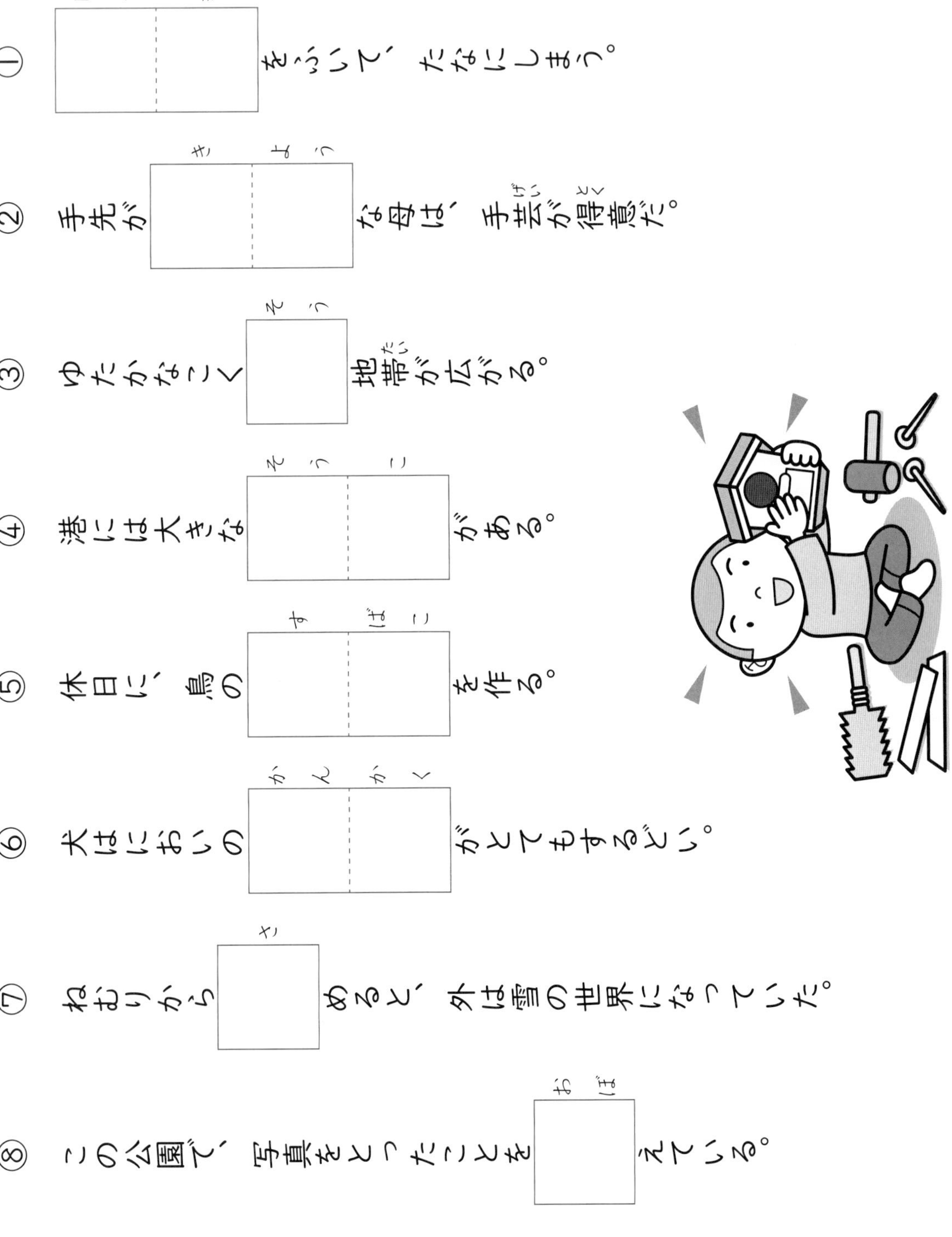

ヒント ⑤「巣」の一〜三画目の向きに注意しましょう。

きほんのドリル 3。

こわれた千の楽器 (2)

時間 15分
合かく80点
/100
サクッとこたえあわせ
答え 115ページ
月 日

書いて覚えよう！

教 18ページ
働 はたらく ドウ （はねる）
13画 働働働働働働働働働働働働働
会社(かいしゃ)で働(はたら)く　労働(ろうどう)
働（にんべん）

教 19ページ
失 うしなう シツ （長く）
5画 失失失失失
失礼(しつれい)　失言(しつげん)　気(き)を失(うしな)う
失（だい）

教 19ページ
包 つつむ ホウ （上とはなす）
5画 包包包包包
紙(かみ)に包(つつ)む　包帯(ほうたい)　包丁(ほうちょう)
包（つつみがまえ）

教 20ページ
例 たとえる レイ （はねる）
8画 例例例例例例例例
例(たと)えば　例(れい)を挙(あ)げる　例外(れいがい)
例（にんべん）

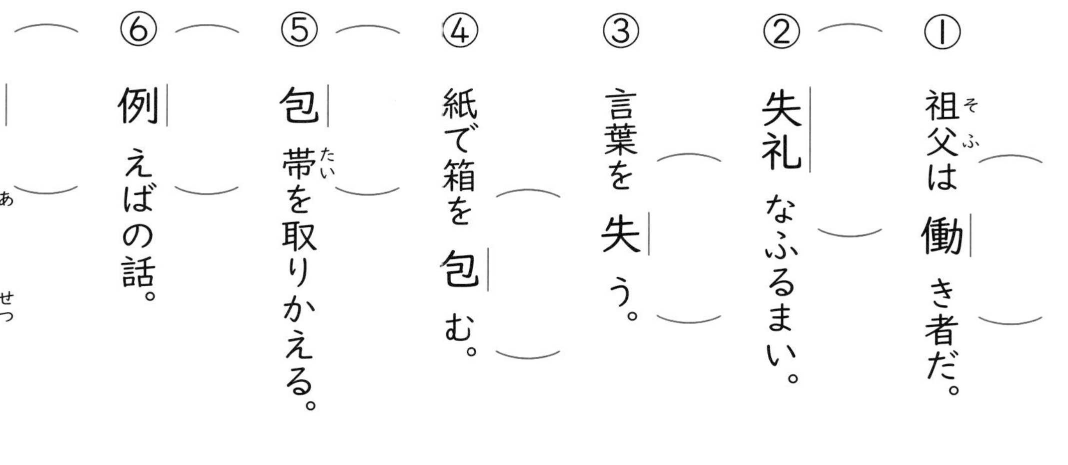

1 読みがなを書きましょう。 28点(一つ4)

① 祖父(そふ)は 働 き者だ。（　　）
② 失礼 なふるまい。（　　）
③ 言葉を 失 う。（　　）
④ 紙で箱を 包 む。（　　）
⑤ 包 帯(たい)を取りかえる。（　　）
⑥ 例 えばの話。（　　）
⑦ 例 を挙(あ)げて説明(せつ)する。（　　）

「包」の中の部分は
「巳」ではなくて
「己」です。

教科書 上16～26ページ

うらのページにつづくよ！

❷ あてはまる漢字を書きましょう。

72点（一つ9）

① おじさんは、市役所で□（はたら）いている。

② 一日の労（ろう）□（どう）を終えて、ゆっくり休む。

③ お客様に□□（しつげん）をしないように気をつける。

④ 人ごみの中で友人を□□（みうしな）う。

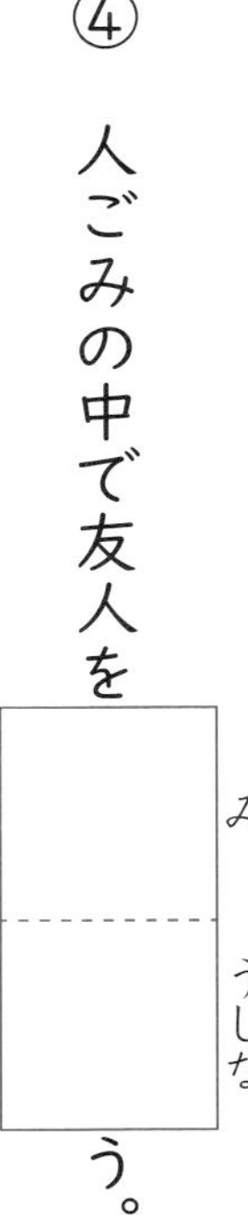

⑤ あたたかい日差（ざ）しに□（つつ）まれる。

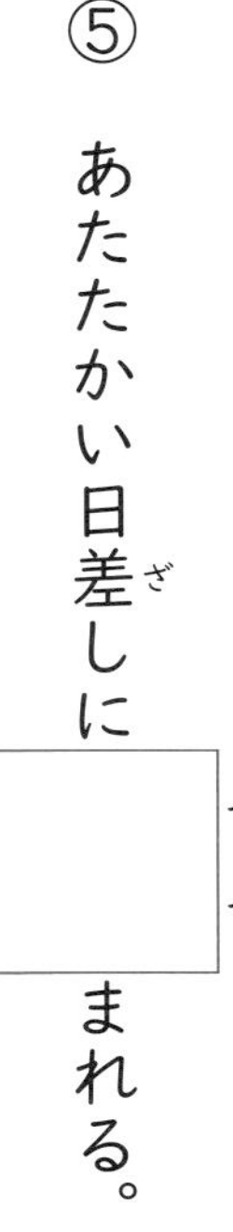

⑥ 切れ味のよい□□（ほうちょう）を使う。

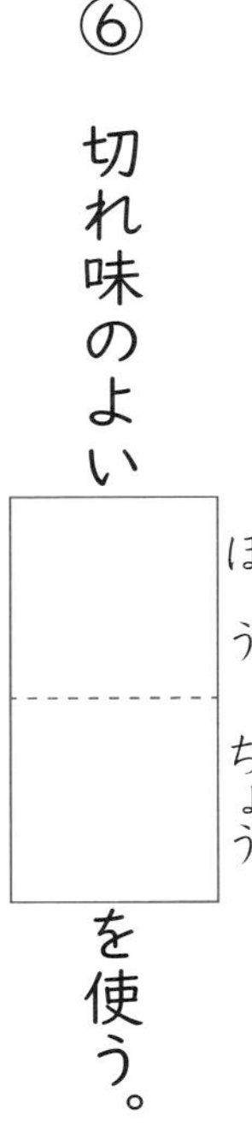

⑦ □（たと）えば、どうすればボールを遠くに投げられるかを考える。

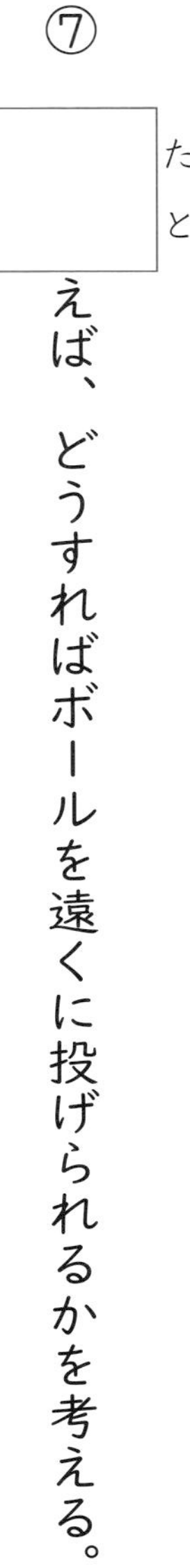

⑧ 手紙を書く前に□□（れいぶん）をよく読む。

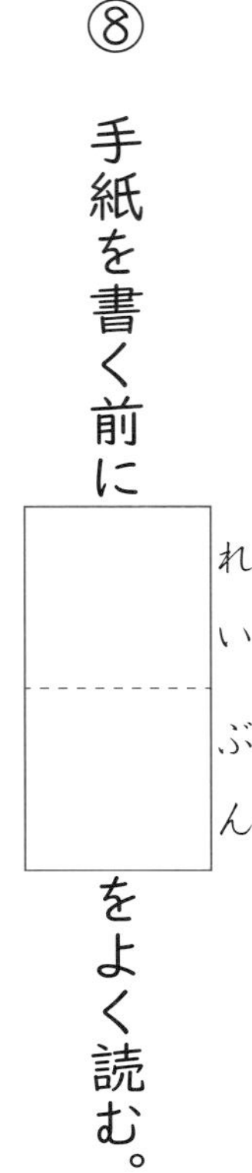

ヒント ③④「失」の一画目をわすれないように注意しましょう。

きほんのドリル 4。

こわれた千の楽器（3）
漢字を使おう1（1）

時間 15分　合かく80点　／100

サクッとこたえあわせ　答え115ページ

月　日

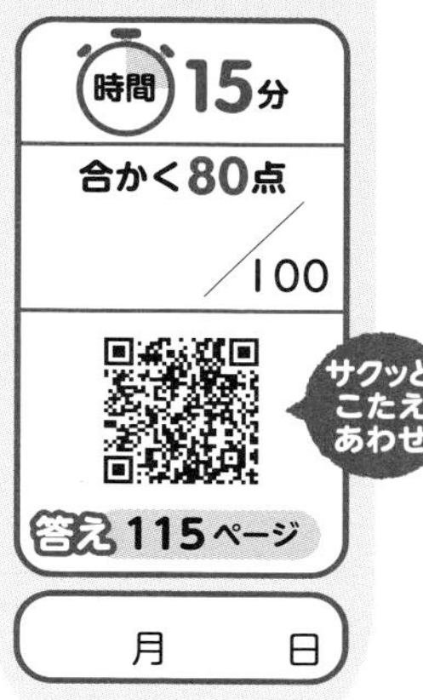

書いて覚えよう！

教21ページ
案　アン
・とめる
10画　案案案案案案案案案案
名案（めいあん）　案内（あんない）　思案（しあん）　案外（あんがい）
案（き）

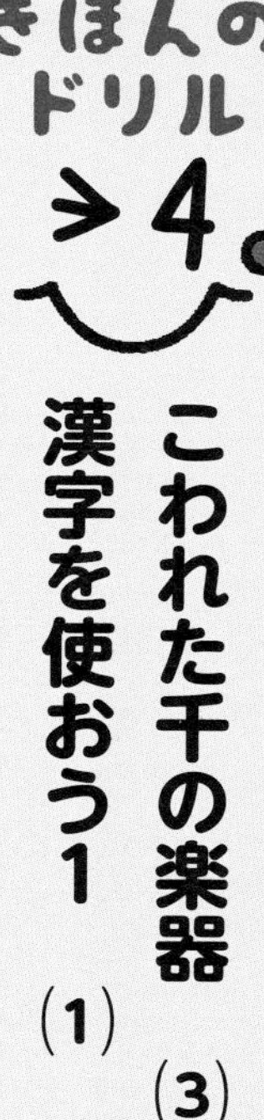

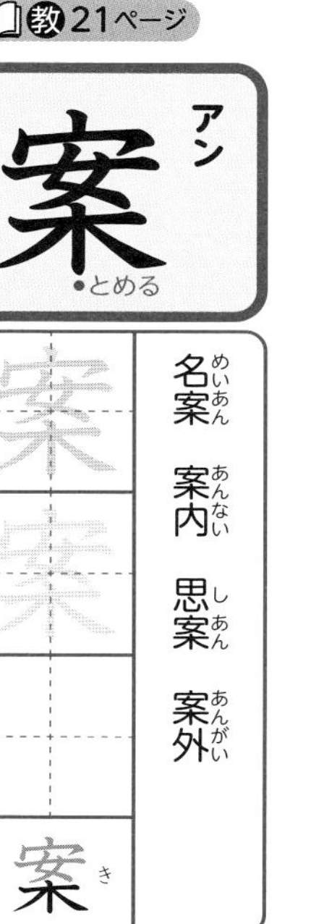

教22ページ
続　ゾク　つづける　つづく
短く
13画　続続続続続続続続続続続続続
話（はなし）を続（つづ）ける　連続（れんぞく）　後続（こうぞく）
続（いとへん）

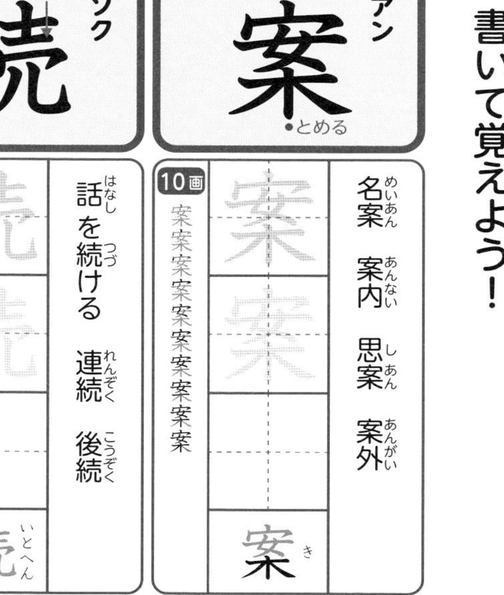

教24ページ
変　ヘン　かわる　かえる
つける
9画　変変変変変変変変変
変化（へんか）　変形（へんけい）　色（いろ）が変（か）わる
変（ふゆがしら・すいにょう）

教25ページ
伝　デン　つたわる　つたう　つたえる
長く
6画　伝伝伝伝伝伝
話（はなし）が伝（つた）わる　伝言（でんごん）　伝記（でんき）
伝（にんべん）

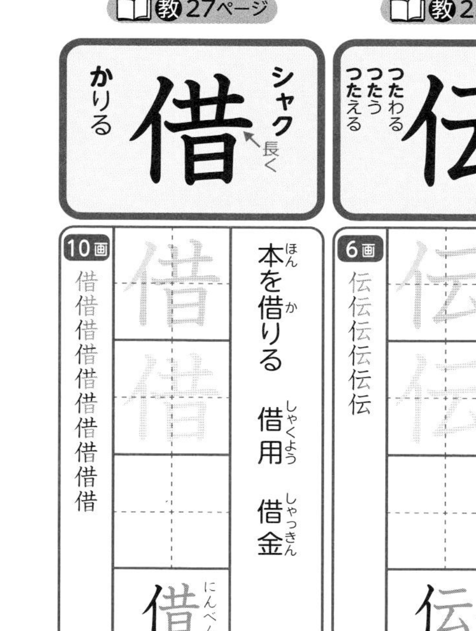

教27ページ
借　シャク　かりる
長く
10画　借借借借借借借借借借
本（ほん）を借（か）りる　借用（しゃくよう）　借金（しゃっきん）
借（にんべん）

読んで覚えよう！

●…読み方が新しい漢字　＝…送りがな

教27ページ
直　チョク　ただちに　なおす　なおる

1 読みがなを書きましょう。　20点（一つ4）

① 君の考えは 名案（　　） だ。
② 先生が話を 続（　　） ける。
③ 形が 変化（　　） する。
④ 気持ちが 伝（　　） わる。
⑤ えん筆を 借（　　） りる。

←うらのページに続くよ！

2 あてはまる漢字を書きましょう。

80点（1つ10）

① お客様を校長室まで［あんない］する。

② 雨がふり出したが、試合を［ぞっこう］する。

③ まっすぐな道がどこまでも［つづ］いている。

④ 雲の色が［か］わって、かみなりが鳴り出した。

⑤ 友人に明日の練習は休みだと［つた］える。

⑥ モーツァルトの［でんき］を読む。

⑥は「電気」じゃないよ。
文の意味から考えよう。

⑦ 雨がふりそうなので、兄のかさを［しゃくよう］する。

⑧ 目的地に向かって［ただ］ちに出発する。

ヒント ④「変」の「夂」の形に注意して書きましょう。

きほんのドリル 5.
漢字を使おう1 図書館へ行こう (1) (2)

時間 15分　合かく80点　／100

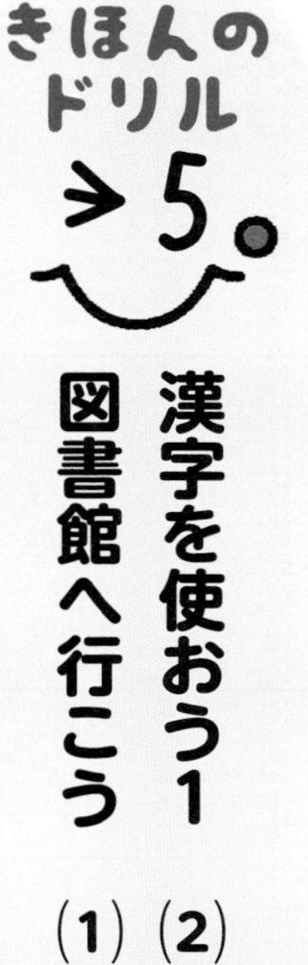

答え 115ページ

月　日

読んで覚えよう！

●…読み方が新しい漢字　‖…送りがな

教27ページ	立　リツ　たつ・たてる
教27ページ	自　シ・ジ　みずから

1 読みがなを書きましょう。 20点(一つ4)

① 魚を追い求める。（　　）
② ノートに記録する。（　　）
③ 努力が実る。（　　）
④ ゆたかな自然。（　　）
⑤ 本を分類する。（　　）

書いて覚えよう！

- 求（キュウ・もとめる）　教27ページ　7画　はねる　追い求める（おいもとめる）　要求（ようきゅう）　求人（きゅうじん）　求ず（み）
- 録（ロク）　教27ページ　16画　出ない　記録（きろく）　録画（ろくが）　登録（とうろく）　付録（ふろく）　かねへん
- 努（ド・つとめる）　教27ページ　7画　出る　努力（どりょく）　勉学に努める（べんがくにつとめる）　ちから
- 然（ゼン・ネン）　教27ページ　12画　「夕」ではない　自然（しぜん）　当然（とうぜん）　天然記念物（てんねんきねんぶつ）　れんが・れっか
- 類（ルイ・たぐい）　教28ページ　18画　とめる　種類（しゅるい）　衣類（いるい）　魚の類い（さかなのたぐい）　おおがい

うらのページに続くよ！

2 あてはまる漢字を書きましょう。

80点（一つ10）

① 判定（はん）の見直しを要（よう）［きゅう］する。

② クラスで歌った歌を［ろくおん］する。

③ 姉は家を出て、［じりつ］している。

④ ［みずか］らの頭で考え、行動する。

⑤ よりいっそう、学業に［つと］める。

⑥ 旅行先で、［てんねん］のえびを食べる。

⑦ ［じんるい］が平和にくらせるように願（ねが）う。

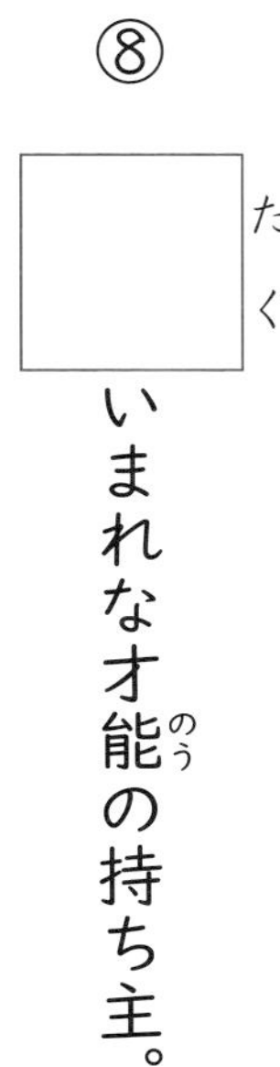

⑧ ［たぐ］いまれな才能（のう）の持ち主。

⑤の「学業につとめる」は、学業をがんばるという意味だよ。

ヒント ②「録」の右側（がわ）の下の部分は「水」ではありません。形に気をつけましょう。

きほんのドリル 6。

図書館へ行こう (2)
話を聞いて質問(しつ)しよう (1)

時間 15分
合かく80点
／100
サクッとこたえあわせ
答え 115ページ
月　日

書いて覚えよう！

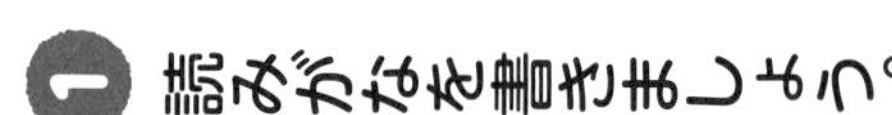

法（教 28ページ）
ホウ
長く
8画　法法法法法法法法
分類法(ぶんるいほう)　方法(ほうほう)　手法(しゅほう)
法（さんずい）

料（教 28ページ）
リョウ
とめる
10画　料料料料料料料料料料
料理(りょうり)　料金(りょうきん)　原料(げんりょう)　送料(そうりょう)
料（とます）

別（教 34ページ）
ベツ　わかれる
出ない
7画　別別別別別別別
別(べつ)の方角(ほうがく)　区別(くべつ)　友(とも)と別(わか)れる
別（りっとう）

参（教 35ページ）
サン　まいる
おれてはらう
8画　参参参参参参参参
参加(さんか)　参考(さんこう)　お宮参(みやまい)り
参（む）

加（教 35ページ）
カ　くわえる　くわわる
はねる
5画　加加加加加
参加(さんか)　加工(かこう)　仲間(なかま)に加(くわ)える
加（ちから）

1 読みがなを書きましょう。
28点（一つ4）

① 日本十進　分類法（　　）
② 資(し)料（　　）を集める。
③ 別（　　）のやり方をためす。
④ 友人と別（　　）れて帰る。
⑤ 話し合いに参加（　　）する。
⑥ そちらへ参（　　）ります。
⑦ 仲間(なか)に加（　　）わる。

うらのページに続くよ！

2 あてはまる漢字を書きましょう。

72点（一つ9）

① 問題をとく［ほうほう］をみんなで考える。

② チケット売り場で［りょうきん］をはらう。

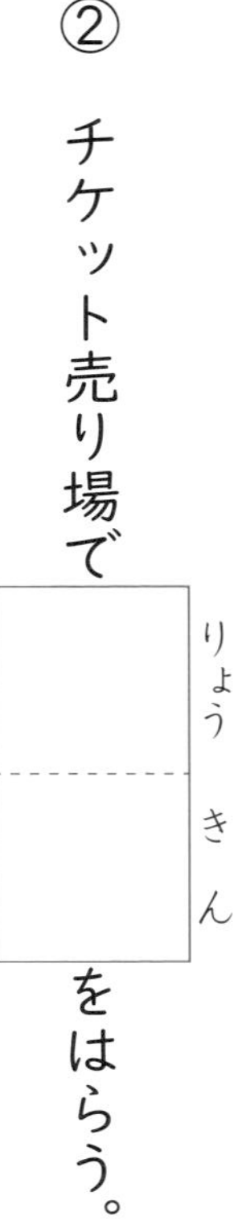

③ テーブルにたくさんの［りょうり］をならべる。

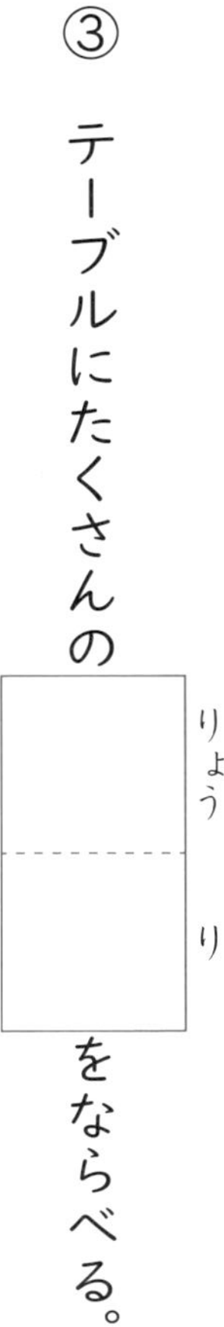

④ めだかのオスとメスはせびれの形で［くべつ］できる。

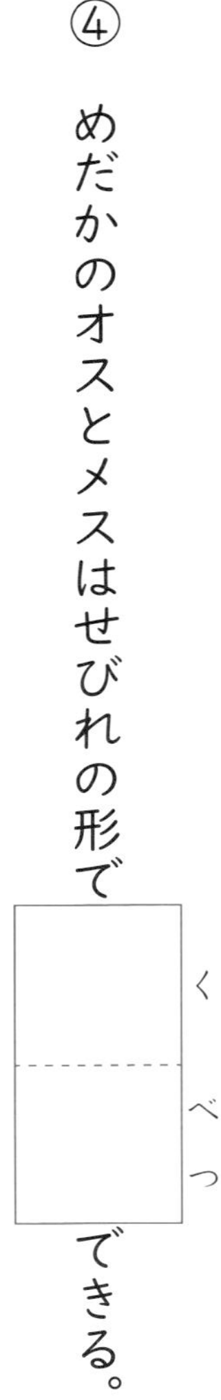

⑤ 発表の［さんこう］にした本の題名をメモしておく。

⑥ 神社にお［まい］りする。

⑦ サッカーチームに［かにゅう］する。

⑧ スープに塩（しお）を［くわ］えすぎた。

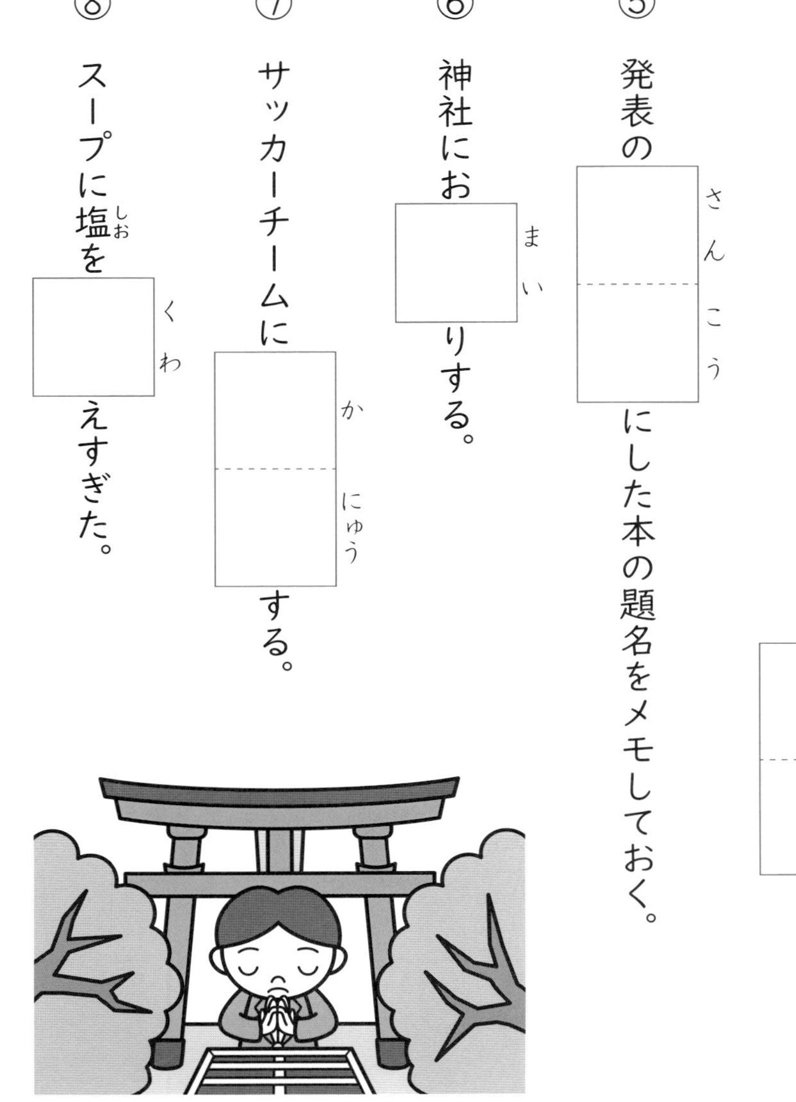

ヒント ⑤⑥「参」は、六～八画目の向きに気をつけましょう。

きほんのドリル 7

話を聞いて質問（しつもん）しよう (2)
漢字辞典の使い方 (1)

時間 15分　合かく80点　／100

サクッとこたえあわせ　答え 115ページ

月　日

書いて覚えよう！

教 35ページ
芽　め　ガ　（はねる）
芽（め）が出（で）る　芽生（めば）え　発芽（はつが）
8画　芽芽芽芽芽芽芽芽
くさかんむり

教 37ページ
司　シ　（はねる）
司会（しかい）　上司（じょうし）　司書（ししょ）　司法（しほう）
5画　司司司司司
くち

教 38ページ
辞　ジ　（下より長く）
辞典（じてん）　辞書（じしょ）　式辞（しきじ）
13画　辞辞辞辞辞辞辞辞辞辞辞辞辞
からい

教 38ページ
典　テン　（長めに）
国語辞典（こくごじてん）　百科事典（ひゃっかじてん）　古典（こてん）
8画　典典典典典典典典
は

「辞典」は言葉をのせたもの、「事典」は事がらをのせたものです。

1 読みがなを書きましょう。　60点（一つ10）

① あさがおの 芽（　　）。

② 種（たね）が 発芽（　　）する。

③ 司書（　　）の先生にたずねる。

④ 司会（　　）をつとめる。

⑤ 漢字（　　） 辞典（　　）を買う。

⑥ 百科（　　） 事典（　　）で調べる。

うらのページに続くよ！

教科書 上 34〜41ページ

2 あてはまる漢字を書きましょう。

40点（一つ5）

① （はつ が）げん米は栄養がある。

② 二人の間に、友情が（め ば）える。

③ 春は（し ん め）が出る季節だ。

④ 会社の（じょう し）の家をたずねる。

⑤ テレビ番組の（し かい しゃ）。

⑥ 買ったばかりの漢字（じ てん）を使って勉強する。

⑦ （じ しょ）のさく引を利用する。

⑧ 日本の（こ てん）文学を読む。

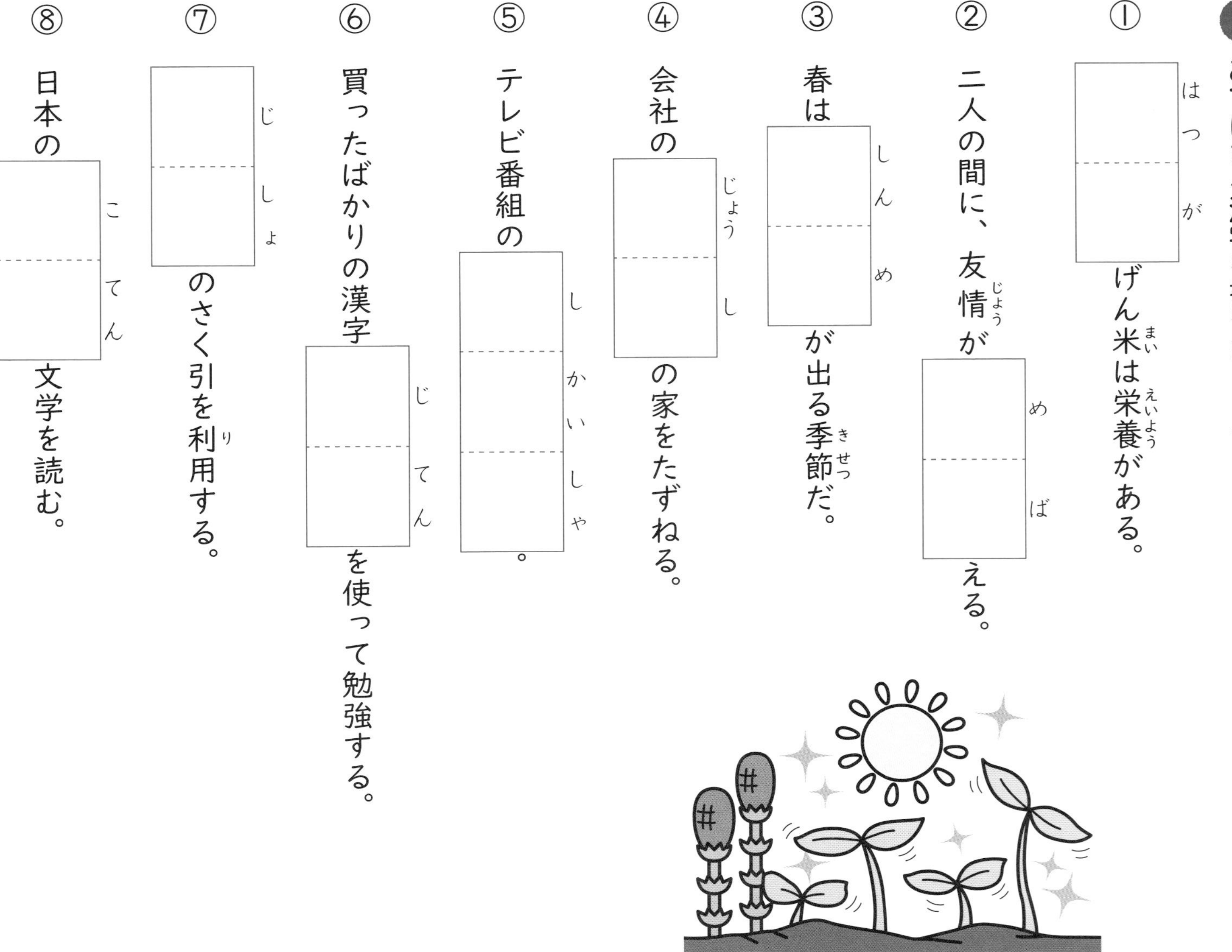

ヒント ⑥⑧「典」の上の部分は、つき出るところと出ないところに注意して書きましょう。

きほんのドリル 8

漢字辞典の使い方 (2)

時間 15分　合かく80点　/100　答え115ページ　サクッとこたえあわせ

月　日

書いて覚えよう！

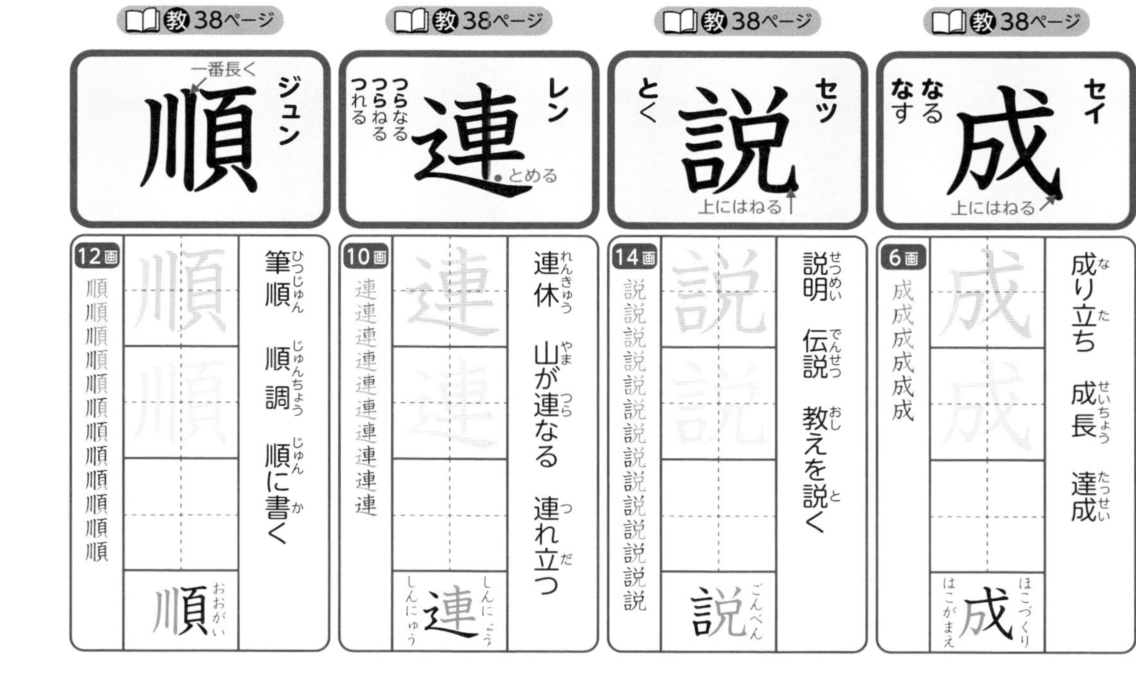

「成」は、筆順をまちがえやすい漢字だよ。注意してね。

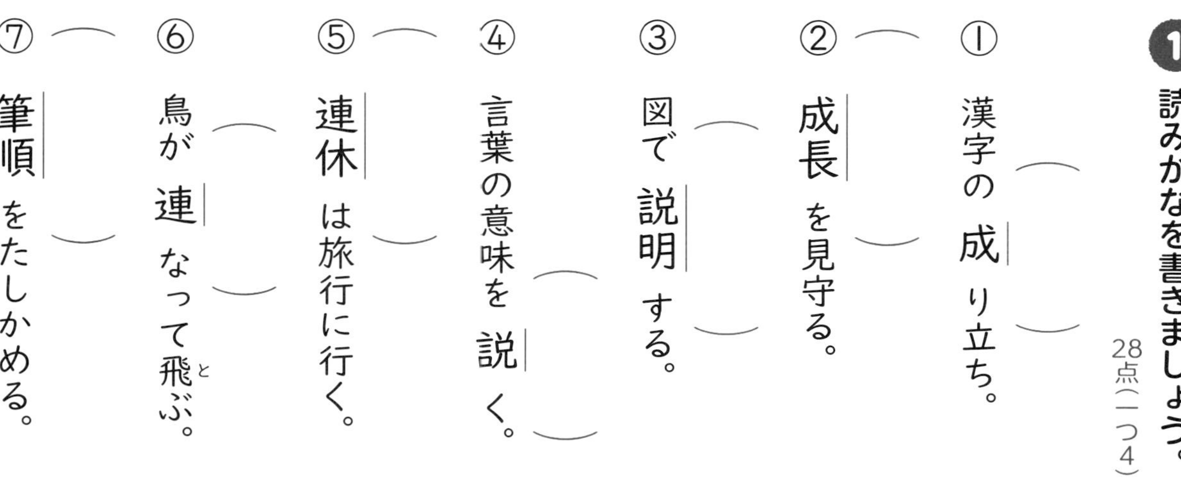

1 読みがなを書きましょう。 28点(一つ4)

① 漢字の成り立ち。（　　）

② 成長を見守る。（　　）

③ 図で説明する。（　　）

④ 言葉の意味を説く。（　　）

⑤ 連休は旅行に行く。（　　）

⑥ 鳥が連なって飛ぶ。（　　）

⑦ 筆順をたしかめる。（　　）

教科書 上38～41ページ

うらのページに続くよ！

2 あてはまる漢字を書きましょう。

72点（一つ9）

① いわしが群（む）れを［な］して泳ぐ。

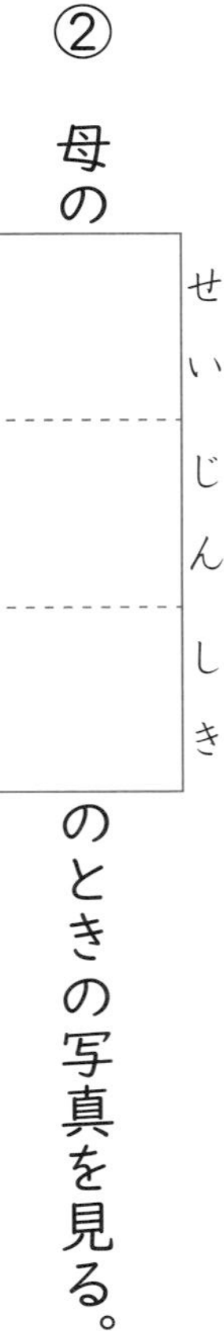

② 母の［せいじんしき］のときの写真を見る。

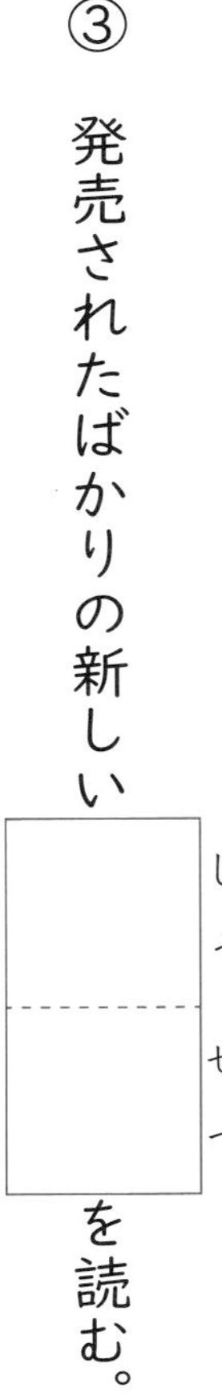

③ 発売されたばかりの新しい［しょうせつ］を読む。

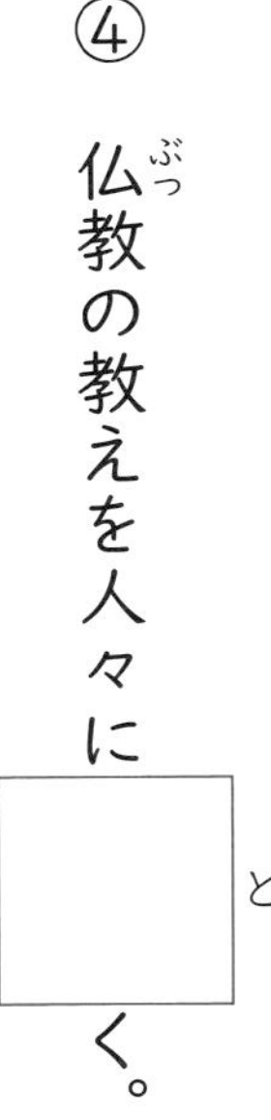

④ 仏（ぶっ）教の教えを人々に［と］く。

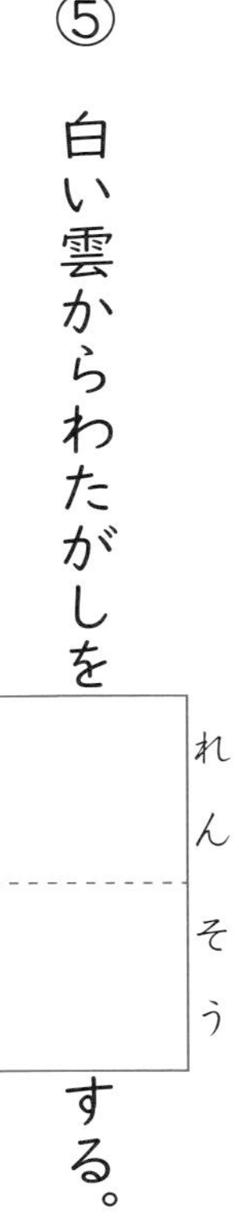

⑤ 白い雲からわたがしを［れんそう］する。

⑥ 犬を［つ］れて、公園まで歩く。

⑦ ［じゅんばん］を守って列の後ろにならぶ。

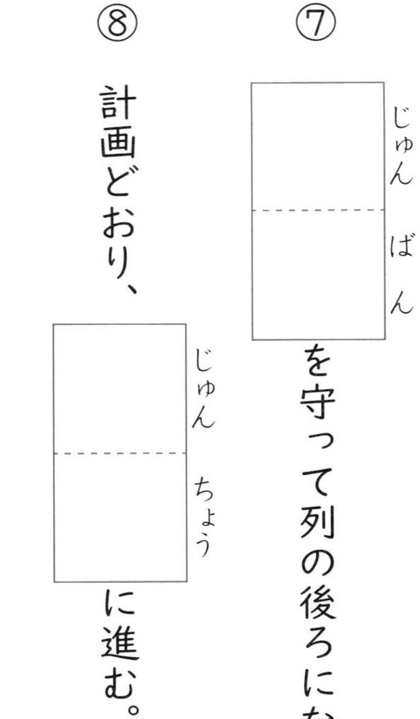

⑧ 計画どおり、［じゅんちょう］に進む。

ヒント ①②「成」は、六画目の点をわすれないように気をつけましょう。

きほんのドリル 9. 漢字辞典の使い方 (3)

時間 15分　合かく80点　／100　答え 115ページ　サクッとこたえあわせ

月　日

教科書 上 38～41ページ

書いて覚えよう！

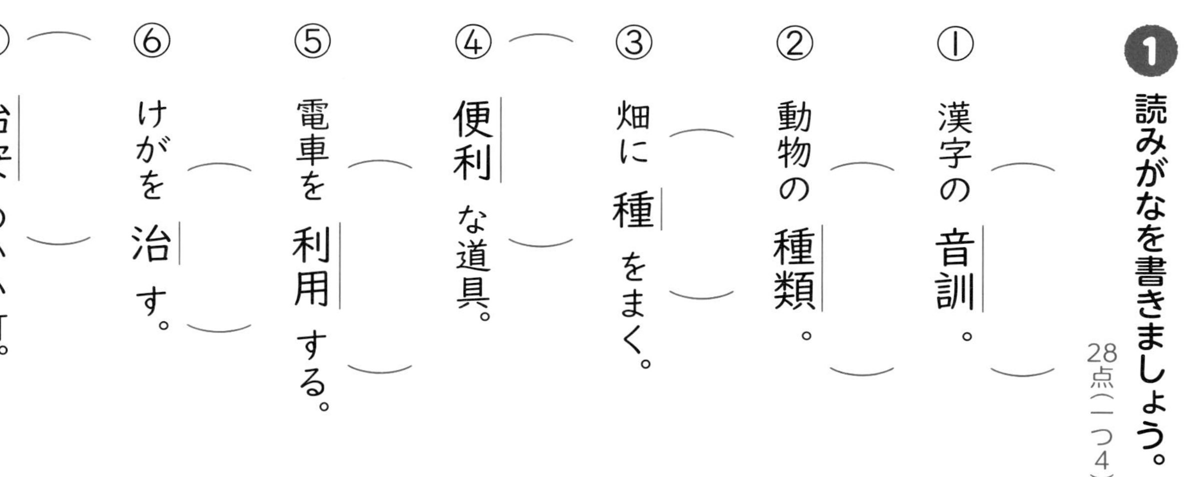

訓（クン）　教39ページ　はらう　10画　ごんべん
訓（くん）　訓読み（くんよみ）　音訓（おんくん）　訓練（くんれん）

種（シュ・たね）　教39ページ　とめる　14画　のぎへん
種類（しゅるい）　品種（ひんしゅ）　種子（しゅし）　菜種（なたね）

便（ベン・ビン・たより）　教41ページ　出ない　9画　にんべん
便利（べんり）　空の便（そらのびん）　風の便り（かぜのたより）

利（リ）　教41ページ　はねる　7画　りっとう
利用（りよう）　勝利（しょうり）　利子（りし）　便利（べんり）

治（チ・ジ・なおす・なおる・おさめる・おさまる）　教41ページ　おれてはらう　8画　さんずい
けがを治す（なおす）　政治（せいじ）　村を治める（おさめる）

1 読みがなを書きましょう。　28点（一つ4）

① 漢字の音訓。（　　）
② 動物の種類。（　　）
③ 畑に種をまく。（　　）
④ 便利な道具。（　　）
⑤ 電車を利用する。（　　）
⑥ けがを治す。（　　）
⑦ 治安のいい町。（　　）

← うらのページに続くよ！

2 あてはまる漢字を書きましょう。

72点（一つ9）

① 前回の□□（きょうくん）を生かして、早めに行動する。

② 運動会で出場する□□（しゅもく）をかくにんする。

③ 郵（ゆう）□（びん）ポストに手紙を入れる。

④ 風の□（たよ）りで友人のことを知る。

⑤ おうえんしているチームが□□（しょうり）する。

⑥ 兄は政（せい）□（じ）について勉強している。

⑦ □□□（じちかい）のバザーの手伝（てつだ）いをする。

⑧ 市を□（おさ）める市長に話を聞いた。

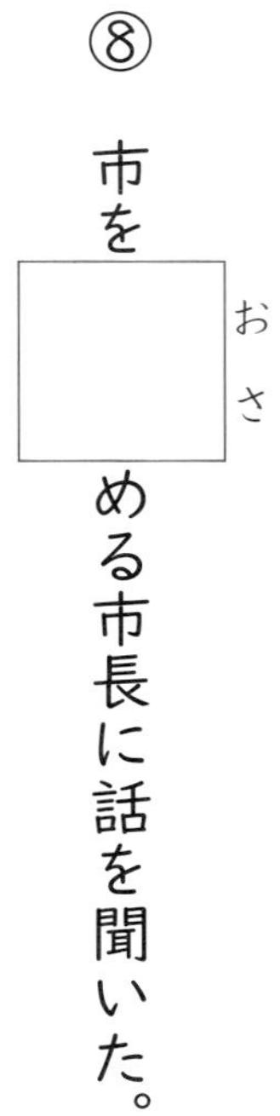

ヒント ③④「便」の八画目は、上につき出ないようにしましょう。

まとめのドリル10 こわれた千の楽器～漢字辞典の使い方

1 漢字の読みがなを書きましょう。 52点(一つ4)

① 巣箱 をのぞきこむと、鳥のひながいた。

② あさがおの 発芽 が待ち遠しい。

③ 二人は、いつの間にか 自然 と仲良(なかよ)くなった。

④ この問題は、案外 やさしかった。

⑤ チームのメンバーが 変 わる。

⑥ うまくいかないときは、別 の 方法 をためすとよい。

⑦ めだかの 成長 の様子を 記録 する。

⑧ 辞典 をプレゼント用に 包 んでもらう。

⑨ 具体例 を挙(あ)げると、話が 伝 わりやすい。

うらのページにつづくよ！

2 あてはまる漢字を書きましょう。〔　〕には漢字とひらがなを書きましょう。 48点（一つ4）

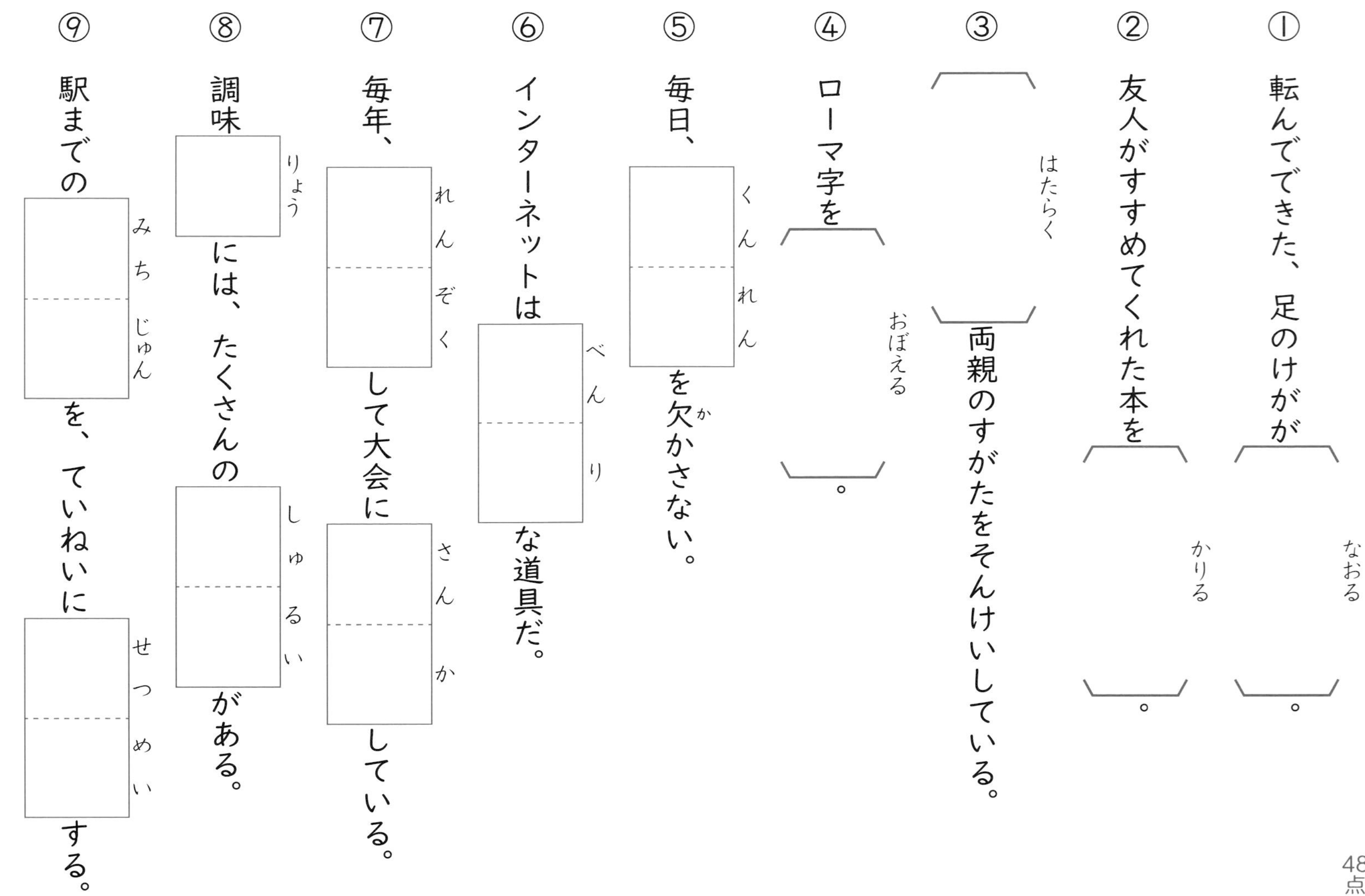

① 転んでできた、足のけがが〔なおる〕。

② 友人がすすめてくれた本を〔かりる〕。

③ 〔はたらく〕両親のすがたをそんけいしている。

④ ローマ字を〔おぼえる〕。

⑤ 毎日、［くんれん］を欠（か）かさない。

⑥ インターネットは［べんり］な道具だ。

⑦ 毎年、［れんぞく］して大会に［さんか］している。

⑧ 調［りょう］味には、たくさんの［しゅるい］がある。

⑨ 駅までの［みちじゅん］を、ていねいに［せつめい］する。

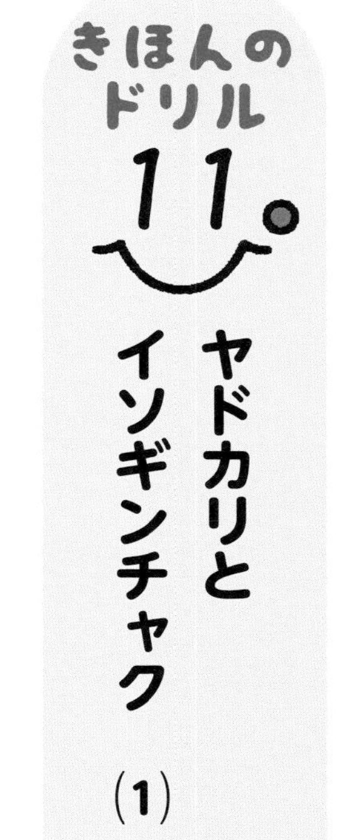

きほんのドリル 11 ヤドカリとイソギンチャク (1)

書いて覚えよう！

教44ページ
観 カン 上にはねる
18画 観
観察（かんさつ）　観光地（かんこうち）　観客（かんきゃく）　外観（がいかん）
観る（みる）

教44ページ
察 サツ はねる
14画 察
観察（かんさつ）　考察（こうさつ）　察知（さっち）　察する（さっする）
うかんむり

教44ページ
験 ケン はねる
18画 験
実験（じっけん）　経験（けいけん）　体験（たいけん）　試験（しけん）
うまへん

教45ページ
好 コウ　この（む）　す（く） はねる
6画 好
大好物（だいこうぶつ）　花を好む（はなをこのむ）　好きな色（すきないろ）
おんなへん

教46ページ
飛 ヒ　と（ぶ）　と（ばす） 上にはねる
9画 飛
風船が飛ぶ（ふうせんがとぶ）　飛行機（ひこうき）　飛来（ひらい）
飛ぶ（とぶ）

1 読みがなを書きましょう。

28点（一つ4）

① 魚を 観察 する。（　　）

② 会場の 観客 席（せき）。（　　）

③ きけんを 察 知（ち）する。（　　）

④ 理科の 実験室 。（　　）

⑤ 妹の 大好物 。（　　）

⑥ あまい味を 好 む。（　　）

⑦ 外へ 飛 び出していく。（　　）

教科書 上 42～52ページ

うらのページに続くよ！

2 あてはまる漢字を書きましょう。

72点（一つ9）

① 旅行の目的（てき）は、主に 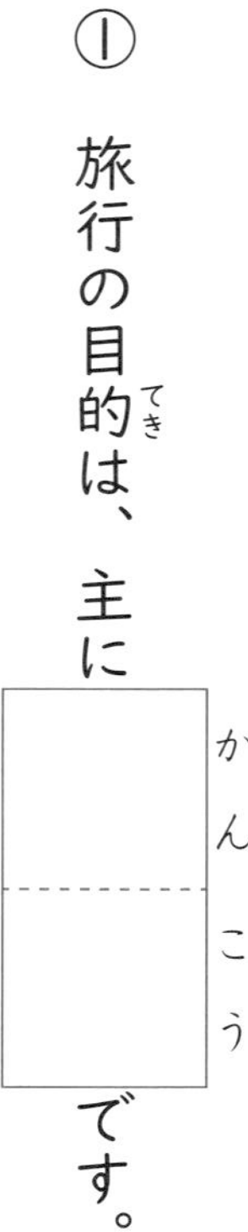（かんこう）です。

② 相手の悲しい気持ちを（さっ）する。

③ ありの生活について 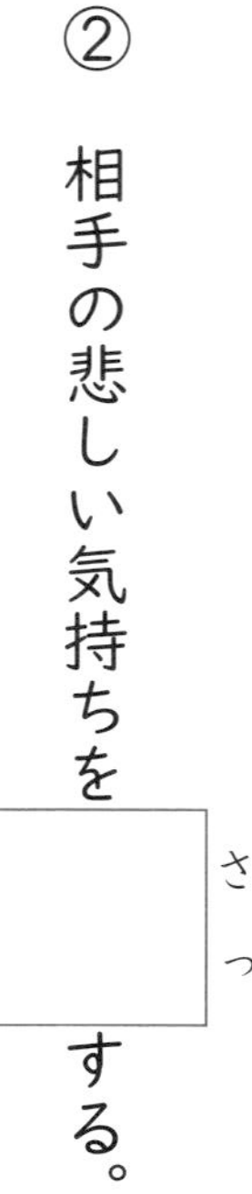（こうさつ）した本を読む。

④ 不思議（ふしぎ）な （たいけん）をみんなに話す。

⑤ 国と国が 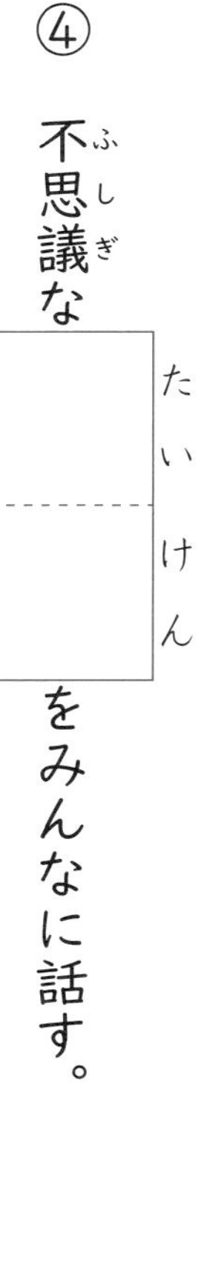（ゆうこう）を深め合う。

⑥ 自分の（す）きな場所へ友人を連れて行く。

⑦ 南の島にわたり鳥が（ひらい）する。

⑧ 打球が遠くへ（と）んでいく。

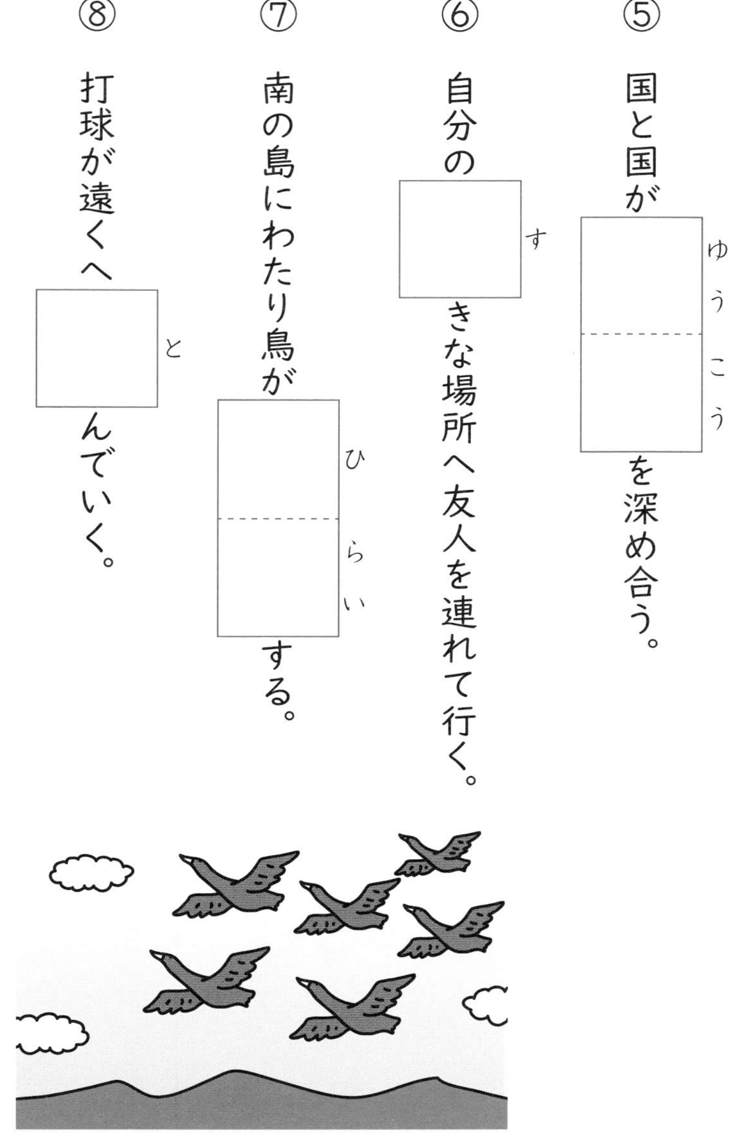

ヒント ⑦⑧「飛」は、筆順や字形などに気をつけて書きましょう。

きほんのドリル 12 ヤドカリとイソギンチャク (2)

時間 15分
合かく80点
/100
答え 116ページ
月　日

書いて覚えよう!

関（教46ページ）　カン　せき　かかわる　（はねる）
関係（かんけい）　関所（せきしょ）　研究（けんきゅう）に関（かか）わる
もんがまえ　14画

博（教46ページ）　ハク　（わすれずに）
博物館（はくぶつかん）　博学（はくがく）　博愛（はくあい）
じゅう　12画

結（教49ページ）　ケツ　むすぶ　（短く）
結果（けっか）　結末（けつまつ）　ひもを結（むす）ぶ
いとへん　12画

果（教49ページ）　カ　はたす　はてる　（とめる）
成果（せいか）　約束（やくそく）を果（は）たす　地（ち）の果（は）て
き　8画

機（教49ページ）　キ　（上にはねる）
飛行機（ひこうき）　機械（きかい）　機転（きてん）　機長（ちょう）
きへん　16画

1 読みがなを書きましょう。 28点（一つ4）

① 犬に関係する番組。（　）
② 学校全体に関わる話。（　）
③ 大学の田中博士。（　）
④ 結果を知る。（　）
⑤ ロープを結ぶ。（　）
⑥ せきにんを果たす。（　）
⑦ 機会にめぐまれる。（　）

うらのページに続くよ!

❷ あてはまる漢字を書きましょう。

72点（一つ9）

① うちゅうの始まりについて［かんしん］を持つ。

② 昔の［せきしょ］について調べる。

③ ［はくぶつかん］で化石を見る。

④ 電車の［れんけつ］部分はとてもゆれる。

⑤ くつのひもをしっかりと［むす］ぶ。

⑥ 大きな［かじつ］を木のえだからとる。

⑦ 世界の［は］てへぼうけんに出かける。

⑧ 生まれて初（はじ）めて、［ひこうき］に乗る。

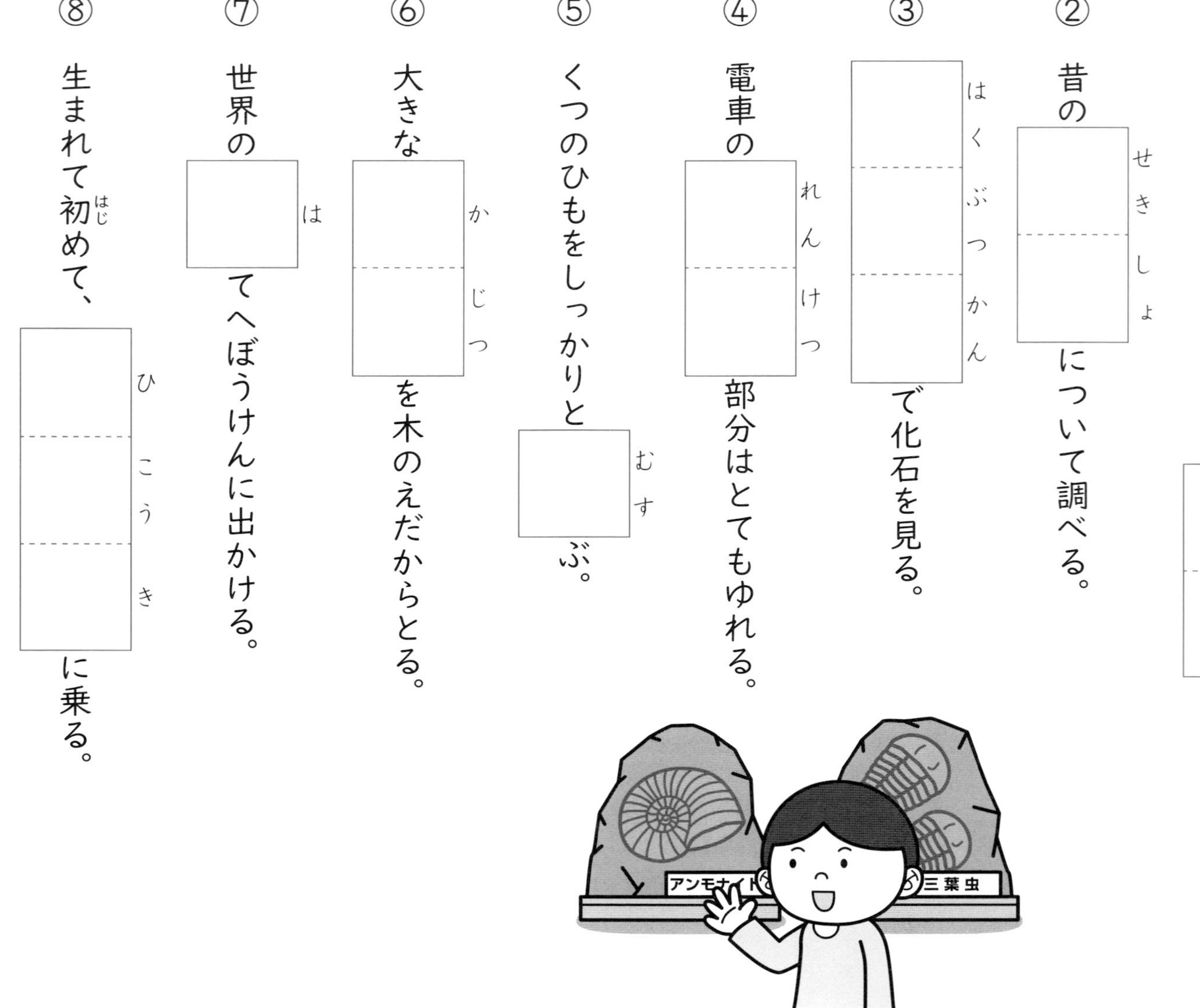

ヒント ①は、同じ読みの「感心」とまちがえないように使い分けに注意しましょう。

きほんのドリル 13。漢字を使おう2

時間 15分　合かく80点　／100

答え116ページ　サクッとこたえあわせ

月　日

書いて覚えよう！

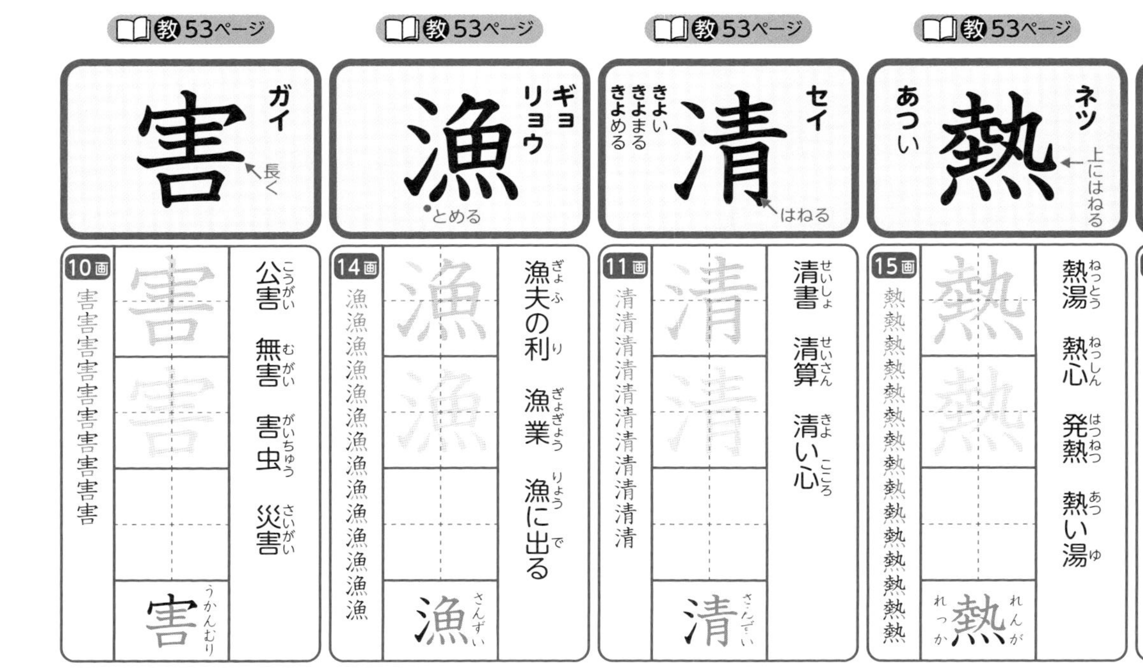

量（教53ページ）リョウ　はかる　一番長く　12画

分量（ぶんりょう）　米の量（こめのりょう）　体重を量る（たいじゅうをはかる）　量（さと）

熱（教53ページ）ネツ　あつい　上にはねる　15画

熱湯（ねっとう）　熱心（ねっしん）　発熱（はつねつ）　熱い湯（あついゆ）　熱（れんが・れっか）

清（教53ページ）セイ　きよい　きよまる　きよめる　はねる　11画

清書（せいしょ）　清算（せいさん）　清い心（きよいこころ）　清（さんずい）

漁（教53ページ）ギョ　リョウ　とめる　14画

漁夫の利（ぎょふのり）　漁業（ぎょぎょう）　漁に出る（りょうにでる）　漁（さんずい）

害（教53ページ）ガイ　長く　10画

公害（こうがい）　無害（むがい）　害虫（がいちゅう）　災害（さいがい）　害（うかんむり）

読んで覚えよう！

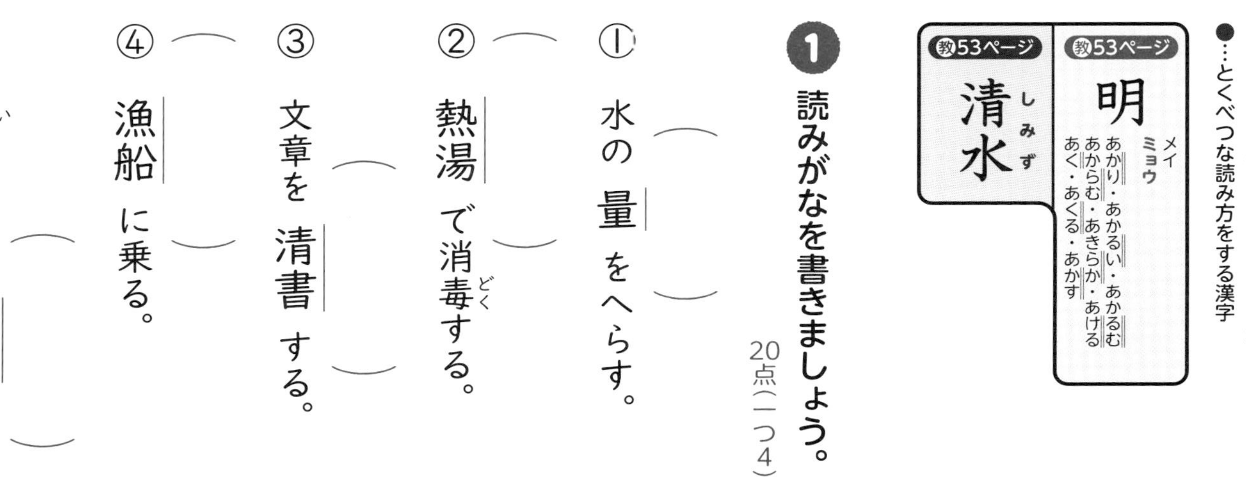

●…読み方が新しい漢字　＝…送りがな
●…とくべつな読み方をする漢字

明（教53ページ）メイ　ミョウ　あかり・あかるい・あかるむ・あからむ・あきらか・あける・あく・あくる・あかす

清水（教53ページ）しみず

1 読みがなを書きましょう。20点（一つ4）

① 水の量をへらす。（　　）
② 熱湯で消毒（どく）する。（　　）
③ 文章を清書する。（　　）
④ 漁船に乗る。（　　）
⑤ 衣類（い）につく害虫。（　　）

← うらのページに続くよ！

教科書 上 53ページ

2 あてはまる漢字を書きましょう。

80点（一つ10）

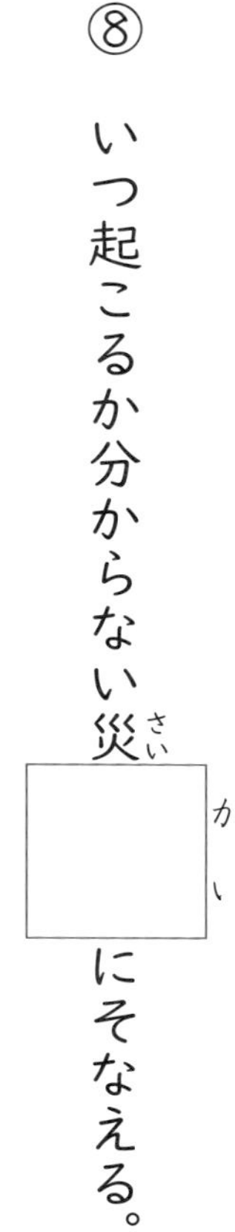
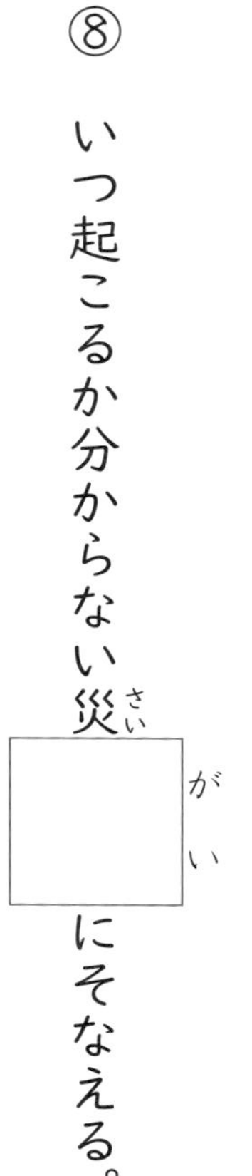
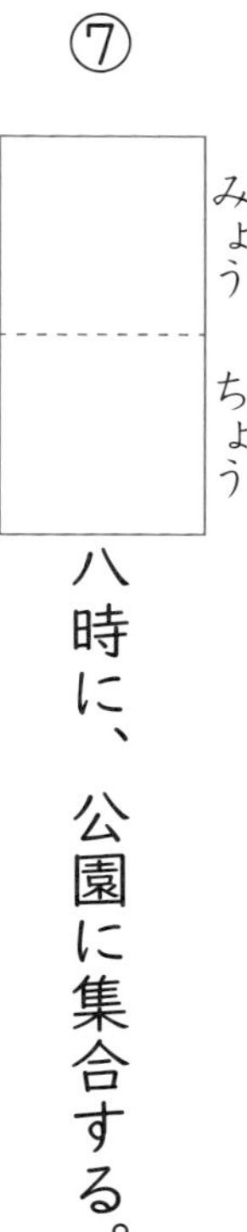
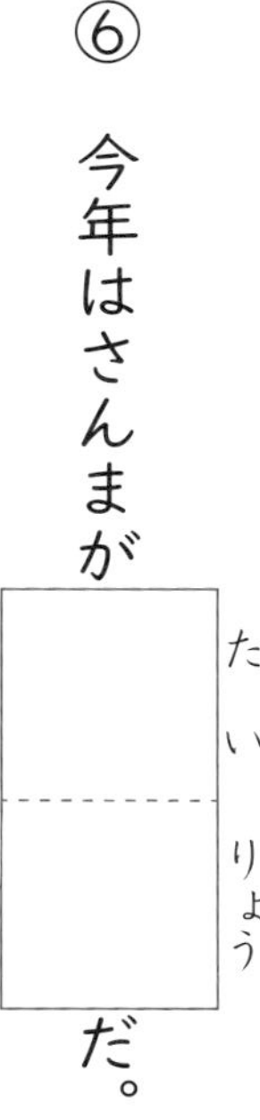
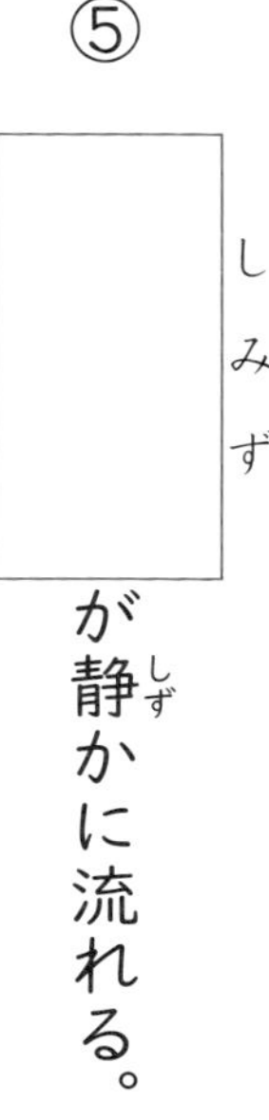
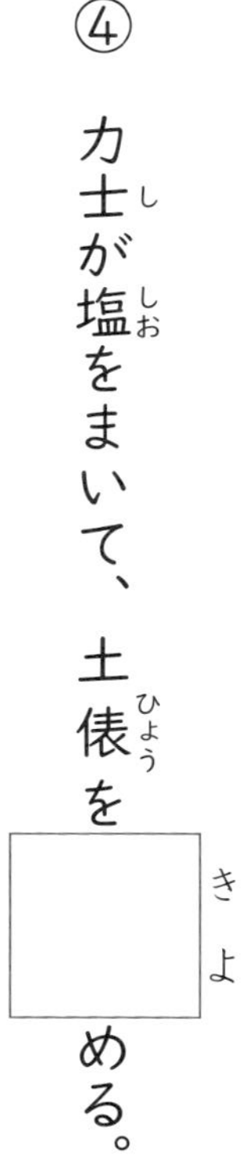

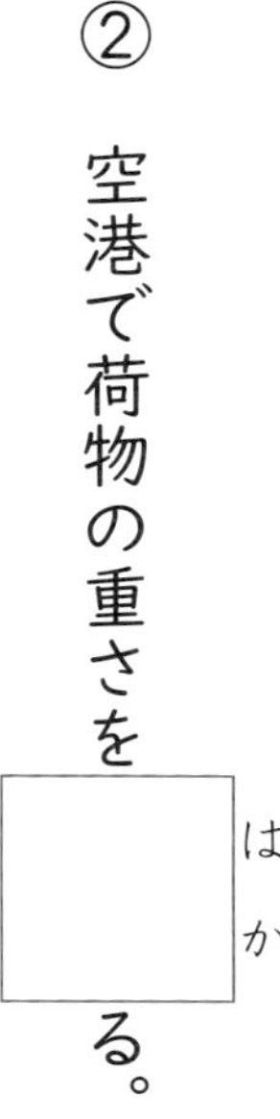

① みんなで協（きょう）力して［　　］（たいりょう）のごみを拾う。

② 空港で荷物の重さを［　］（はか）る。

③ 父が、［　］（あつ）いコーヒーを飲む。

④ 力士（し）が塩（しお）をまいて、土俵（ひょう）を［　］（きよ）める。

⑤ ［　］（しみず）が静（しず）かに流れる。

⑥ 今年はさんまが［　　］（たいりょう）だ。

⑦ ［　　］（みょうちょう）八時に、公園に集合する。

⑧ いつ起こるか分からない災（さい）［　］（がい）にそなえる。

ヒント ①と⑥の「たいりょう」は、文の意味を考えて書き分けましょう。

きほんのドリル 14。

わたしのクラスの「生き物図かん」 走れ (1)

時間 15分　合かく80点　　/100

答え 116ページ

月　日

書いて覚えよう！

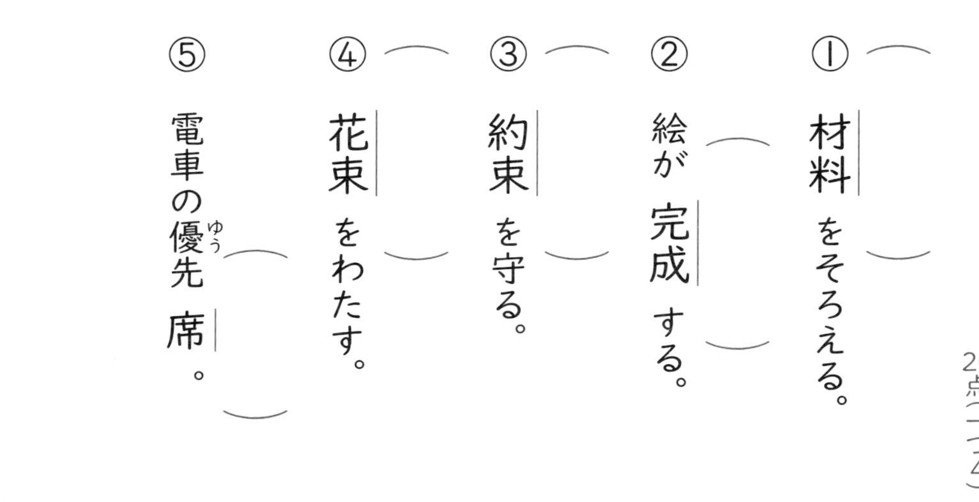

教 56ページ
材（ザイ）　はねる
7画　材材材材材材材
題材（だいざい）　取材（しゅざい）　教材（きょうざい）　材料（ざいりょう）
材（きへん）

教 60ページ
完（カン）　上にはねる
7画　完完完完完完完
完成（かんせい）　完全（かんぜん）　完治（かんち）　完勝（かんしょう）
完（うかんむり）

教 66ページ
約（ヤク）　はねる
9画　約約約約約約約約約
約束（やくそく）　要約（ようやく）　約数（やくすう）　予約（よやく）
約（いとへん）

教 66ページ
束（ソク・たば）　とめる
7画　束束束束束束束
結束（けっそく）　札束（さつたば）　花束（はなたば）　束ねる（たばねる）
束（き）

教 67ページ
席（セキ）　はねる
10画　席席席席席席席席席席
保護者席（ほごしゃせき）　客席（きゃくせき）　出席（しゅっせき）
席（はば）

読んで覚えよう！

●…読み方が新しい漢字　●…とくべつな読み方をする漢字　‖…送りがな

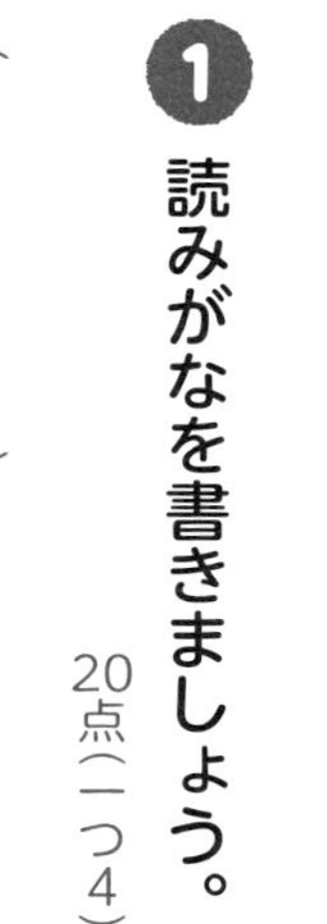

教65ページ　走（ソウ・はしる）

教65ページ　手伝う（てつだう）

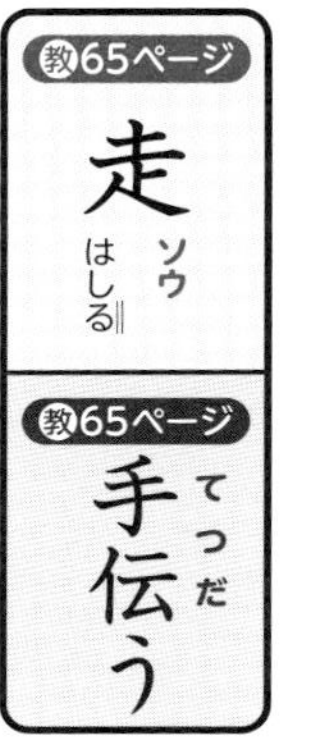

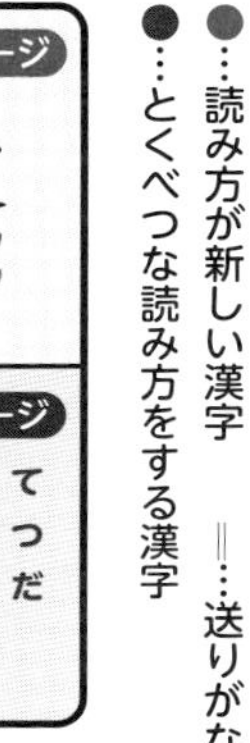

1 読みがなを書きましょう。 20点（一つ4）

① 材料（　　）をそろえる。

② 絵が完成（　　）する。

③ 約束（　　）を守る。

④ 花束（　　）をわたす。

⑤ 電車の優（ゆう）先席（　　）。

うらのページに続くよ！

2 あてはまる漢字を書きましょう。〔　〕には漢字とひらがなを書きましょう。

80点（一つ10）

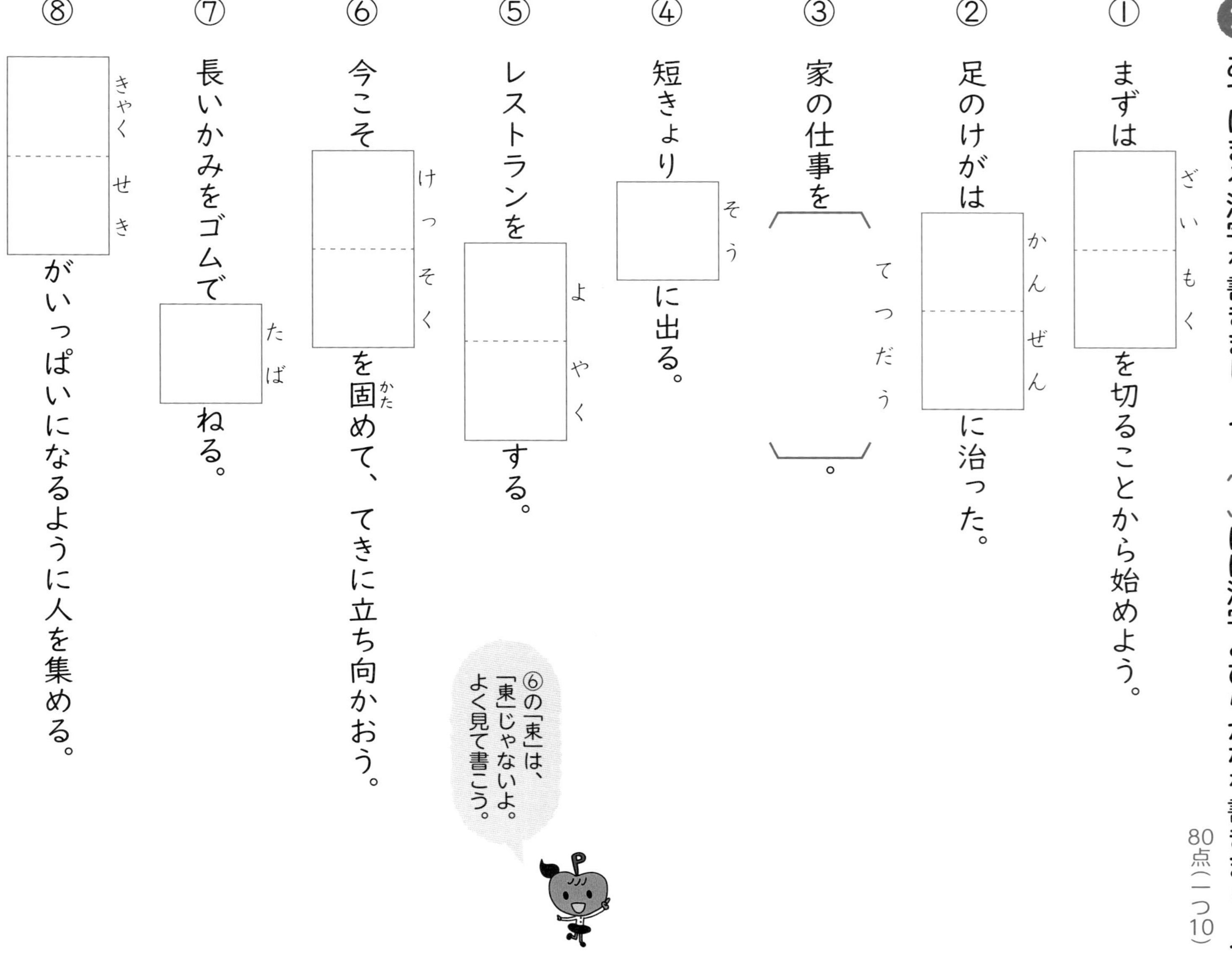

⑥の「束」は、「東」じゃないよ。よく見て書こう。

① まずは［ざい｜もく］を切ることから始めよう。

② 足のけがは［かん｜ぜん］に治った。

③ 家の仕事を〔てつだう〕。

④ 短きょり［そう］に出る。

⑤ レストランを［よ｜やく］する。

⑥ 今こそ［けっ｜そく］を固（かた）めて、てきに立ち向かおう。

⑦ 長いかみをゴムで［たば］ねる。

⑧ ［きゃく｜せき］がいっぱいになるように人を集める。

ヒント ⑧「席」の「廿」の形に注意して書きましょう。

走れ (2)

書いて覚えよう！

位	イ・くらい	7画	二位(にい)、順位(じゅんい)、位(くらい)が高(たか)い	教67ページ
笑	わらう	10画	母(はは)が笑(わら)う、大笑(おおわら)いする、笑(わら)い声(ごえ)	教68ページ
特	トク	10画	特製(とくせい)、特上(とくじょう)、特定(とくてい)、特(とく)に	教68ページ
焼	やく・やける	12画	あつ焼(や)き、魚(さかな)を焼(や)く、日(ひ)に焼(や)ける	教68ページ
競	キョウ・ケイ	20画	競争(きょうそう)、競泳(きょうえい)、競走(きょうそう)、競馬(けいば)	教70ページ

位：上より長く　にんべん
笑：はらう　たけかんむり
特：上より長く　うしへん
焼：上にはねる　ひへん
競：上にはねる　たつ

1 読みがなを書きましょう。 28点(一つ4)

① 二位(　　)を引きはなす。

② 十の位(　　)の数字を書く。

③ 笑(　　)いながら聞き返す。

④ 特(　　)製(せい)のお弁(べん)当。

⑤ あつ焼(　　)きたまご

⑥ 競(　　)技(ぎ)が始まる。

⑦ 大きな競馬場(　　)。

うらのページに続くよ！

2 あてはまる漢字を書きましょう。

72点（一つ9）

① このテストでは、［じゅんい］は発表されない。

② 百の［くらい］まで計算する。

③ 今となっては［わら］い話だ。

④ 会場にどっと［わら］い声が上がる。

⑤ オリンピックの［とくしゅう］記事を読む。

⑥ ［とく］に苦手な食べ物はない。

⑦ 目の前の鉄板で肉を［や］いてもらう。

⑧ 友人とどちらがよい点をとれるか［きょう］争（そう）する。

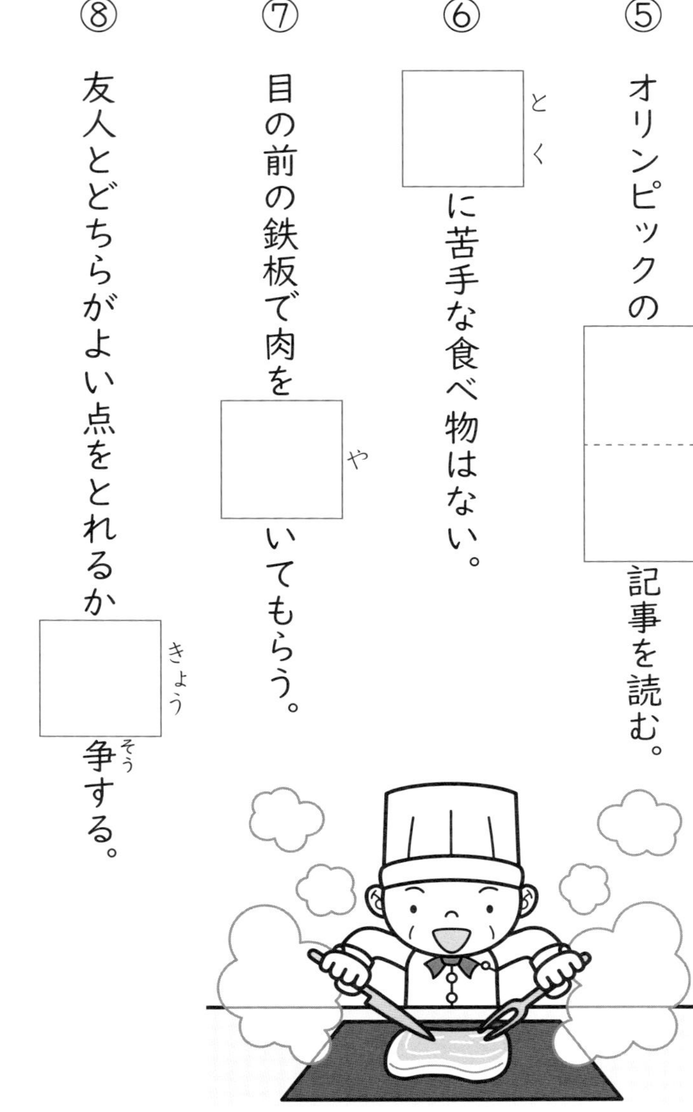

ヒント ③④「笑」の「夭」を「天」と書かないように注意しましょう。

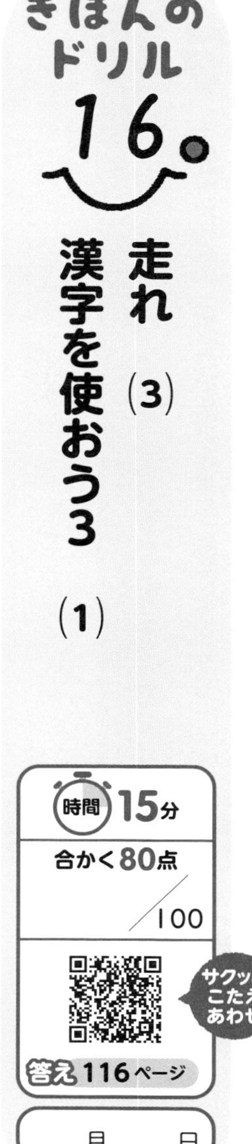

きほんのドリル 16。 走れ (3) 漢字を使おう3 (1)

時間 15分　合かく80点　/100　答え116ページ　サクッとこたえあわせ

月　日

書いて覚えよう！

初（出ない）	ショ／はじ-め・はじ-めて・はつ	7画	初初初初初初初	衤（ころもへん）※かたな（刀）	初（はじ）めて聞（き）く　初日（しょにち）　初雪（はつゆき）
旗（はねる）	キ／はた	14画	旗旗旗旗旗旗旗旗旗旗旗旗旗旗	方（ほうへん・かたへん）	旗（はた）をふる　手旗（てばた）　国旗（こっき）
最（はらう）	サイ／もっと-も	12画	最最最最最最最最最最最最	曰（ひらび・いわく）	最（もっと）も大（おお）きい　最高（さいこう）　最後（さいご）
健（出る）	ケン	11画	健健健健健健健健健健健	亻（にんべん）	健康（けんこう）　健全（けんぜん）　保健室（ほけんしつ）
康（はねる）	コウ	11画	康康康康康康康康康康康	广（まだれ）	健康（けんこう）　小康（しょうこう）

教79ページ（康）　教79ページ（健）　教76ページ（最）　教74ページ（旗）　教74ページ（初）

読んで覚えよう！

●…読み方が新しい漢字

教79ページ　元　ゲン・ガン●　もと

1 読みがなを書きましょう。　20点（一つ4）

① 初めての体験。（　　）

② 令和（れいわ）元年（　　）

③ 旗が風になびく。（　　）

④ 最も大きな変化。（　　）

⑤ 健康に気をつける。（　　）

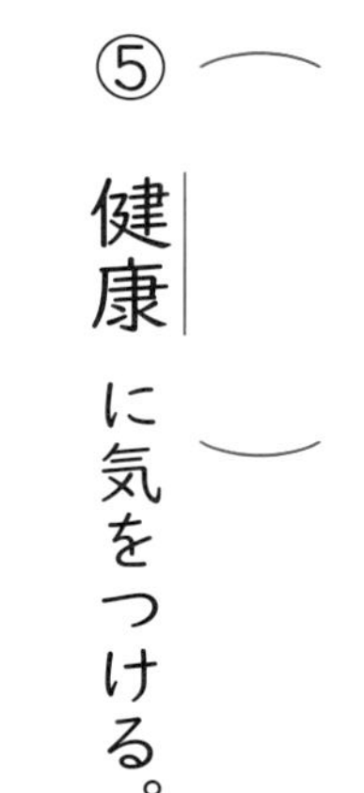

教科書 上62～79ページ

← うらのページに続くよ！

2 あてはまる漢字を書きましょう。

80点（一つ10）

① 来月の［はじ］めに、転校した友人と会う。

② ［しょしんしゃ］向けの本で学ぶ。

③ 今年も山に［はつゆき］がふった。

④ オリンピックでは、さまざまな［こっき］が見られる。

⑤ 日本で［もっと］も高い山は富士山（ふじさん）だ。

⑥ ［さいご］まであきらめずにがんばる。

⑦ 心と体が［けんぜん］に育つように見守る。

⑧ 家族の［けんこう］を第一に考えている。

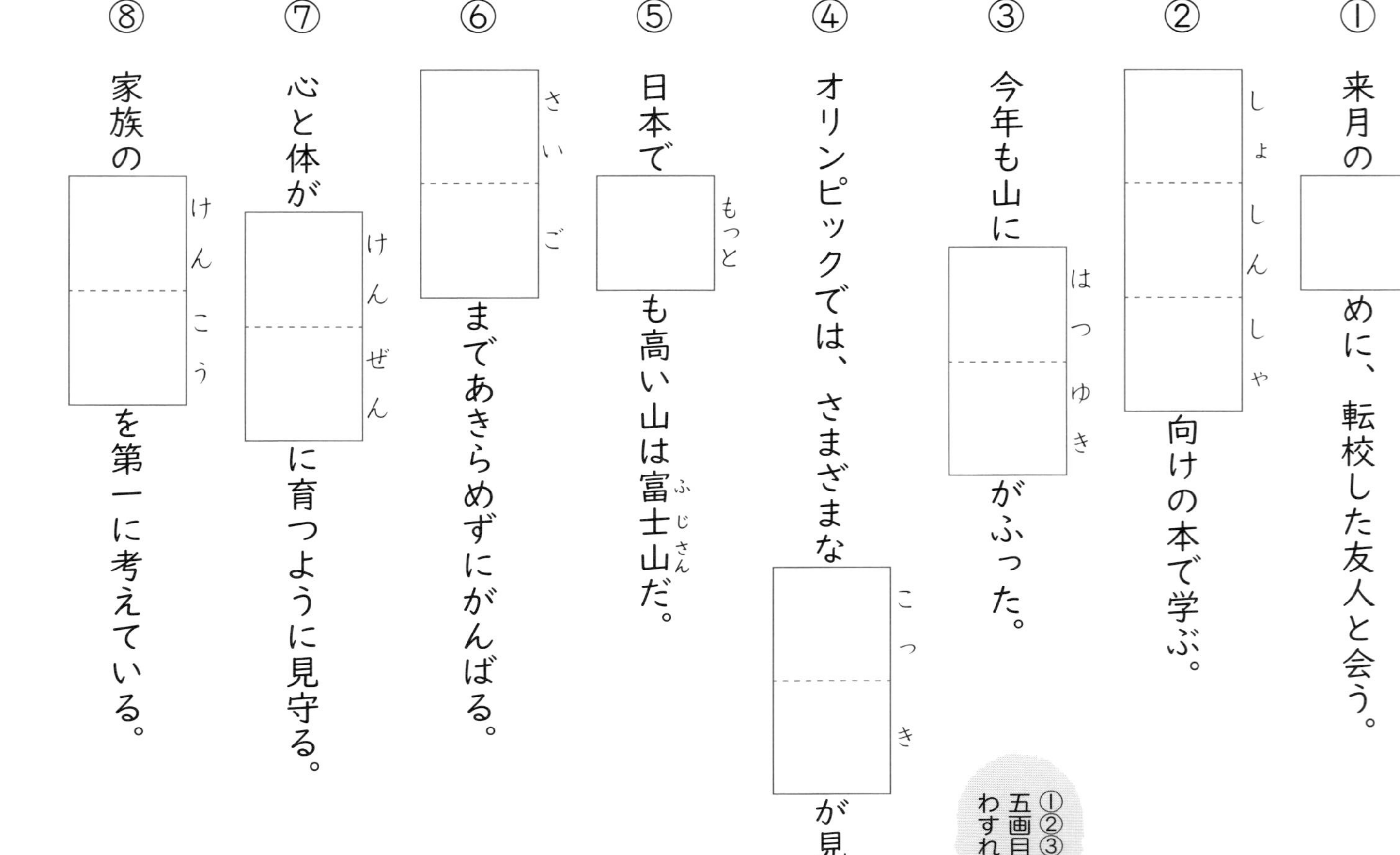

ヒント ④「旗」の右側（がわ）は、横ぼうの数に注意して書きましょう。

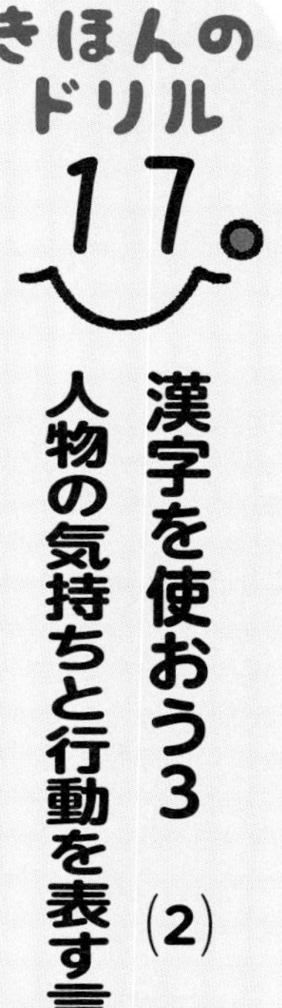

きほんのドリル 17。

漢字を使おう3 (2)
人物の気持ちと行動を表す言葉

時間 15分　合かく80点　/100

答え 116ページ　サクッとこたえあわせ

月　日

書いて覚えよう！

達	タツ（とめる）	12画	達達達達達達達達達達達達	しんにょう	伝達（でんたつ）　速達（そくたつ）　上達（じょうたつ）　達成（たっせい）	教79ページ
功	コウ（出る）	5画	功功功功功	ちから	成功（せいこう）　年功（ねんこう）　功労（こうろう）　功名（こうみょう）	教81ページ
敗	ハイ　やぶれる（とめる）	11画	敗敗敗敗敗敗敗敗敗敗敗	のぶん（ぼくづくり）	勝敗（しょうはい）　敗北（はいぼく）　試合（しあい）に敗（やぶ）れる	教81ページ
望	ボウ　のぞむ（とめる）	11画	望望望望望望望望望望望	つき	願望（がんぼう）　希望（きぼう）　平和（へいわ）を望（のぞ）む	教81ページ

読んで覚えよう！

●…読み方が新しい漢字　＝…送りがな

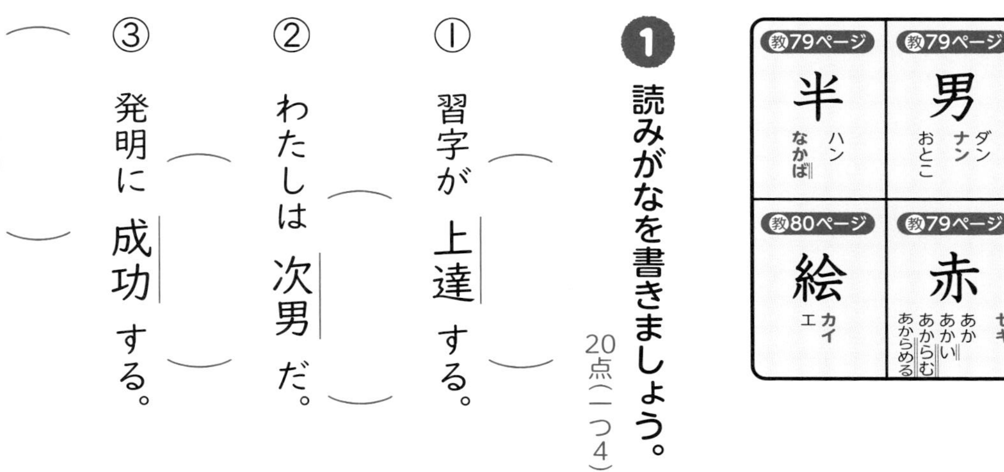

男	ダン　●ナン　おとこ	教79ページ
半	ハン　なか＝ば	教79ページ
赤	セキ　あか　あか＝い　あか＝らむ　あか＝らめる	教79ページ
絵	カイ　●エ	教80ページ

1 読みがなを書きましょう。　20点（一つ4）

① 習字が 上達 する。（　　）

② わたしは 次男 だ。（　　）

③ 発明に 成功 する。（　　）

④ 失敗 を次に生かす。（　　）

⑤ 自分に 失望 する。（　　）

← うらのページに続くよ！

❷ あてはまる漢字を書きましょう。

80点（一つ10）

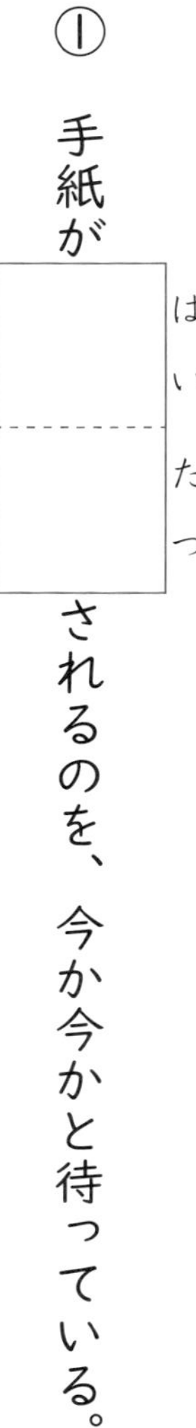

① 手紙が［はいたつ］されるのを、今か今かと待っている。

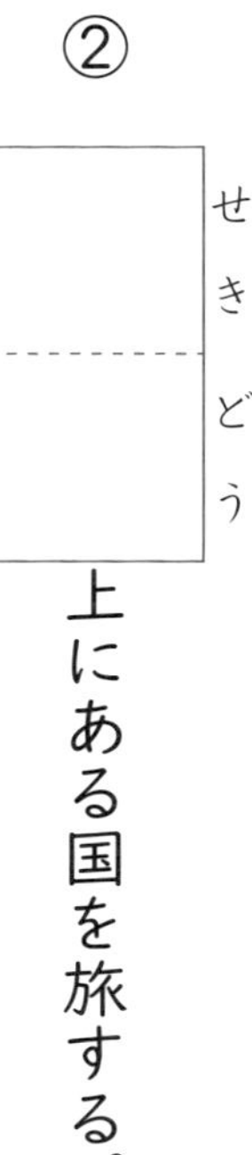

② ［せきどう］上にある国を旅する。

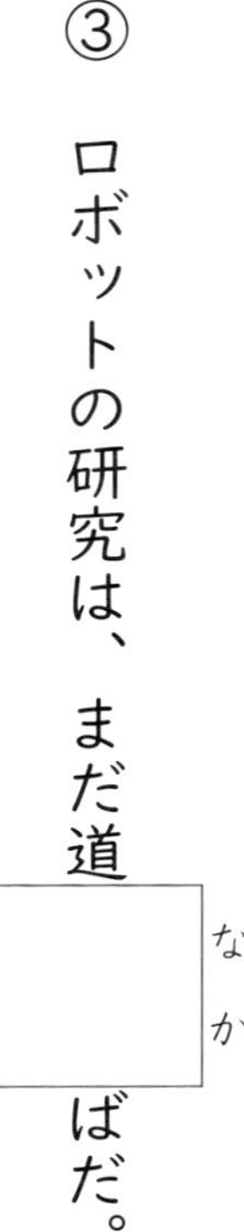

③ ロボットの研究は、まだ道［なか］ばだ。

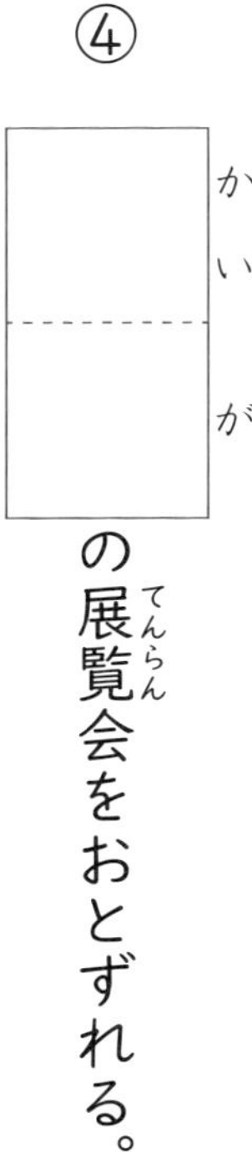

④ ［かいが］の展覧（てんらん）会をおとずれる。

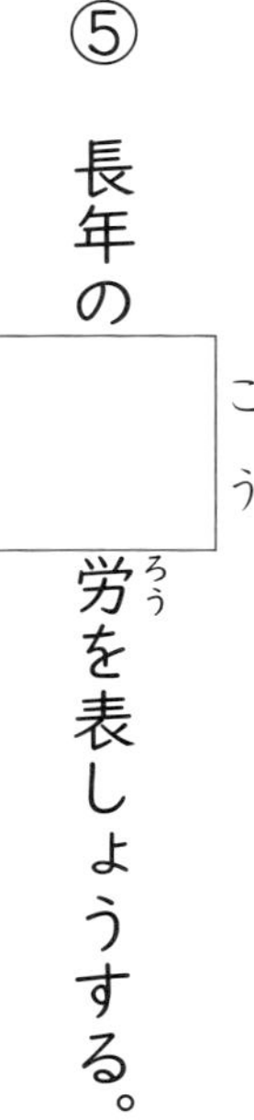

⑤ 長年の［こう］労（ろう）を表しょうする。

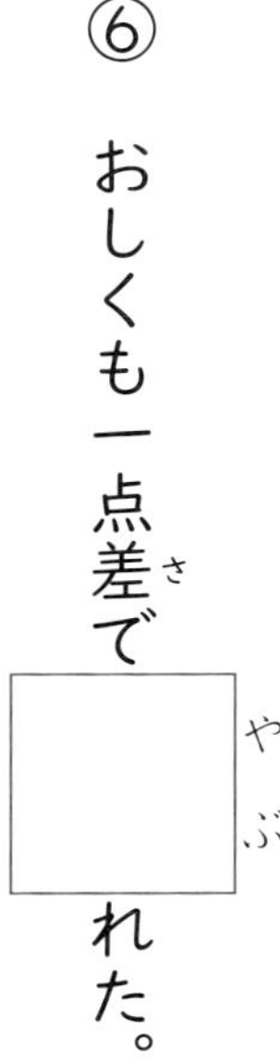

⑥ おしくも一点差（さ）で［やぶ］れた。

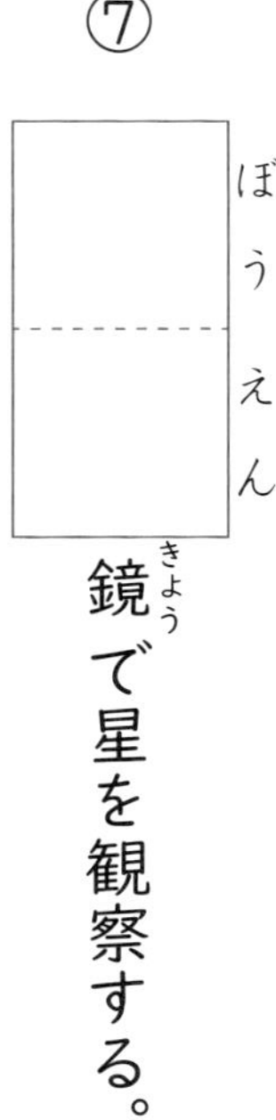

⑦ ［ぼうえん］鏡（きょう）で星を観察する。

⑧「望む」は、ながめるという意味です。

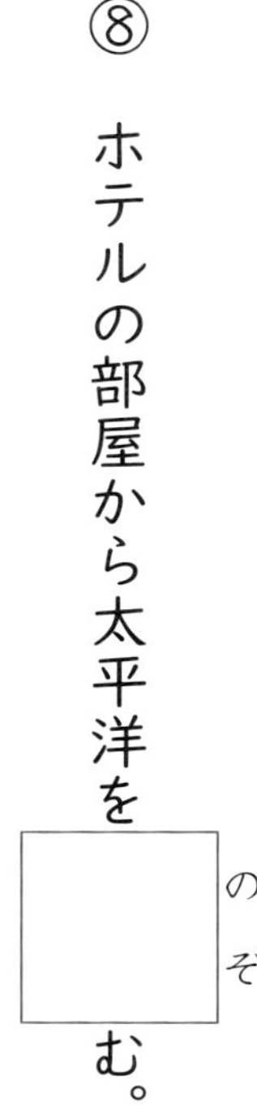

⑧ ホテルの部屋から太平洋を［のぞ］む。

ヒント ①「達」は、横ぼうの数に注意しましょう。

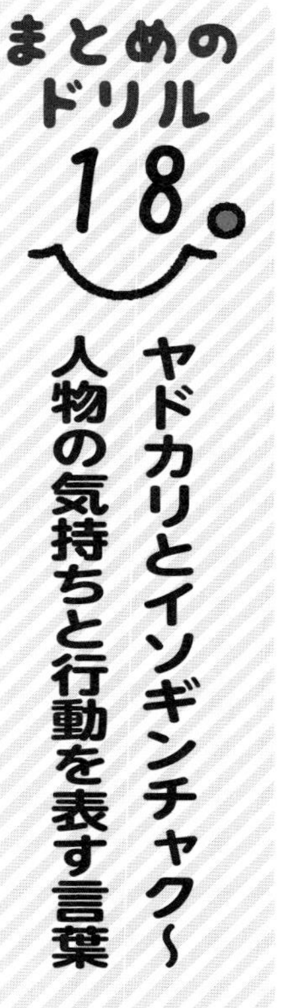

まとめのドリル 18
ヤドカリとイソギンチャク〜
人物の気持ちと行動を表す言葉

1 漢字の読みがなを書きましょう。　52点（一つ4）

① 家族の幸せを 望（　）む。

② ひまわりの花を 観察（　）する。

③ 飛行機（　）の整備をする仕事。

④ ライバル相手に 完敗（　）し、とてもくやしい。

⑤ 神社では、手を 清（　）めてからお参りする。

⑥ 特大（　）サイズの 旗（　）をふっておうえんする。

⑦ 好（　）ききらいをなくして、健康（　）に気をつける。

⑧ まぐろ 漁（　）について 取材（　）をする。

⑨ 公害（　）に 関（　）する資料を集める。

教科書 上42〜81ページ

うらのページに続くよ！

2 あてはまる漢字を書きましょう。〔　〕には漢字とひらがなを書きましょう。　48点(一つ4)

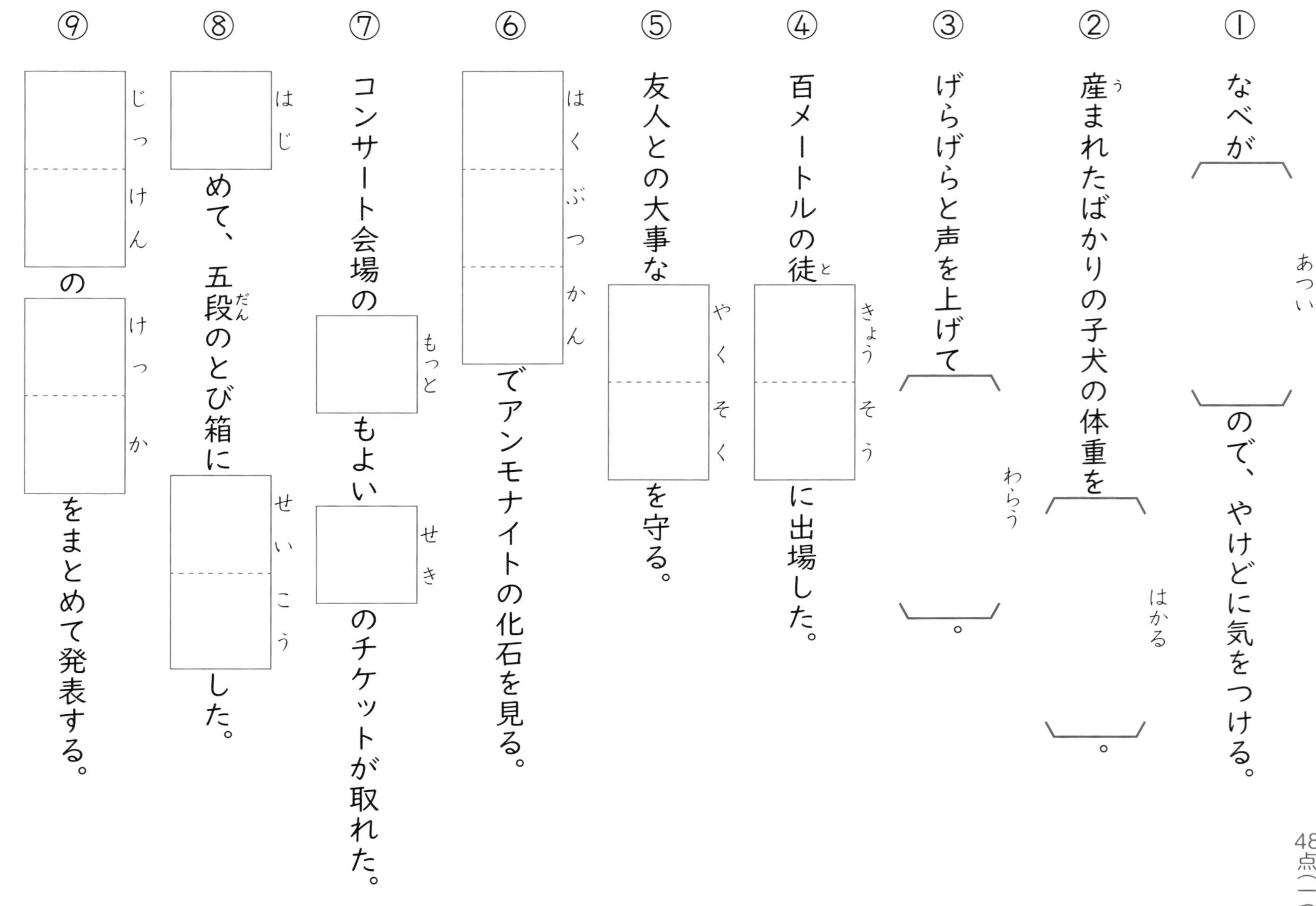

① なべが〔　（あつい）　〕ので、やけどに気をつける。

② 産(う)まれたばかりの子犬の体重を〔　（はかる）　〕。

③ げらげらと声を上げて〔　（わらう）　〕。

④ 百メートルの徒(と)［きょうそう］に出場した。

⑤ 友人との大事な［やくそく］を守る。

⑥ ［はくぶつかん］でアンモナイトの化石を見る。

⑦ コンサート会場の［もっと］もよい［せき］のチケットが取れた。

⑧ ［はじ］めて、五段(だん)のとび箱に［せいこう］した。

⑨ ［じっけん］の［けっか］をまとめて発表する。

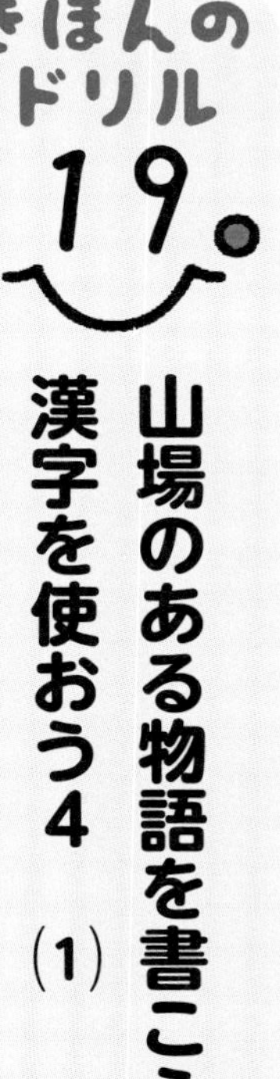

きほんのドリル 19

山場のある物語を書こう 漢字を使おう4 (1)

書いて覚えよう！

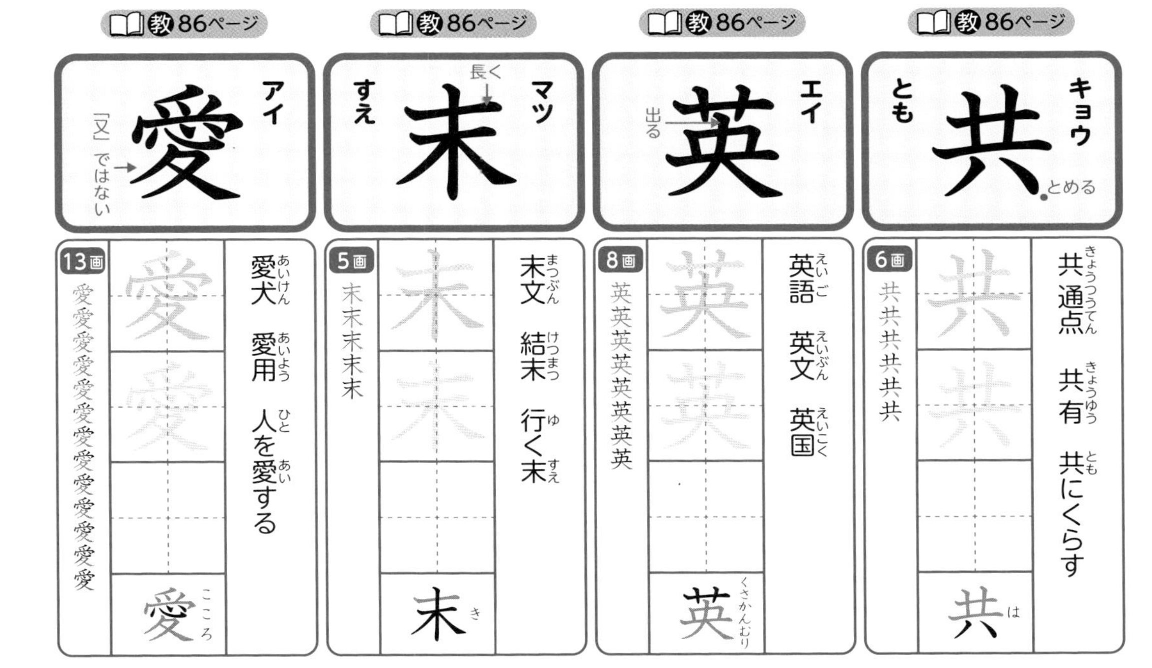

共（キョウ・とも）教86ページ 6画
共通点（きょうつうてん） 共有（きょうゆう） 共にくらす（とも）

英（エイ）教86ページ 8画
英語（えいご） 英文（えいぶん） 英国（えいこく）

末（マツ・すえ）教86ページ 5画
末文（まつぶん） 結末（けつまつ） 行く末（ゆ・すえ）

愛（アイ）教86ページ 13画
愛犬（あいけん） 愛用（あいよう） 人を愛する（ひと・あい）

読んで覚えよう！

●…特別な読み方をする漢字

教85ページ 友達（ともだち）

1 読みがなを書きましょう。 20点（一つ4）

① 友達（　　）の名前。

② 相手に共感（　　）する。

③ 英語（　　）の意味を調べる。

④ 意外な結末（　　）。

⑤ 草花を愛（　　）する。

教科書 上82～86ページ

うらのページに続くよ！

2 あてはまる漢字を書きましょう。

80点（一つ10）

① 大切な［ともだち］と仲（なか）直りをする。

② 二人の［きょうつう］点をさがす。

③ 山の中で［とも］に行動する。

④ ［えいぶん］を日本語にやくす。

⑤ ［しゅうまつ］に行くキャンプが楽しみだ。

⑥ 苦労（ろう）の［すえ］、とんぼをつかまえることができた。

⑦ ［あい］犬（けん）を散（さん）歩に連れていく。

⑧ 父が［あいよう］している黒いさいふ。

⑦⑧「愛」は、一～四画目の向きに注意して書きましょう。

きほんのドリル 20

漢字を使おう4 ローマ字の書き方 (2)

書いて覚えよう！

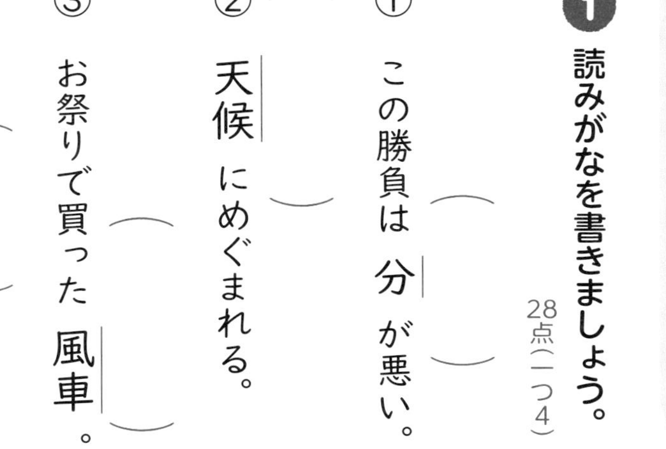

読んで覚えよう！

●…読み方が新しい漢字　＝…送りがな

1 読みがなを書きましょう。

28点（一つ4）

① この勝負は 分（　） が悪い。

② 天候（　） にめぐまれる。

③ お祭りで買った 風車（　）。

④ つるを 折（　） る。

⑤ 道を 左折（　） する。

⑥ あざやかな 色（　） さい。

⑦ 二通（　） りの書き方。

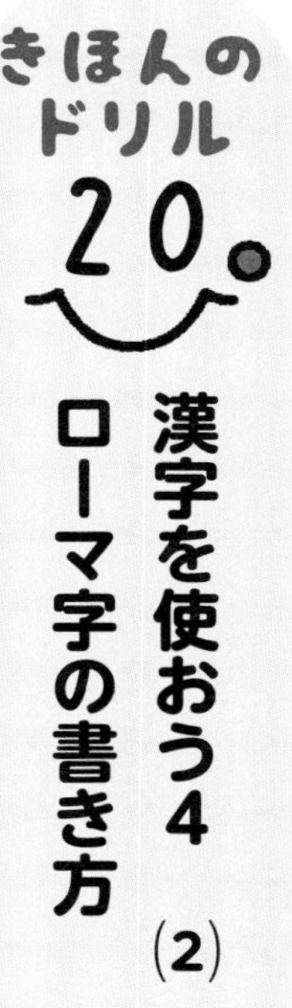

うらのページに続くよ！

2 あてはまる漢字を書きましょう。

72点（一つ9）

① 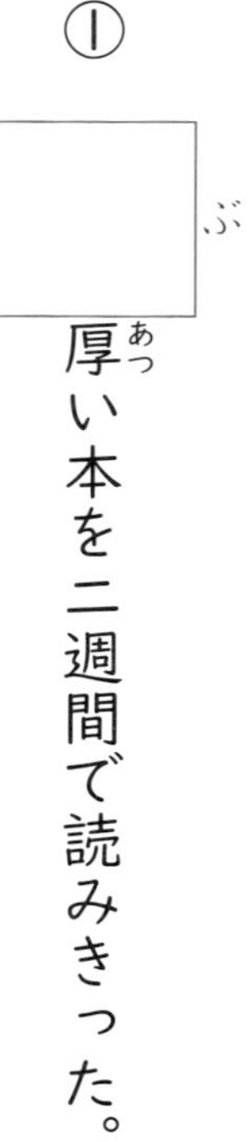 □（ぶ）厚（あつ）い本を二週間で読みきった。

② 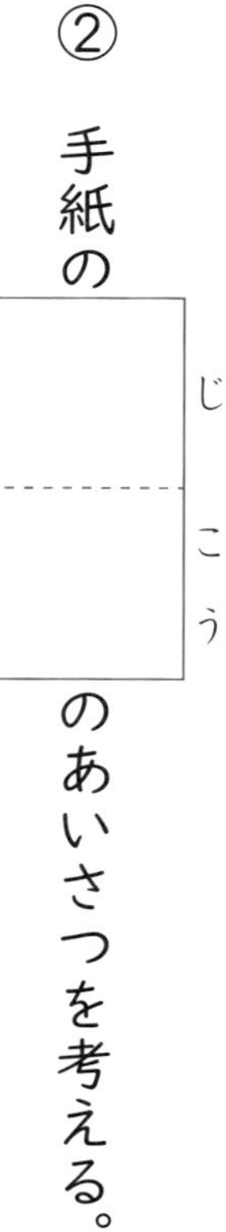 手紙の□□（じこう）のあいさつを考える。

③ 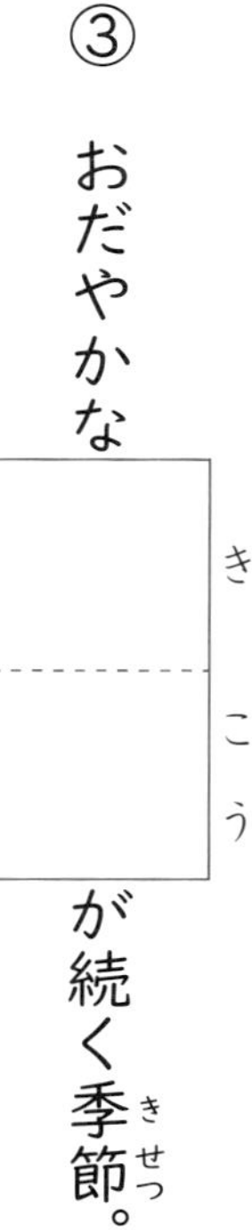 おだやかな□□（きこう）が続く季節（きせつ）。

④  思いきり転んだが、骨（こっ）□（せつ）をせずにすんでよかった。

⑤ 書こうとしたら、えん筆のしんが□（お）れた。

⑥ □（おり）を見て、本当のことを話す。

⑦  □□（しきし）に有名人のサインをもらう。

⑧ 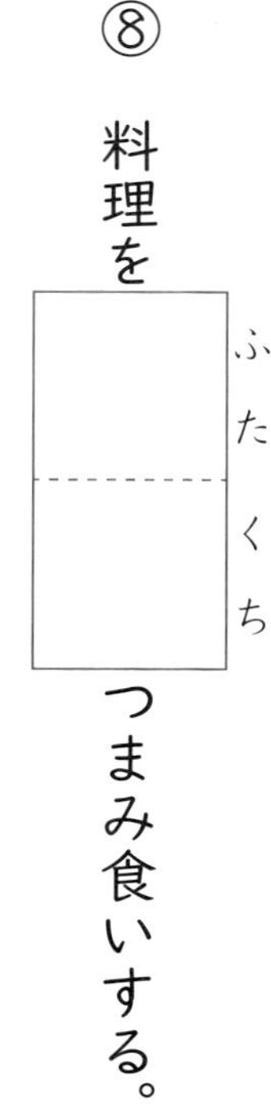 料理を□□（ふたくち）つまみ食いする。

⑥の「折」は、機会や時期という意味だよ。

ヒント ②③「候」は、三画目をわすれないように注意しましょう。

きほんのドリル 21

広告(こく)を読みくらべよう (1)

時間 15分 合かく80点 ／100

答え 117ページ サクッとこたえあわせ

月　日

書いて覚えよう！

教 90ページ　的　テキ　まと　はねる
8画　的的的的的的的的
目的(もくてき)　具体的(ぐたいてき)　的(まと)に当(あ)てる
的（しろ）

教 92ページ　必　ヒツ　かならず　はねる
5画　必必必必必
必要(ひつよう)　必死(ひっし)　必(かなら)ず勝(か)つ
必（こころ）

教 92ページ　要　ヨウ　かなめ　出る
9画　要要要要要要要要要
必要(ひつよう)　要求(ようきゅう)　おうぎの要(かなめ)
要（おおいかんむり）

1 読みがなを書きましょう。 60点(一つ10)

① 商品の 広 告(こく)。（　）
② 目的 をたしかめる。（　）
③ ボールを 的 に当てる。（　）
④ 必要 な事がら。（　）
⑤ 必 ずやりとげる。（　）
⑥ おうぎの 要 。（　）

読んで覚えよう！

●…読み方が新しい漢字　‖…送りがな

教90ページ　広　コウ　ひろい・ひろまる　ひろめる・ひろがる　ひろげる

「必」は、筆順を まちがえやすい漢字だよ。 気をつけてね。

教科書 上 90～100ページ

うらのページに続くよ！

2 あてはまる漢字を書きましょう。

40点（一つ5）

① [こうだい]な海をながめる。

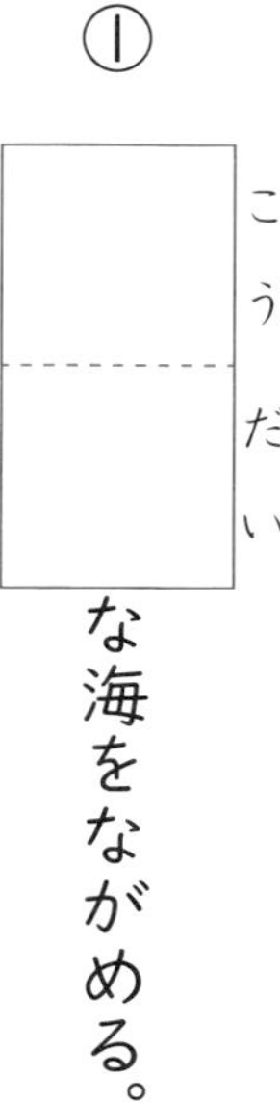

② [ていきてき]に話し合いをする。

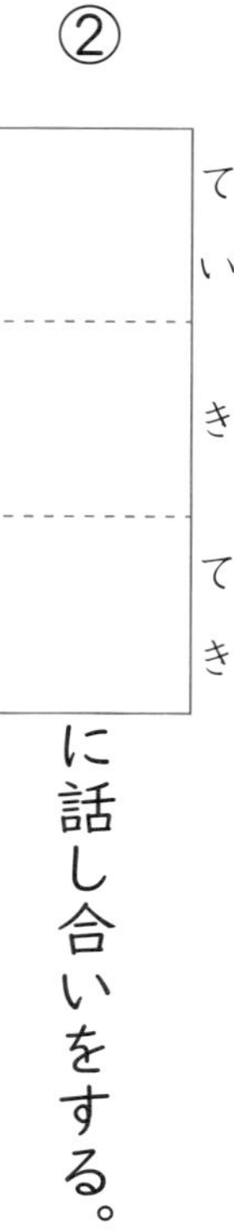

③ 予想が[てきちゅう]して、じゃんけんに勝つ。

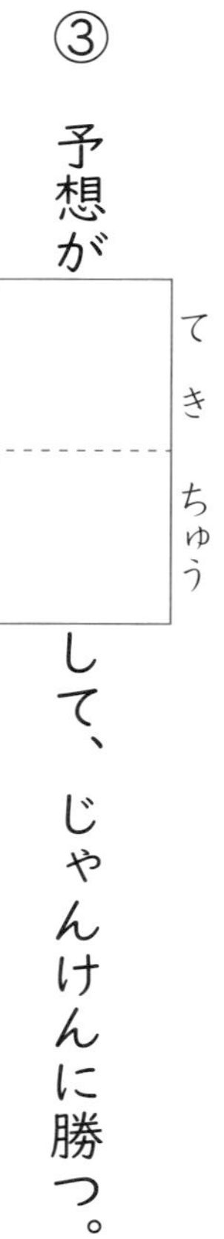

④ 運動会で活やくして、みんなの注目の[まと]になる。

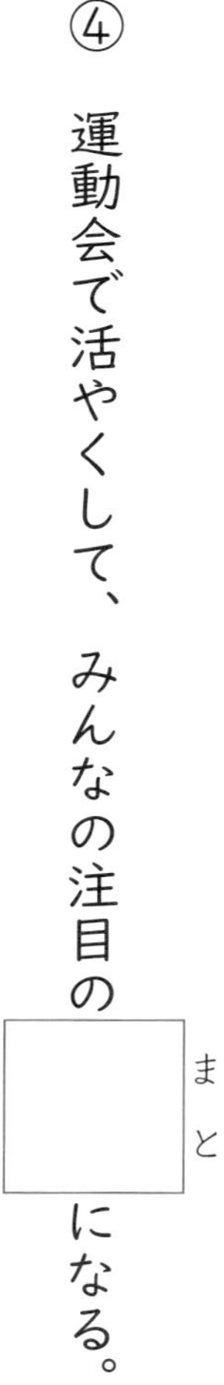

⑤ [ひっし]に練習したら、逆(さか)上がりができた。

⑥ 来年も[かならず]ずここに遊びに来ます。

⑦ [ようてん]をおさえて話をする。

⑧ 兄はチームの[かなめ]として活やくするようになった。

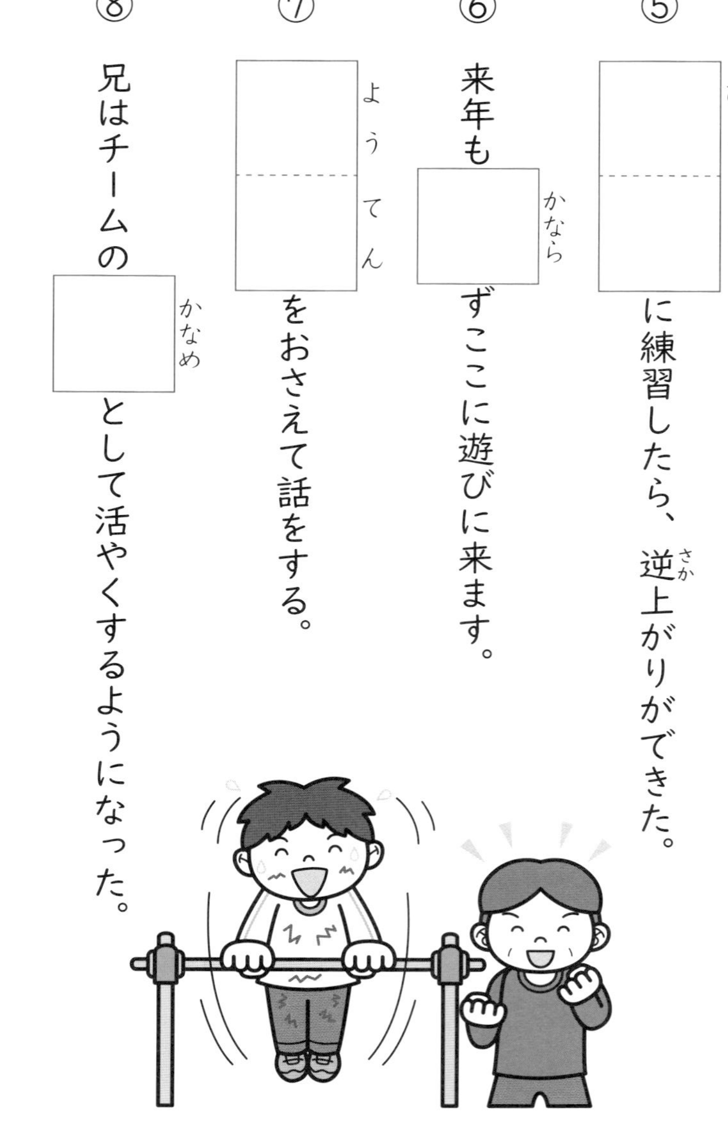

ヒント ⑤⑥「必」は、一・四・五画目の向きに注意しましょう。

広告を読みくらべよう（2）

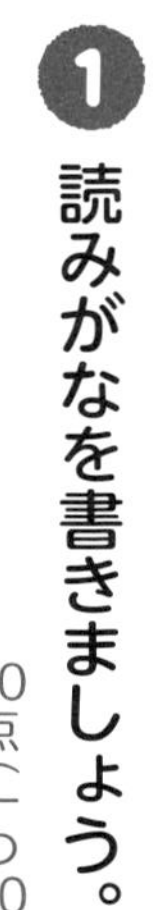

① 本を印刷する。（　　）

② 印をつける。（　　）

③ 政治を刷新する。（　　）

④ 新聞を刷る。（　　）

⑤ 洋服を選ぶ。（　　）

⑥ 選手を集める。（　　）

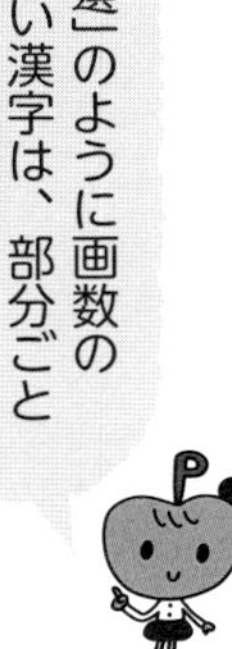

「選」のように画数の多い漢字は、部分ごとに覚えよう。

うらのページに続くよ！

2 あてはまる漢字を書きましょう。

40点（一つ5）

① □（いん）象（しょう）的な言葉を心にとめる。

② □□（けしいん）で、ポストに投かんした日付（づけ）が分かる。

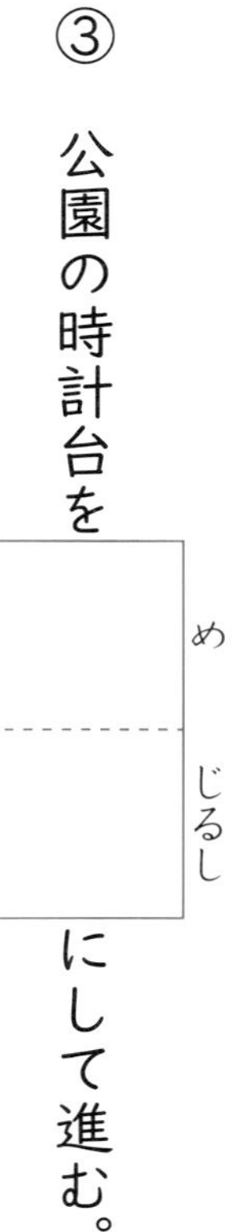

③ 公園の時計台を□□（めじるし）にして進む。

④ 本の売れ行きが好調で、一万部を増（ぞう）□（さつ）した。

⑤ クラスだよりは、係で□（す）って配ることになった。

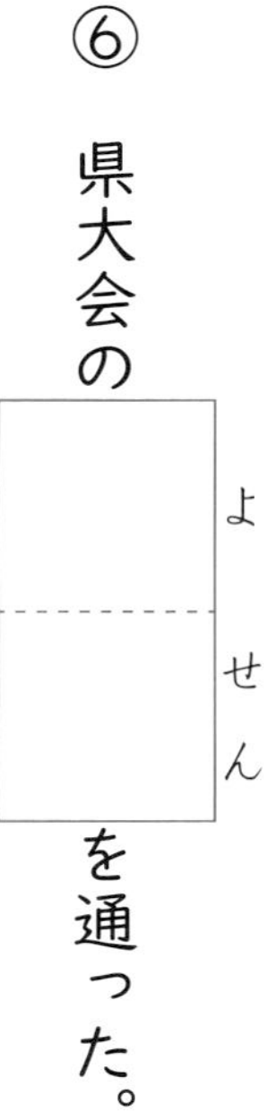

⑥ 県大会の□□（よせん）を通った。

⑦ リレーの走者として、男女三人ずつを□□（せんしゅつ）する。

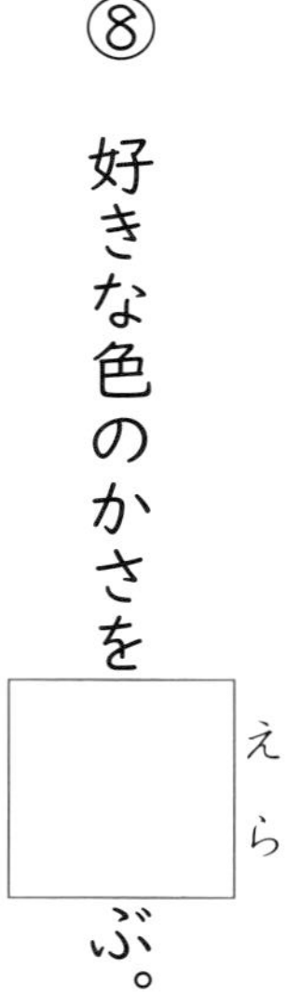

⑧ 好きな色のかさを□（えら）ぶ。

ヒント ⑥⑦⑧「選」の「己」を「巳」としないように注意しましょう。

夏休みのホームテスト 23

四月から七月に習った漢字と言葉 (1)

1 漢字の読みがなを書きましょう。 16点(一つ2)

① 話の（　）結末を知る。

② ピアノの（　）上達が速い。

③ チームの（　）要。

④ テレビ番組の（　）司会者。

⑤ 暑い日が（　）続く。

⑥ 犬を（　）連れて歩く。

⑦ 消しゴムを（　）借りる。

⑧ 早起きに（　）努める。

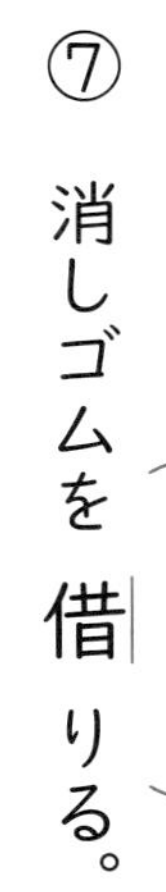

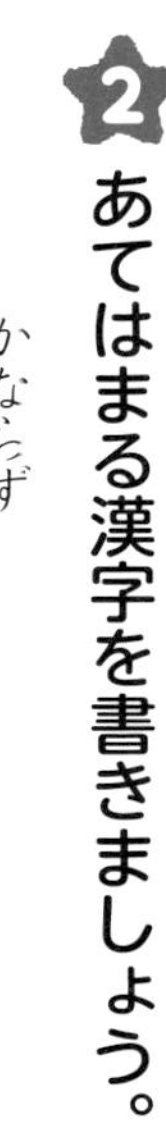

2 あてはまる漢字を書きましょう。〔　〕には漢字とひらがなを書きましょう。 24点(一つ3)

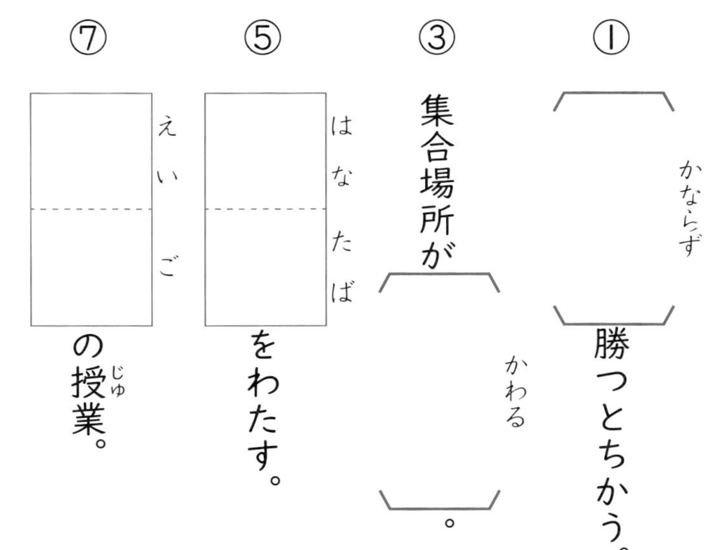

① 〔かならず〕勝つとちかう。

② 名前を〔おぼえる〕。

③ 集合場所が〔かわる〕。

④ 肉を□(や)く。

⑤ □□(はなたば)をわたす。

⑥ □□(じしょ)で調べる。

⑦ □□(えいご)の授業(じゅ)。

⑧ □□(あいよう)の道具。

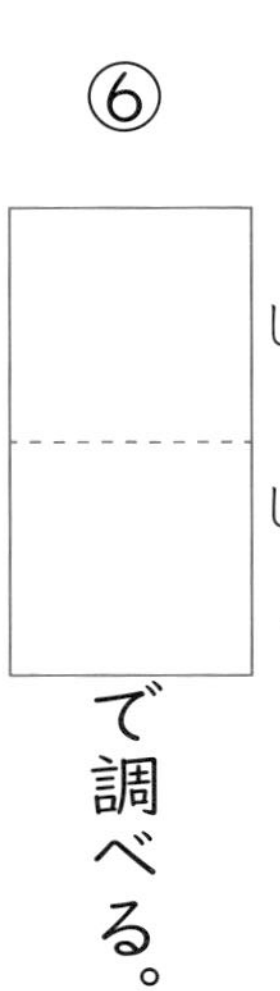

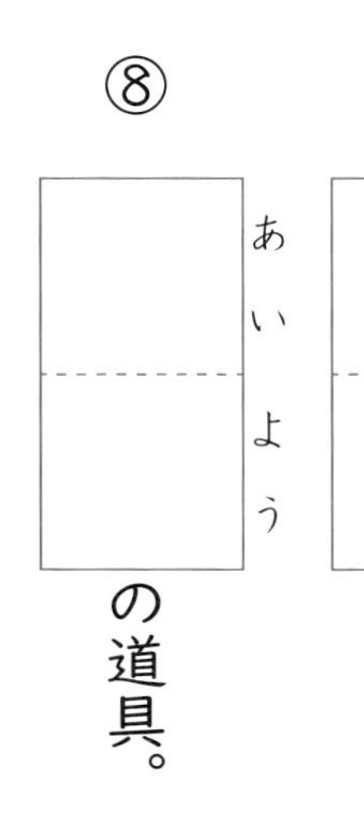

うらのページに続くよ！

3 次の漢字の部首の名前を□から選んで記号で書きましょう。 24点（一つ3）

① 間 関（　　）
② 笑 筆（　　）
③ 察 害（　　）
④ 康 庭（　　）
⑤ 治 漁（　　）
⑥ 連 遠（　　）
⑦ 働 伝（　　）
⑧ 点 熱（　　）

ア うかんむり　イ たけかんむり　ウ さんずい
エ れんが・れっか　オ しんにょう・しんにゅう
カ もんがまえ　キ にんべん　ク まだれ

4 次の言葉の反対の意味の言葉を、〔　〕の漢字を組み合わせて書きましょう。 20点（一つ5）

① 人工 ⟷（　　）
② 悪化 ⟷（　　）
③ 失敗 ⟷（　　）
④ 敗北 ⟷（　　）

〔 成　利　然　勝　好　功　転　自 〕

5 次の□に共通してあてはまる漢字を書きましょう。 16点（一つ4）

① □東・公□・要□　［　　］
② 取□・題□・木□　［　　］
③ □明・伝□・□教　［　　］
④ □内・図□・考□　［　　］

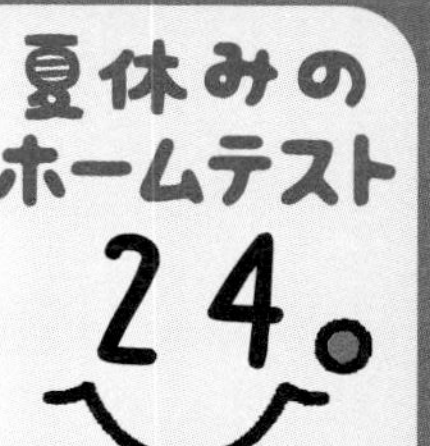

四月から七月に習った 漢字と言葉 (2)

1 漢字の読みがなを書きましょう。

16点(一つ2)

① 天候（　　）がくずれる。

② 倉庫（　　）にしまう。

③ 新聞を印刷（　　）する。

④ ひなん訓練（　　）をする。

⑤ うなぎは魚類（　　）だ。

⑥ 消火器（　　）で火を消す。

⑦ ぼくらに失（　　）うものはない。

⑧ 的外（　　）れな答えを書く。

2 あてはまる漢字を書きましょう。〔　〕には漢字とひらがなを書きましょう。

24点(一つ3)

① リーダーを〔えらぶ〕。

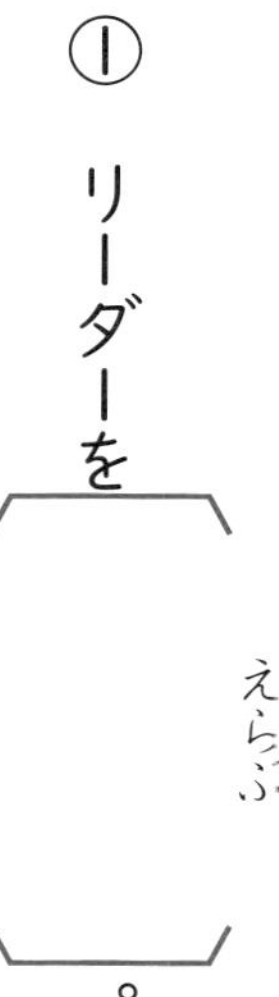

② 参加を〔もとめる〕。

③ 赤い［お］り紙。

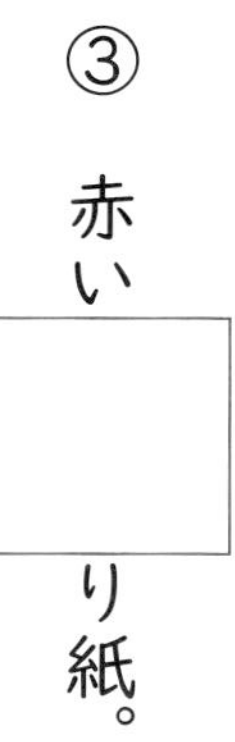

④ ビルが［かんせい］する。

⑤ ［さいしょ］が大切だ。

⑥ ［とくべつ］な日の料理。

⑦ 徒競走（と）の［じゅんい］。

⑧ 電車の［していせき］。

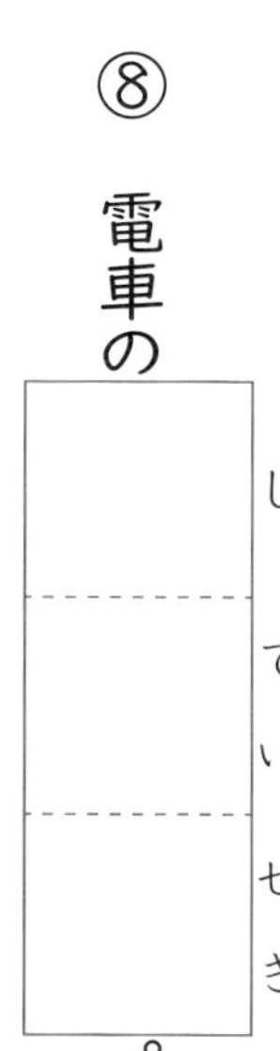

← うらのページに続くよ！

3 次の読みの漢字を書き、それぞれの二字熟語(じゅくご)を完成させましょう。 16点(一つ4)

ほう
① □ 帯(たい)・② 方 □

か
③ □ 実・④ □ 入

4 次の漢字の赤い色の画は、正しい筆順で何画目に書きますか。漢数字で書きましょう。 24点(一つ4)

① 観(　)画目　② 飛(　)画目

③ 健(　)画目　④ 旗(　)画目

⑤ 典(　)画目　⑥ 芽(　)画目

5 次の文の――線の漢字を、正しく直して書きましょう。 20点(一つ5)

① 漢字の問題は、礼文をよく読んで考えましょう。 □

② かわせみは、山おくの成流の近くでよく見られる。 □

③ 音楽室のスピーカーの音料を上げる。 □

④ 運動会でさまざまな主目に出場する。 □

きほんのドリル 25

お願いやお礼の手紙を書こう ことわざ・故事成語を使おう

時間 15分
合かく80点
/100
サクッとこたえあわせ
答え 117ページ
月 日

書いて覚えよう！

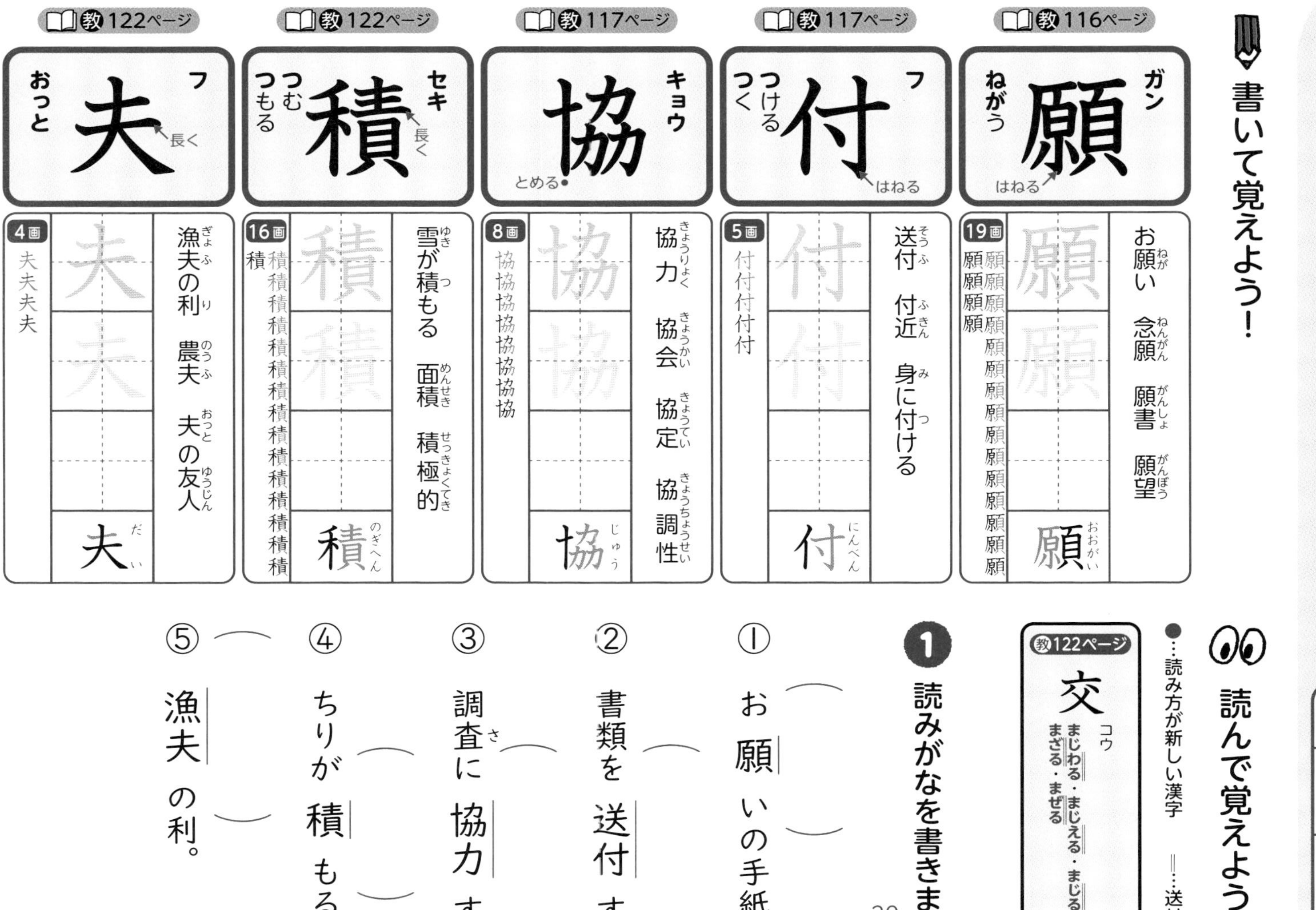

読んで覚えよう！

●…読み方が新しい漢字　‖…送りがな

教122ページ
交 コウ まじわる・まじえる・まじる まざる・まぜる

1 読みがなを書きましょう。 20点（一つ4）

① お願いの手紙。（　　）
② 書類を送付する。（　　）
③ 調査に協力する。（　　）
④ ちりが積もる。（　　）
⑤ 漁夫の利。（　　）

教科書 上 116～123ページ

うらのページに続くよ！

2 **あてはまる漢字を書きましょう。**

80点（一つ10）

① 小さいころからの［がんぼう］がかなう。

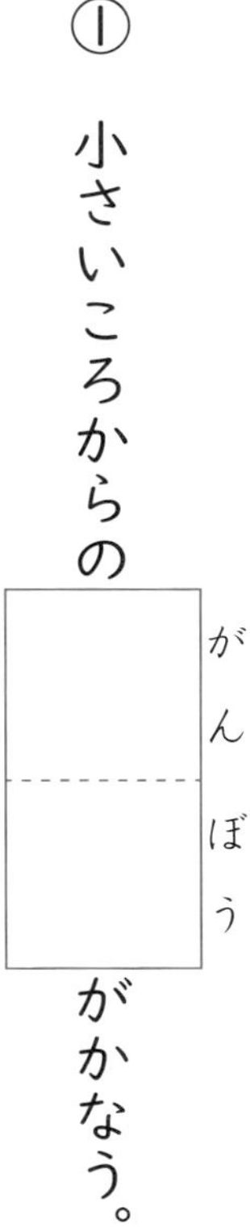

② 家の［ふきん］に小さな池がある。

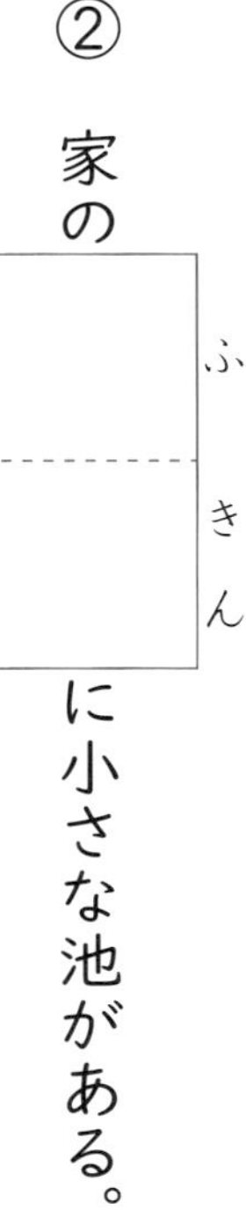

③ 勉強して算数の力を［つ］ける。

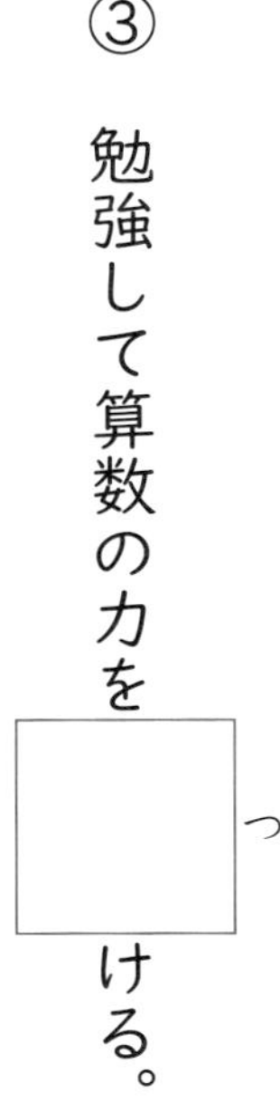

④ 二チームの間で［きょうてい］を結ぶ。

⑤ 二十五メートルプールの［たいせき］を求める。

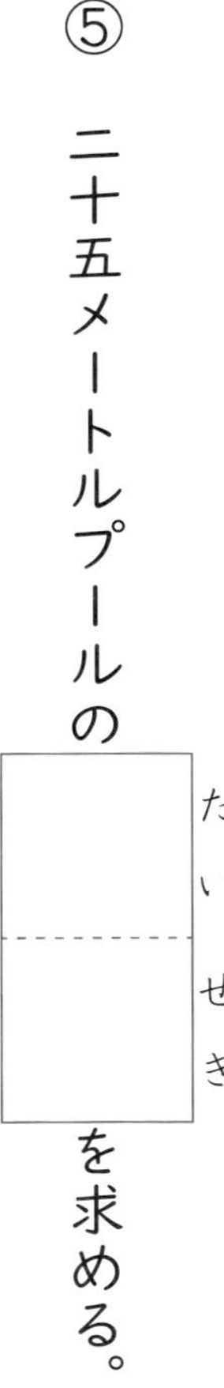

⑥ 山田［ふ］妻（さい）とパーティーで会う。

⑦ ［おっと］が会社から帰ってくる。

⑧ 上級生と下級生が入り［ま］じる。

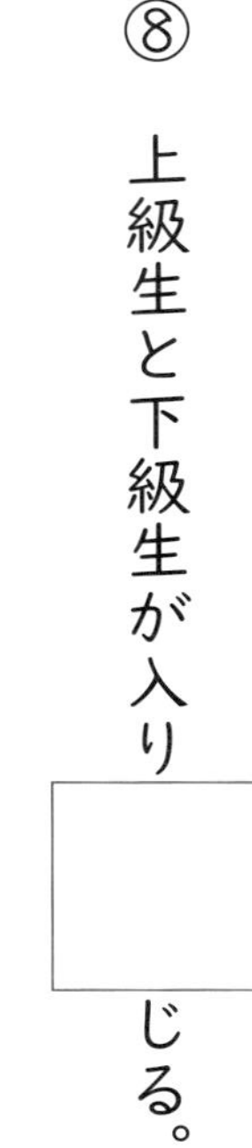

ヒント ⑥⑦「夫」の、二画目を一画目より長く書きましょう。

きほんのドリル 26

クラスで話し合って決めよう 漢字を使おう5 (1)

時間15分　合かく80点　／100

サクッとこたえあわせ　答え117ページ

月　日

書いて覚えよう！

以（教125ページ）イ　●とめる　5画
以上（いじょう）　以下（いか）　以前（いぜん）　以外（いがい）
以（ひと）

議（教125ページ）ギ　←わすれずに　20画
会議（かいぎ）　不思議（ふしぎ）　議題（ぎだい）　議員（ぎいん）
議（ごんべん）

標（教127ページ）ヒョウ　「西」にしない↓　15画
目標（もくひょう）　標本（ひょうほん）　標高（ひょうこう）　標語（ひょうご）
標（きへん）

群（教131ページ）グン　むれる　むれ　むら　出る　13画
群集（ぐんしゅう）　大群（たいぐん）　魚の群れ（さかなのむれ）
群（ひつじ）

郡（教131ページ）グン　出る　10画
郡部（ぐんぶ）　郡内（ぐんない）
郡（おおざと）

1 読みがなを書きましょう。 28点（一つ4）

① 赤（　　）以外の色を選ぶ。

② 話し合いの（　　）議題。

③ （　　）目標を立てる。

④ （　　）群集がひしめき合う。

⑤ 魚の（　　）群れ。

⑥ 人が（　　）群がる。

⑦ 市町村と（　　）郡。

うらのページに続くよ！

2 あてはまる漢字を書きましょう。

72点（一つ9）

① 友人に会うのは、卒業（そつ）□（いらい）だ。

② 話し合いの前に□（ぎちょう）を決めた。

③ つかまえた虫を□（ひょうほん）にしてかざる。

④ 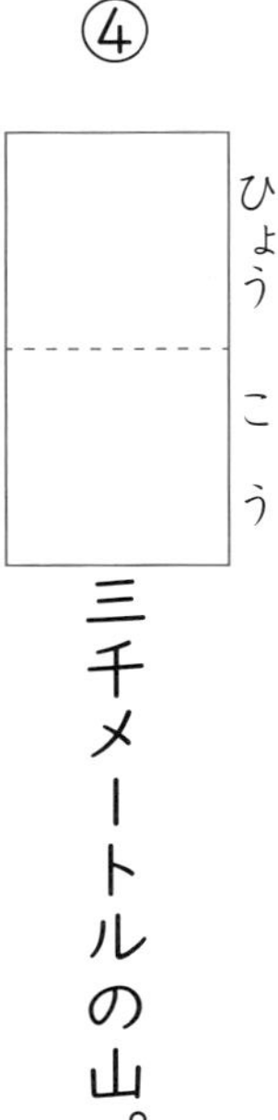□（ひょうこう）三千メートルの山。

⑤ すすきが草原に□（ぐんせい）している。

⑥ 夜の公園に、のらねこが□（む）れる。

⑦ セール会場に買い物客が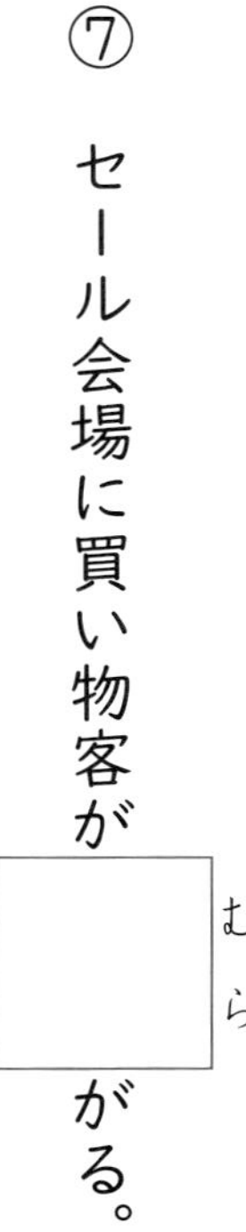□（むら）がる。

⑧ 県内の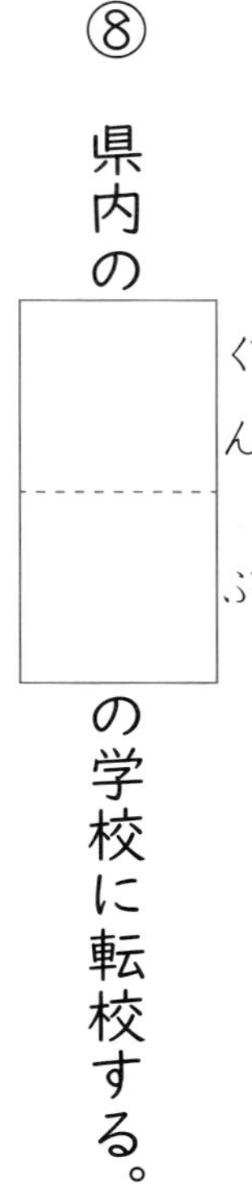□（ぐんぶ）の学校に転校する。

⑤「群生」は、ある場所に同じ植物がたくさん生えていることです。

ヒント ⑤⑥⑦「群」と、⑧「郡」の使い分けに注意しましょう。

きほんのドリル 27

漢字を使おう5 (2)

時間 15分
合かく80点 /100
答え117ページ
月　日

書いて覚えよう！

教131ページ
官 カン（上より大きく）
器官（きかん）　けい察官（さつかん）　長官（ちょうかん）
8画　うかんむり

教131ページ
管 カン・くだ（たてに）
管楽器（かんがっき）　管理（かんり）　ゴムの管（くだ）
14画　たけかんむり

教131ページ
富 フ・とむ・とみ（大きく）
機知（きち）に富（と）む　豊富（ほうふ）　富（とみ）を築（きず）く
12画　うかんむり

教131ページ
徒 ト（長く）
生徒（せいと）　徒歩（とほ）　徒競走（ときょうそう）
10画　ぎょうにんべん

教131ページ
浴 ヨク・あびる・あびせる
海水浴（かいすいよく）　浴室（よくしつ）　日光（にっこう）を浴（あ）びる
10画　さんずい

読んで覚えよう！

●…読み方が新しい漢字　‖…送りがな

教131ページ
音 オン・おと・●ね

教131ページ
白 ハク・しろ・しろ‖い・●しら

1 読みがなを書きましょう。 20点（一つ4）

① けい察官の仕事。（　　）
② 管楽器のえんそう。（　　）
③ 才能（のう）に富む。（　　）
④ 徒歩で向かう。（　　）
⑤ 入浴をすませる。（　　）

教科書 上131ページ

うらのページに続くよ！

2 あてはまる漢字を書きましょう。

80点（一つ10）

① 人間には、い・や・ち・ょ・う・などの消化［きかん］がある。

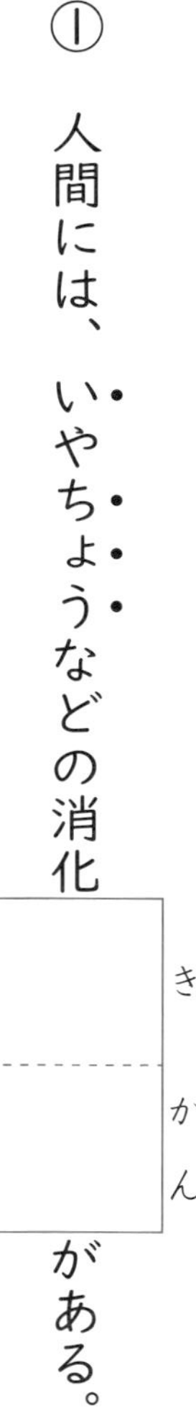

② かべの中の［くだ］に電線が通っている。

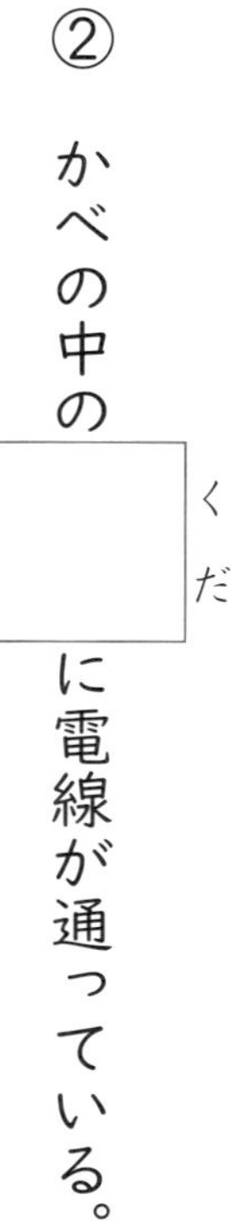

③ トランペットの［ねいろ］に耳をすませる。

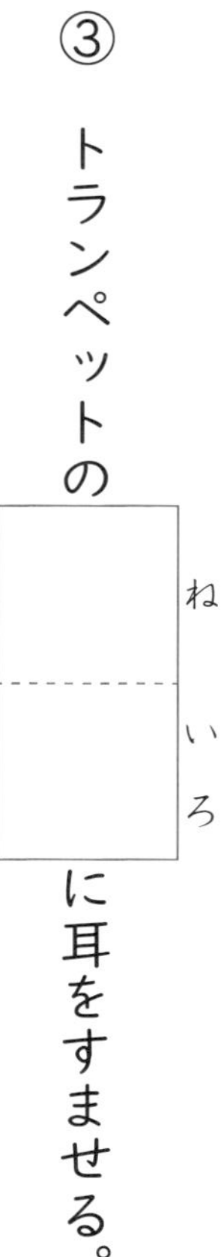

④ 豊［ふ］な体験を生かして問いに答える。

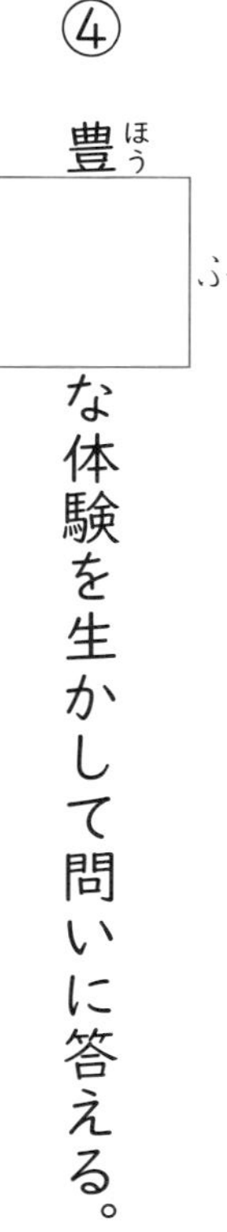

⑤ 社長は［とみ］と名声をえた。

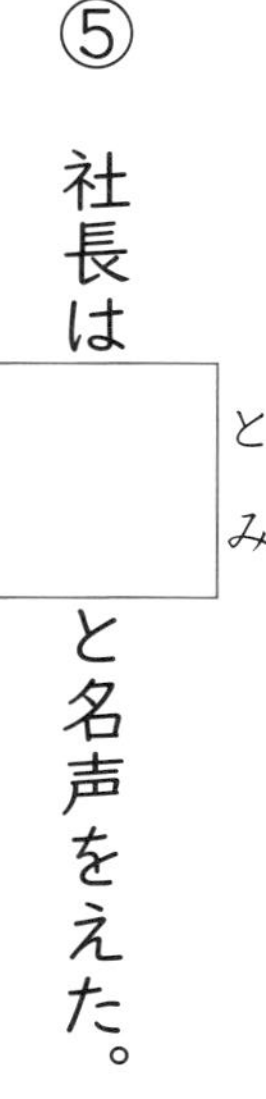

⑥ 兄は［せいと］会長に立候補した。

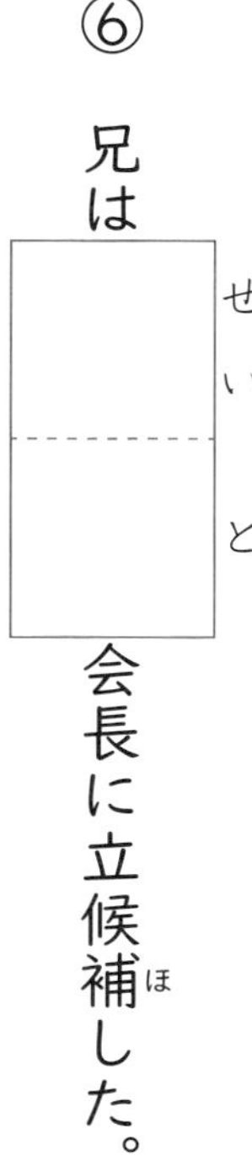

⑦ ［しらなみ］が岩に打ちつける。

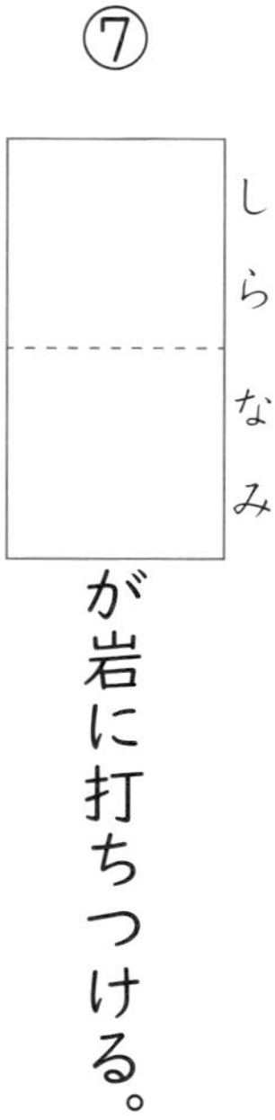

⑧ みんなの注目を［あ］びるような発言をする。

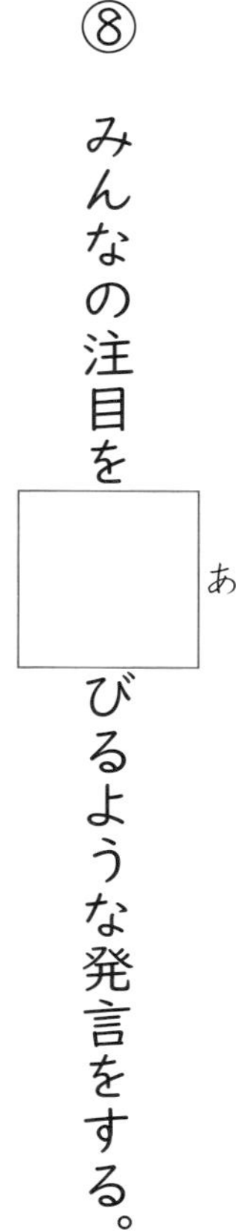

ヒント ①「官」は、形のにている「宮」とまちがえないように注意しましょう。

きほんのドリル 28。

文の組み立てと修飾語（しゅうしょくご） （1）

時間 15分　合かく80点　／100

サクッとこたえあわせ　答え 117ページ

月　日

書いて覚えよう！

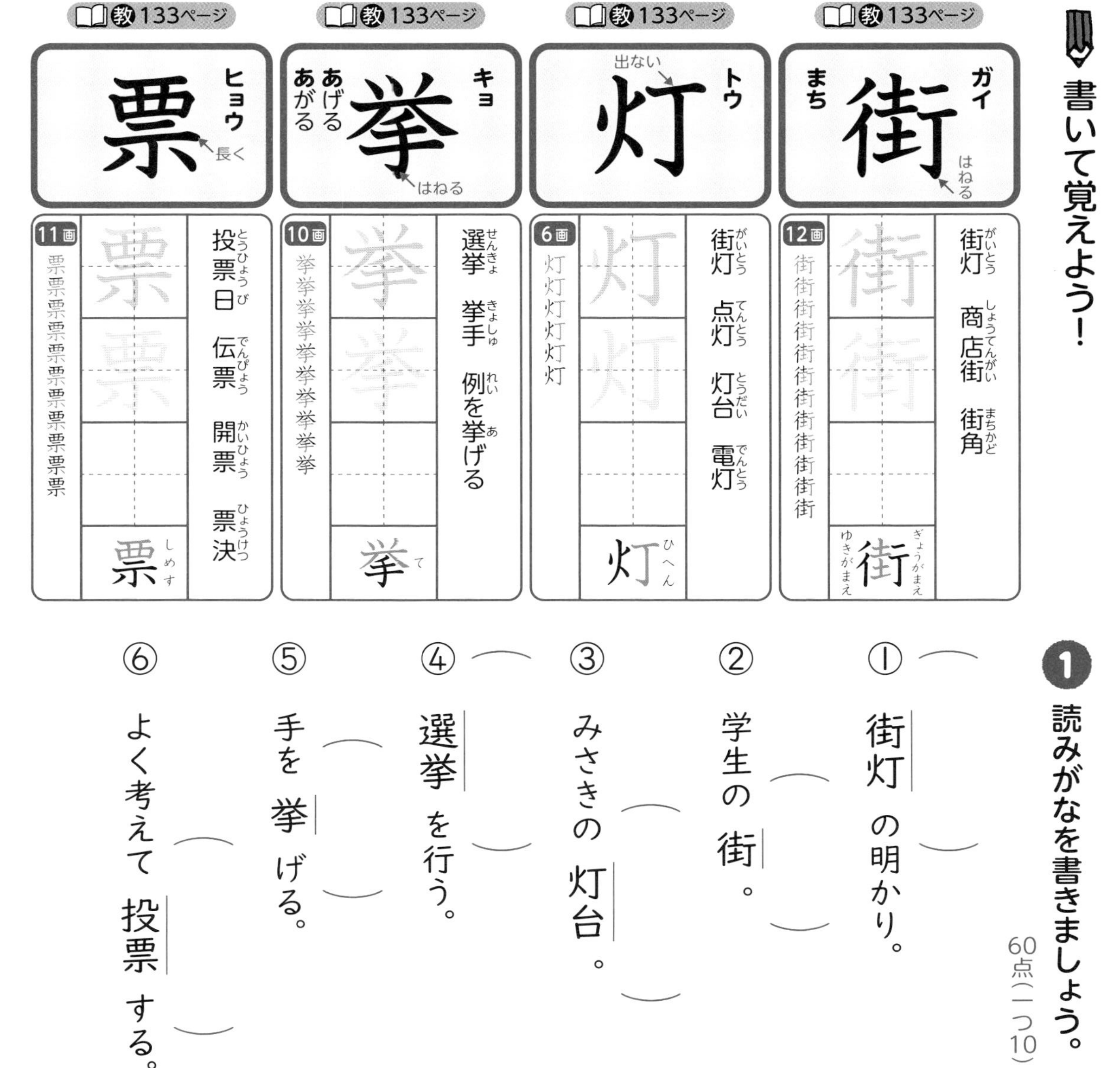

1 読みがなを書きましょう。　60点（一つ10）

① 街灯の明かり。

② 学生の街。

③ みさきの灯台。

④ 選挙を行う。

⑤ 手を挙げる。

⑥ よく考えて投票する。

うらのページに続くよ！

2 あてはまる漢字を書きましょう。

40点（一つ5）

① 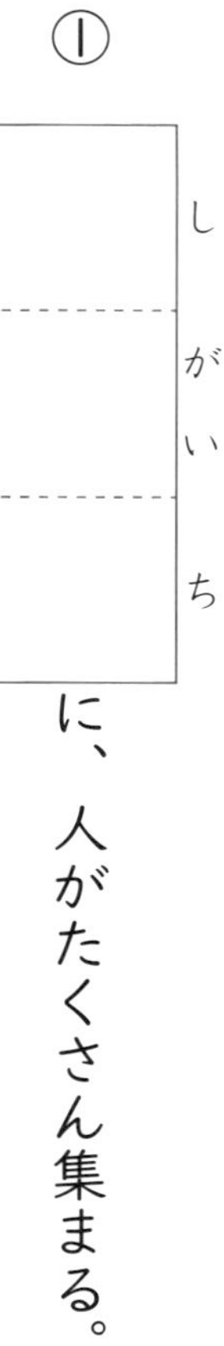（しがいち）に、人がたくさん集まる。

② 駅前の 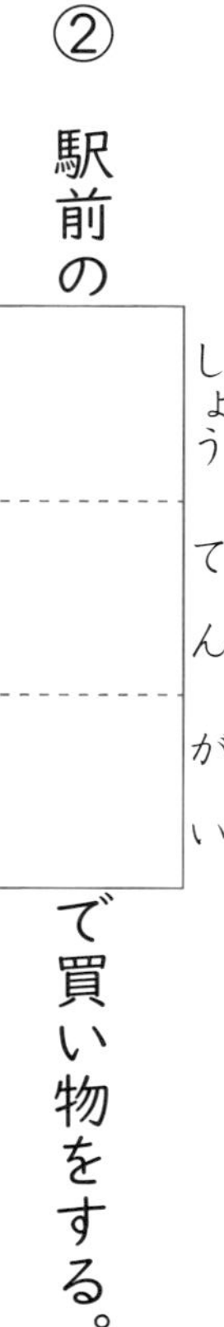（しょうてんがい）で買い物をする。

③ 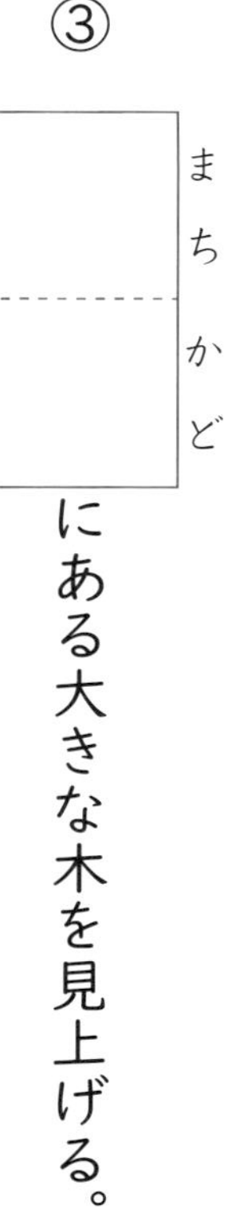（まちかど）にある大きな木を見上げる。

④ ろうそくに 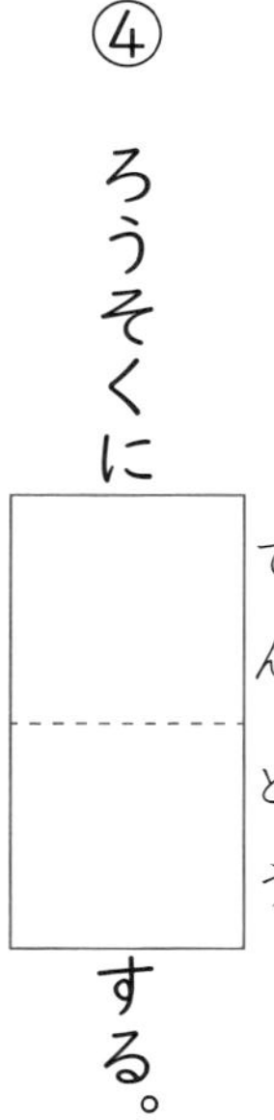（てんとう）する。

⑤ 授（じゅ）業中に （きょしゅ）をして発言する。

⑥ 具体例を 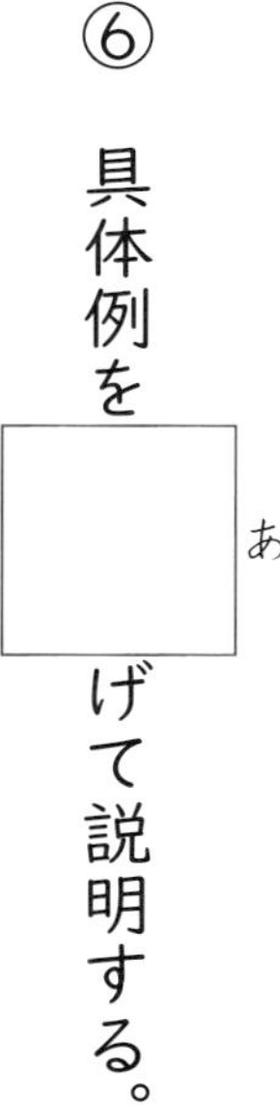（あ）げて説明する。

⑦ 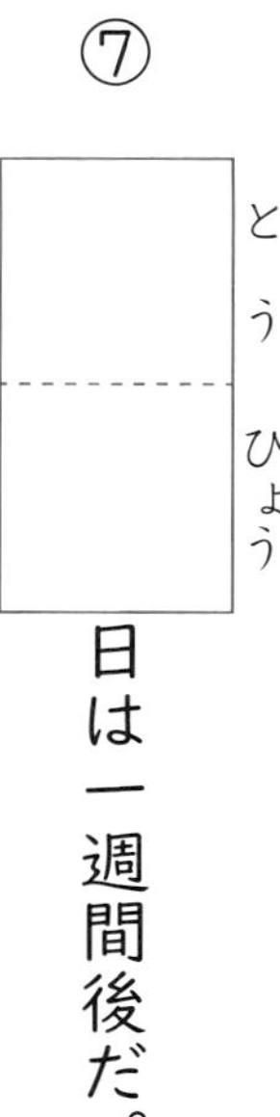（とうひょう）日は一週間後だ。

⑧ 会長選挙の 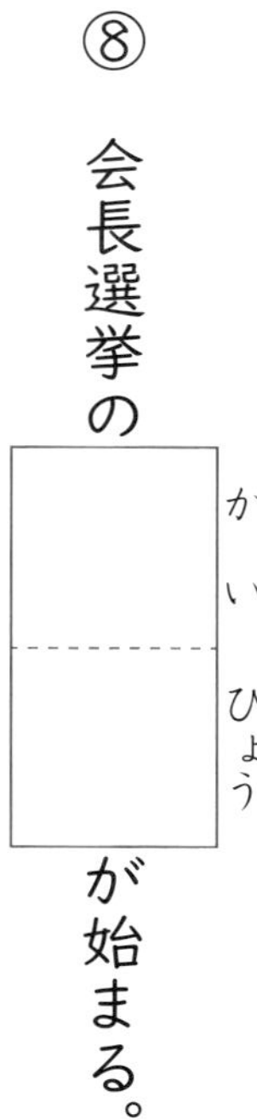（かいひょう）が始まる。

⑦⑧「票」の上の部分は「西」ではありません。気をつけましょう。

文の組み立てと修飾語(しゅうしょくご) (2)
一つの花 (1)

時間 15分 合かく80点 /100

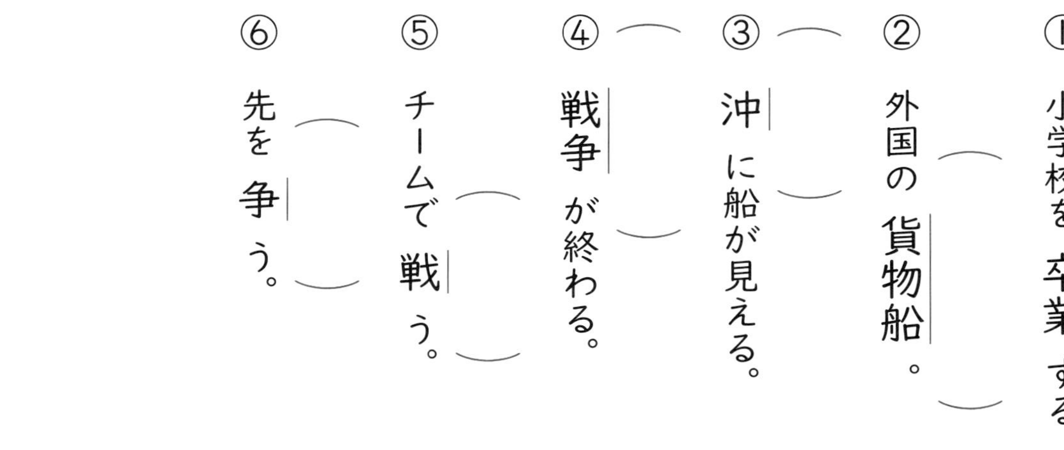

答え 117ページ

月　日

書いて覚えよう！

教 133ページ
卒 ソツ（とめる）8画
卒業(そつぎょう)　新卒(しんそつ)　兵卒(へいそつ)
卒（じゅう）

教 133ページ
貨 カ（上にはねる）11画
貨物(かもつ)　金貨(きんか)　通貨(つうか)　貨車(かしゃ)
貨（かい・こがい）

教 133ページ
沖 おき 7画
沖(おき)　沖合い(おきあい)　沖縄(おきなわ)
沖（さんずい）

教 136ページ
戦 セン・たたかう（わすれずに）13画
戦争(せんそう)　作戦(さくせん)　悪(あく)と戦(たたか)う
戦（ほこづくり・ほこがまえ）

教 136ページ
争 ソウ・あらそう（出る）6画
争点(そうてん)　競争(きょうそう)　言(い)い争(あらそ)う
争（はねぼう）

1 読みがなを書きましょう。 60点(一つ10)

① 小学校を 卒業 する。（　　）
② 外国の 貨物船 。（　　）
③ 沖 に船が見える。（　　）
④ 戦争 が終わる。（　　）
⑤ チームで 戦 う。（　　）
⑥ 先を 争 う。（　　）

 うらのページに続くよ！

2 あてはまる漢字を書きましょう。

40点(一つ5)

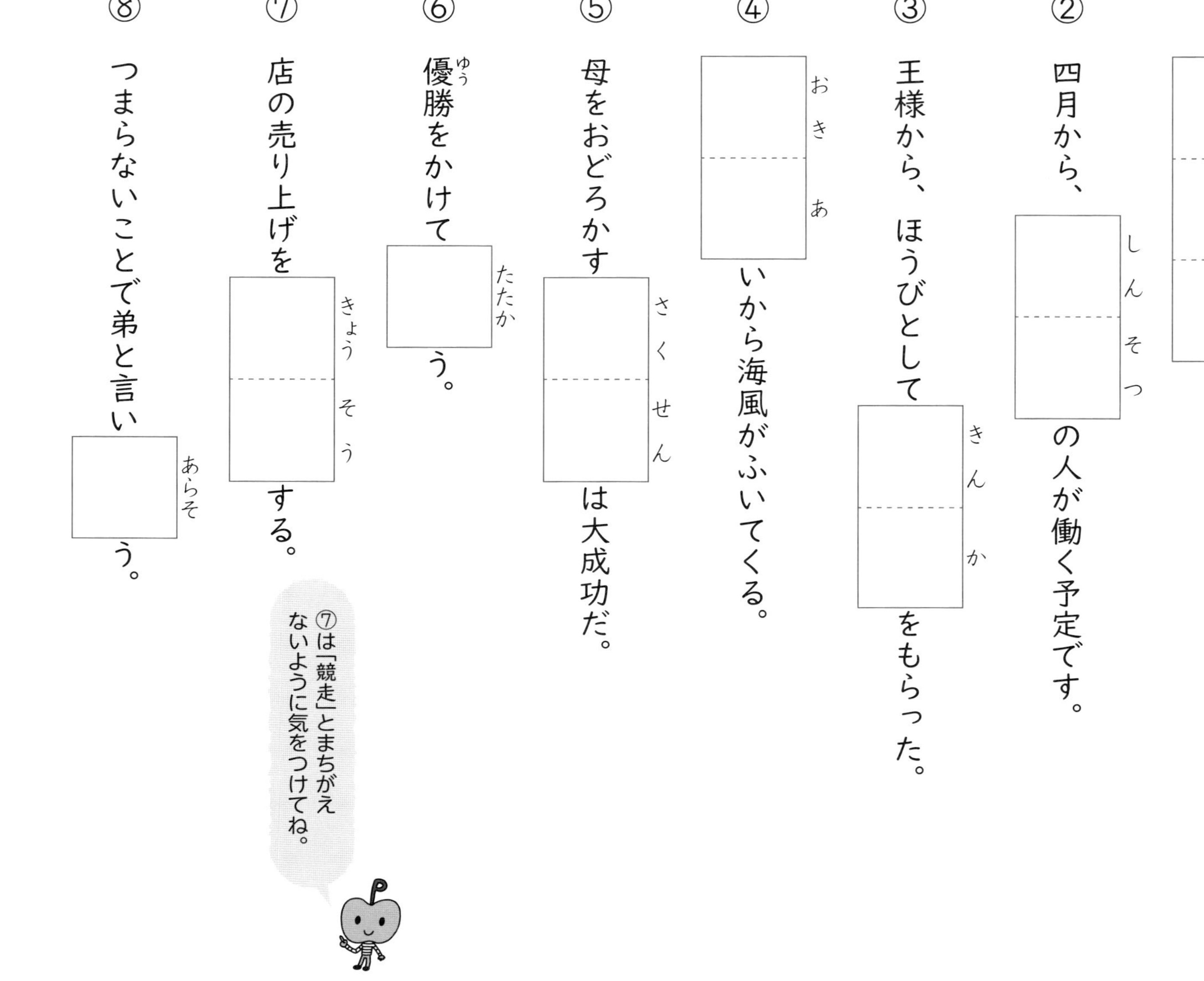

① （そつぎょうしき）に出席する。

② 四月から、（しんそつ）の人が働く予定です。

③ 王様から、ほうびとして（きんか）をもらった。

④ （おきあい）から海風がふいてくる。

⑤ 母をおどろかす（さくせん）は大成功だ。

⑥ 優勝をかけて（たたか）う。

⑦ 店の売り上げを（きょうそう）する。

⑧ つまらないことで弟と言い（あらそ）う。

ヒント ③「貨」の「貝」を、「見」とまちがえないように注意しましょう。

きほんのドリル 30。

一つの花 (2)

時間 15分　合かく80点　/100　答え118ページ　サクッとこたえあわせ

月　日

書いて覚えよう！

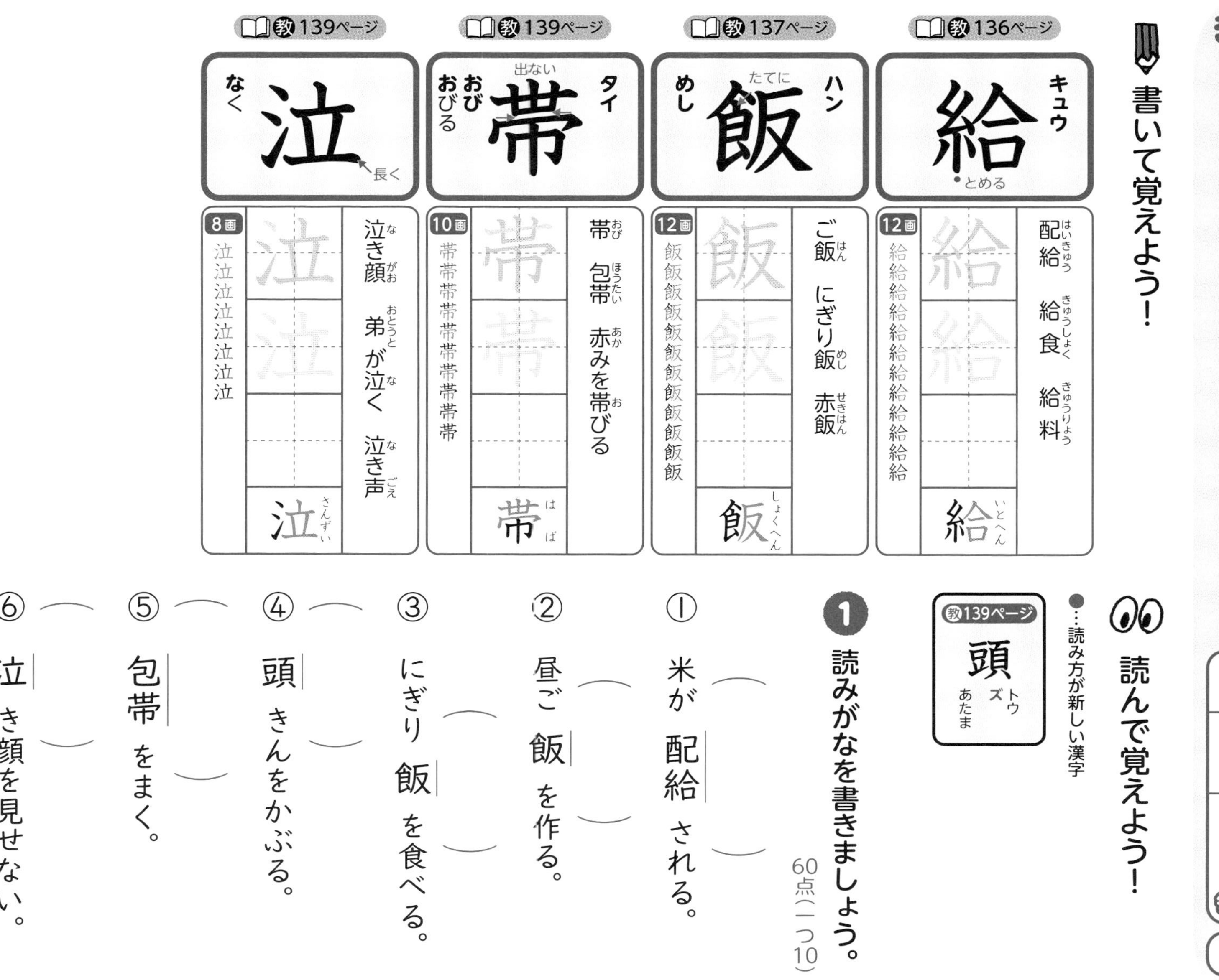

教136ページ　給　キュウ（とめる）　12画　給給給給給給給給給給給給　いとへん　配給（はいきゅう）　給食（きゅうしょく）　給料（きゅうりょう）

教137ページ　飯　めし　ハン（たてに）　12画　飯飯飯飯飯飯飯飯飯飯飯飯　しょくへん　ご飯（ごはん）　にぎり飯（にぎりめし）　赤飯（せきはん）

教139ページ　帯　おび　おびる　タイ（出ない）　10画　帯帯帯帯帯帯帯帯帯帯　はば　帯（おび）　包帯（ほうたい）　赤みを帯びる（あかみをおびる）

教139ページ　泣　なく（長く）　8画　泣泣泣泣泣泣泣泣　さんずい　泣き顔（なきがお）　弟が泣く（おとうとがなく）　泣き声（なきごえ）

読んで覚えよう！

●…読み方が新しい漢字

教139ページ　頭　トウ　ズ　あたま

1 読みがなを書きましょう。　60点（一つ10）

① 米が　配給（　　）される。

② 昼ご　飯（　　）を作る。

③ にぎり　飯（　　）を食べる。

④ 頭（　　）きんをかぶる。

⑤ 包帯（　　）をまく。

⑥ 泣（　　）き顔を見せない。

← うらのページに続くよ！

2 あてはまる漢字を書きましょう。

40点（一つ5）

① 教室にもどって［きゅうしょく］を食べる。

② ご［はん］は少ししか食べられなかった。

③ それくらいのことは［あさめしまえ］だ。

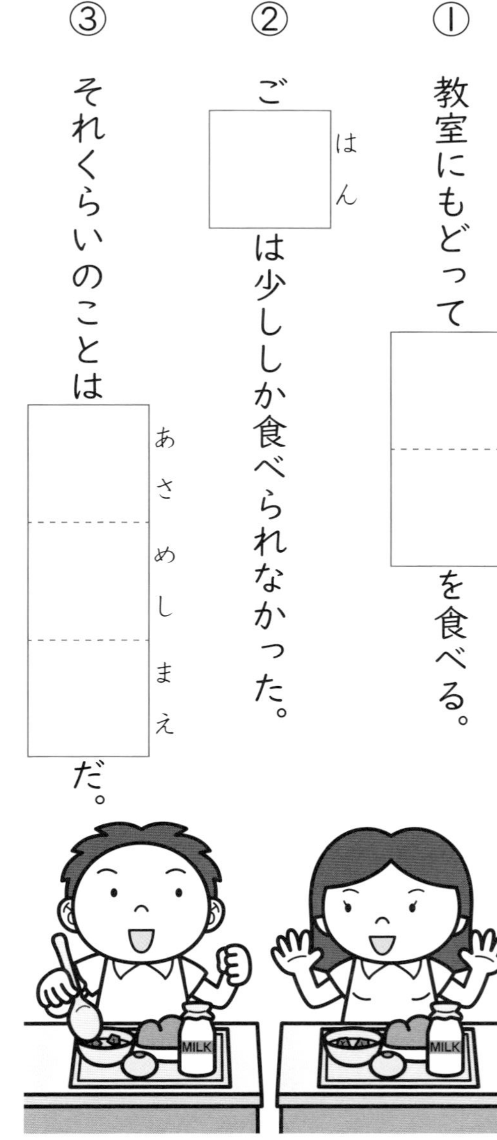

④ その［おび］は着物によく合う。

⑤ この［いったい］に、たくさんのたんぽぽがさいている。

⑥ 夕日で赤みを［お］びた山がきれいだ。

⑦ ぼくは、小さなころは［な］き虫だった。

⑧ 赤ちゃんは、ねむたくて［な］いているみたいだ。

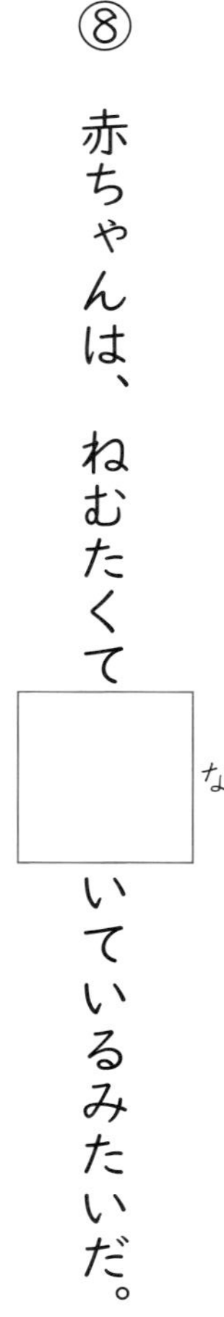

ヒント ④⑤⑥「帯」は、「卌」の筆順に注意しましょう。

きほんのドリル 31 一つの花 (3)

時間 15分
合かく80点 ／100
答え118ページ
サクッとこたえあわせ
月　日

書いて覚えよう！

軍（グン）　教139ページ
長く
9画　軍軍軍軍軍軍軍軍軍
軍（くるま）
軍歌（ぐんか）　軍隊（ぐんたい）　軍人（ぐんじん）　海軍（かいぐん）

兵（ヘイ・ヒョウ）　教140ページ
とめる
7画　兵兵兵兵兵兵兵
兵（は）
兵隊（へいたい）　出兵（しゅっぺい）　兵器（へいき）　歩兵（ほへい）　兵庫（ひょうご）

隊（タイ）　教140ページ
つけるところ注意
12画　隊隊隊隊隊隊隊隊隊隊隊隊
隊（こざとへん）
部隊（ぶたい）　隊長（たいちょう）　救急隊員（きゅうきゅうたいいん）

輪（リン・わ）　教141ページ
はねる
15画　輪輪輪輪輪輪輪輪輪輪輪輪輪輪輪
輪（くるまへん）
一輪（いちりん）　車輪（しゃりん）　指輪（ゆびわ）　輪投げ（わなげ）

景（ケイ）　教145ページ
はねる
12画　景景景景景景景景景景景景
景（ひ）
情景（じょうけい）　景品（けいひん）　景気（けいき）　夜景（やけい）

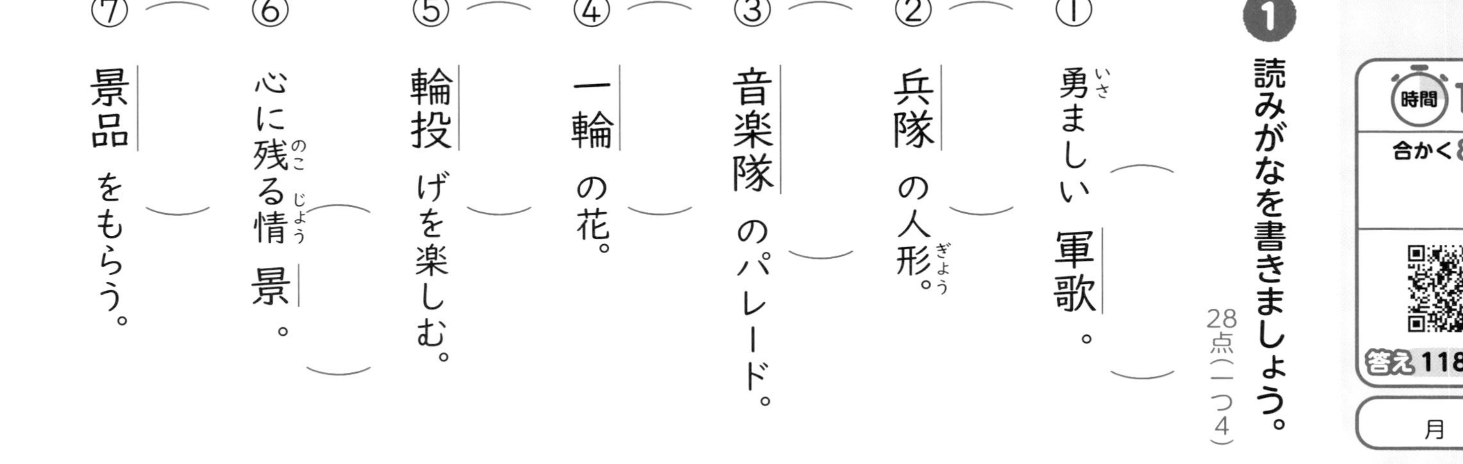

1 読みがなを書きましょう。　28点（一つ4）

① 勇（いさ）ましい 軍歌。（　　）
② 兵隊 の人形（ぎょう）。（　　）
③ 音楽隊 のパレード。（　　）
④ 一輪 の花。（　　）
⑤ 輪投 げを楽しむ。（　　）
⑥ 心に残（のこ）る情（じょう） 景。（　　）
⑦ 景品 をもらう。（　　）

教科書 上134～146ページ

うらのページに続くよ！

2 あてはまる漢字を書きましょう。

72点（一つ9）

① ［　］（ぐんか）が聞こえる。

② 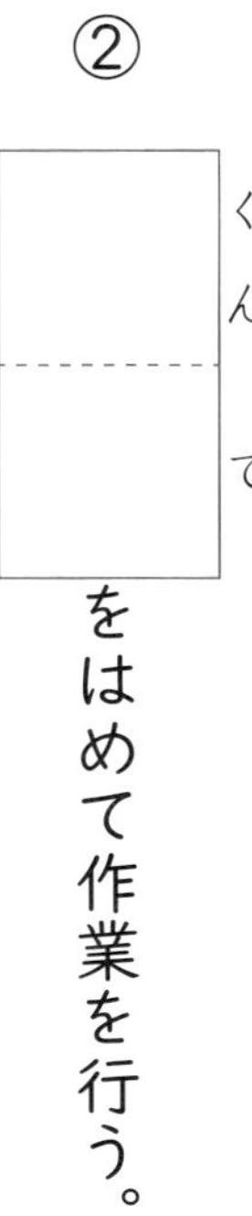［　］（ぐんて）をはめて作業を行う。

③ てきとの 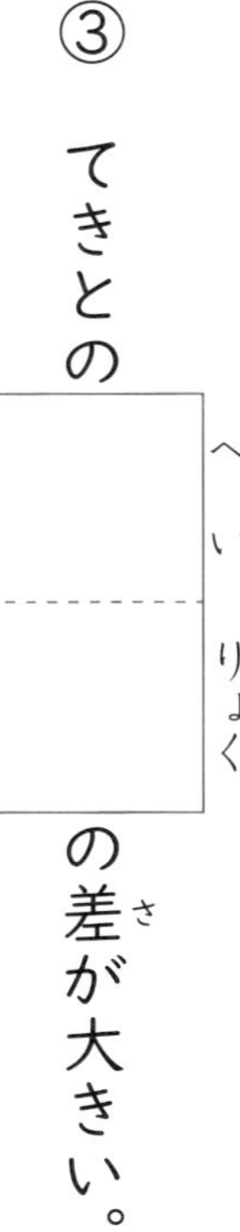［　］（へいりょく）の差（さ）が大きい。

④ 外国への 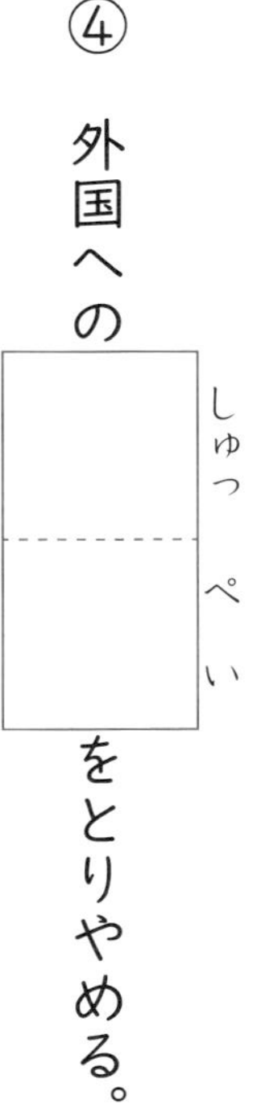［　］（しゅっぺい）をとりやめる。

⑤ 軍の 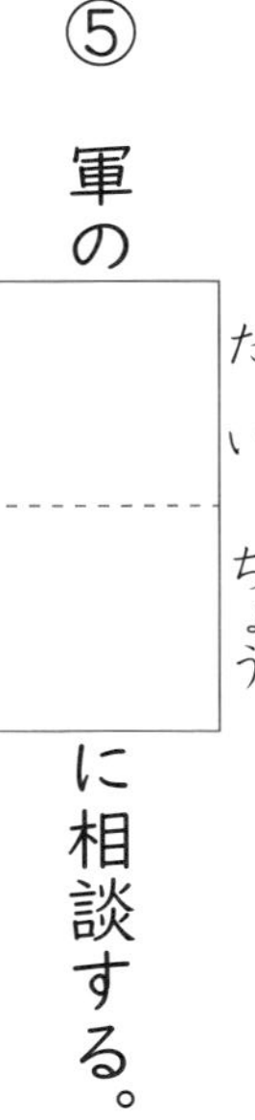［　］（たいちょう）に相談する。

⑥ ［　］（たいりん）のきくの花束を、紙で包む。

⑦ 子どもたちが 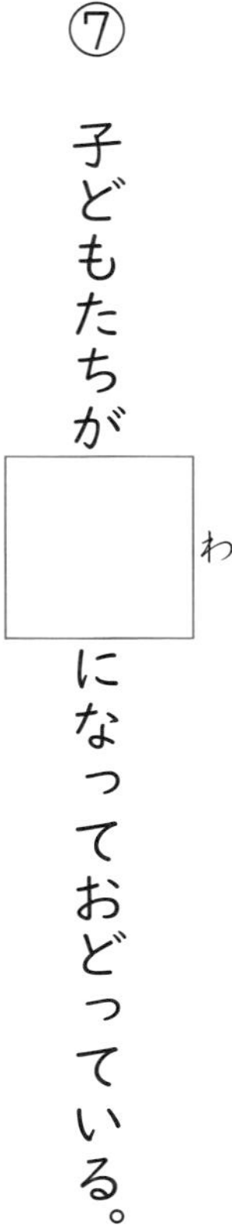［　］（わ）になっておどっている。

⑧ 山の上からながめる 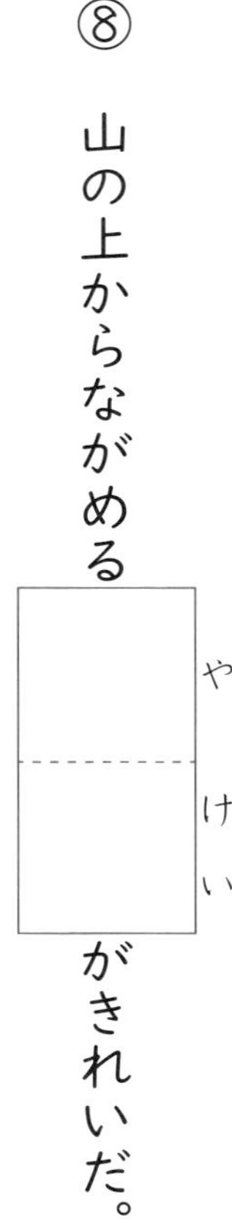［　］（やけい）がきれいだ。

ヒント ⑤「隊」の右側（がわ）の字形に注意して書きましょう。

きほんのドリル 32

漢字を使おう6

時間 15分
合かく80点 /100
答え118ページ
月　日

書いて覚えよう！

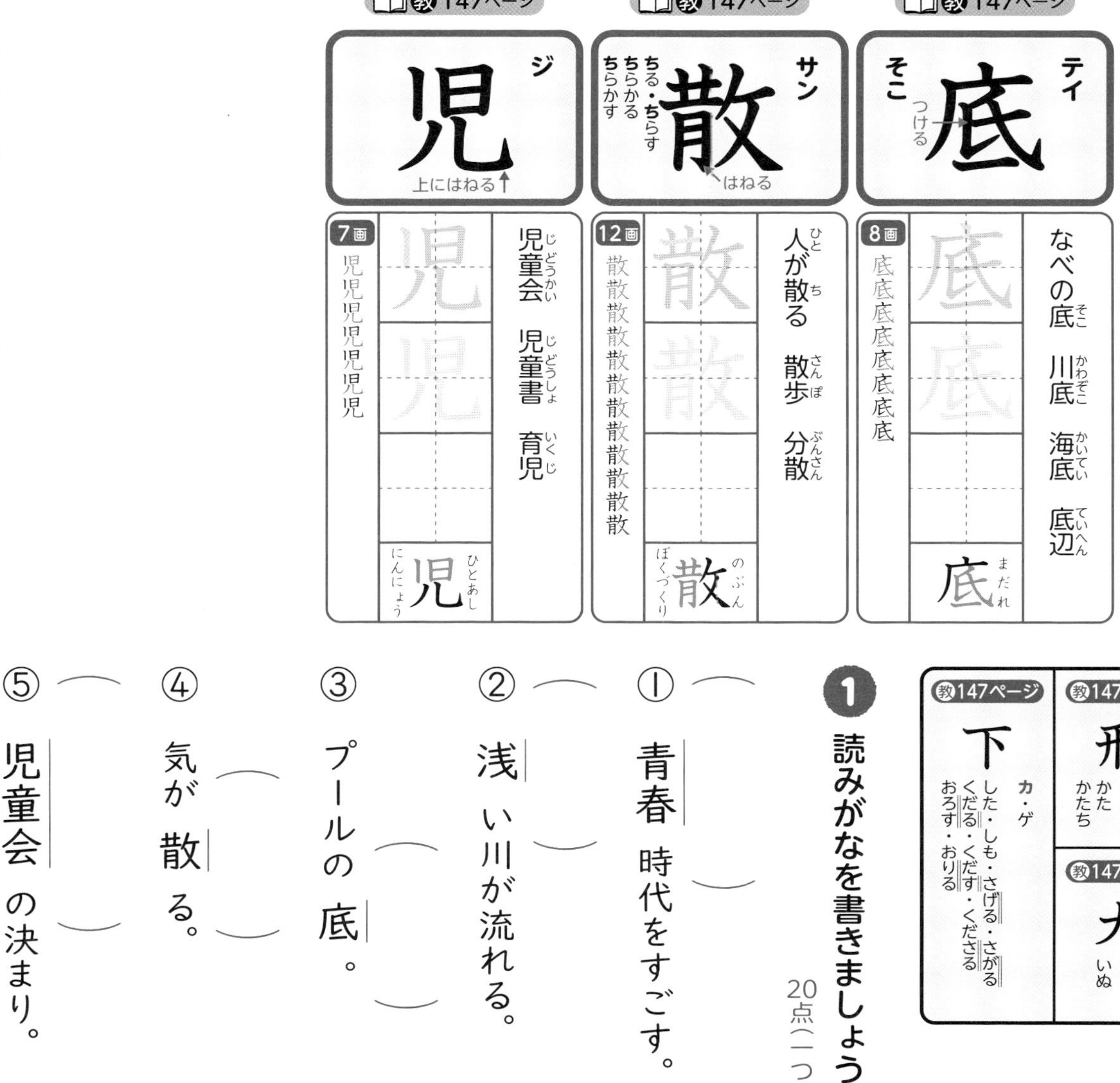

教147ページ　浅（あさい）　上にはねる　9画　浅い川（あさいかわ）　ねむりが浅い（あさい）　さんずい

教147ページ　底（テイ・そこ）　つける　8画　なべの底（そこ）　川底（かわぞこ）　海底（かいてい）　底辺（ていへん）　まだれ

教147ページ　散（サン・ちる・ちらす・ちらかる・ちらかす）　はねる　12画　人が散る（ひとがちる）　散歩（さんぽ）　分散（ぶんさん）　のぶん・ぼくづくり

教147ページ　児（ジ）　上にはねる　7画　児童会（じどうかい）　児童書（じどうしょ）　育児（いくじ）　ひとあし・にんにょう

読んで覚えよう！

●…読み方が新しい漢字　‖…送りがな

教147ページ 青 セイ あお あお‖い	教147ページ 形 ケイ ギョウ かた かたち	教147ページ 下 カ・ゲ した・しも・さ‖げる・さ‖がる くだ‖る・くだ‖す・くだ‖さる おろ‖す・お‖りる
教147ページ 後 ゴ コウ うし‖ろ あと	教147ページ 犬 ケン いぬ	

1 読みがなを書きましょう。　20点（一つ4）

① 青春（　　）時代をすごす。

② 浅（　　）い川が流れる。

③ プールの底（　　）。

④ 気が散（　　）る。

⑤ 児童会（　　）の決まり。

うらのページに続くよ！

教科書 上 147ページ

2 あてはまる漢字を書きましょう。

80点（一つ10）

① 試（し）合の［こうはんせん］が始まった。

② かわいい［にんぎょう］をかざる。

③ 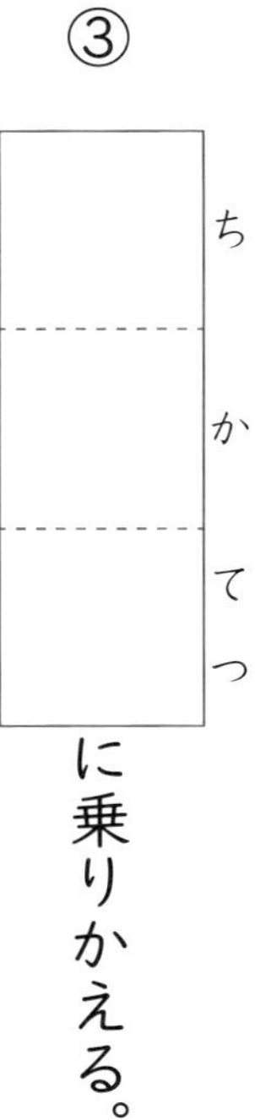［ちかてつ］に乗りかえる。

④ 思ったよりきずは、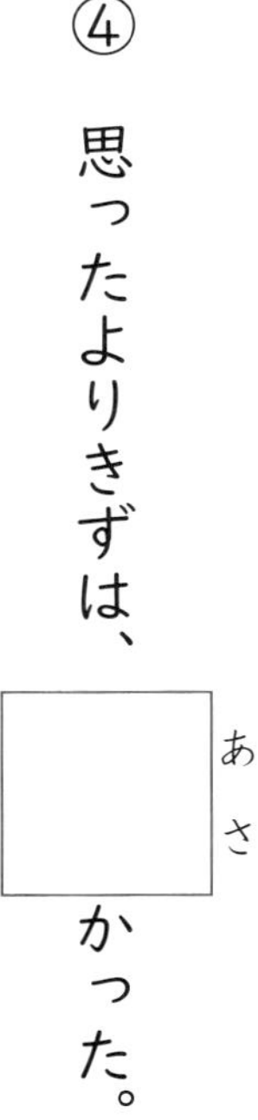［あさ］かった。

⑤ 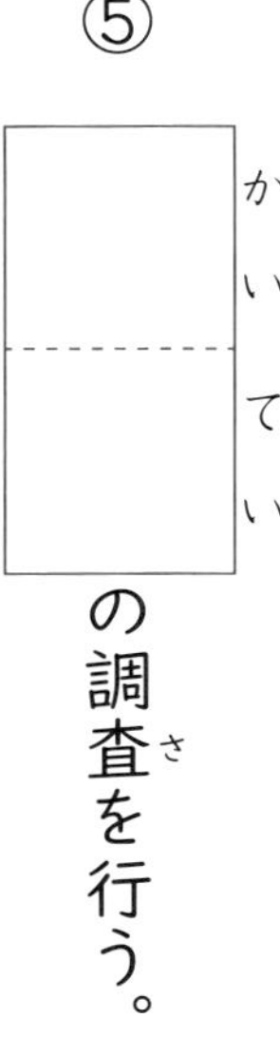［かいてい］の調査（さ）を行う。

⑥ 公園を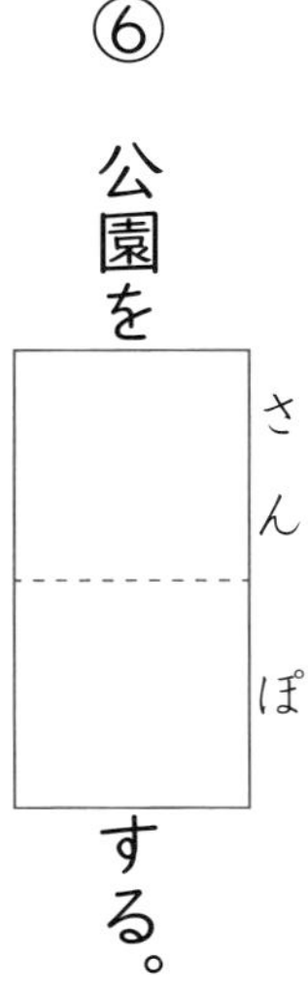［さんぽ］する。

⑦ 二頭の大型（がた）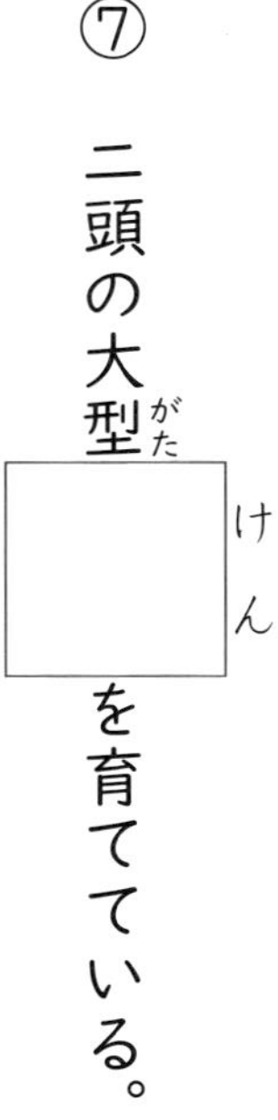［けん］を育てている。

⑧ 家族で協力して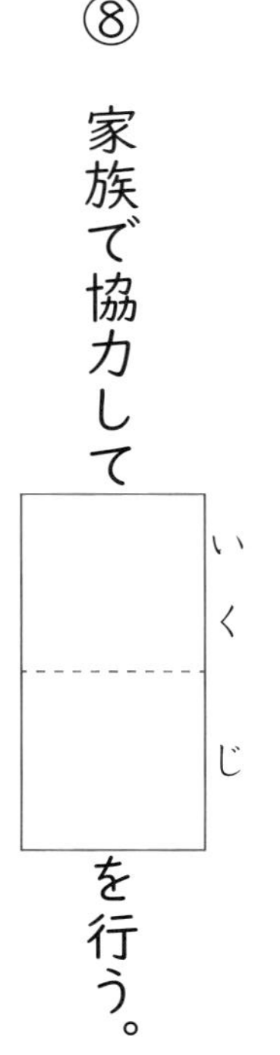［いくじ］を行う。

⑤「底」の八画目の横ぼうをわすれないように気をつけましょう。

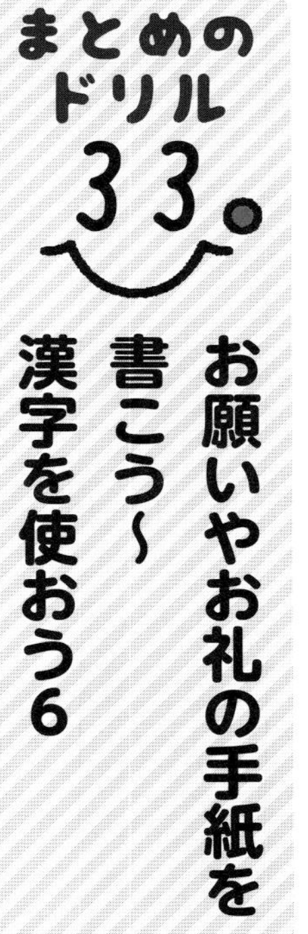

まとめのドリル 33 お願いやお礼の手紙を書こう～漢字を使おう6

1 漢字の読みがなを書きましょう。　52点(一つ4)

① 卒業（　　）のお祝(いわ)いに花をおくる。

② 家族と夕飯（　　）を食べる。

③ はらんに富（　　）んだ人生を送る。

④ おもちゃの兵隊（　　）。

⑤ 青みを帯（　　）びた白いうつわ。

⑥ 船にたくさんの貨物（　　）を積（　　）む。

⑦ 票（　　）を集めるために、街頭（　　）で演(えん)説する。

⑧ 沖（　　）の船から、灯台（　　）の明かりが見える。

⑨ 議題（　　）について生徒会（　　）で話し合う。

教科書 上116～147ページ

↓うらのページに続くよ！

2 あてはまる漢字を書きましょう。〔　〕には漢字とひらがなを書きましょう。

48点（一つ4）

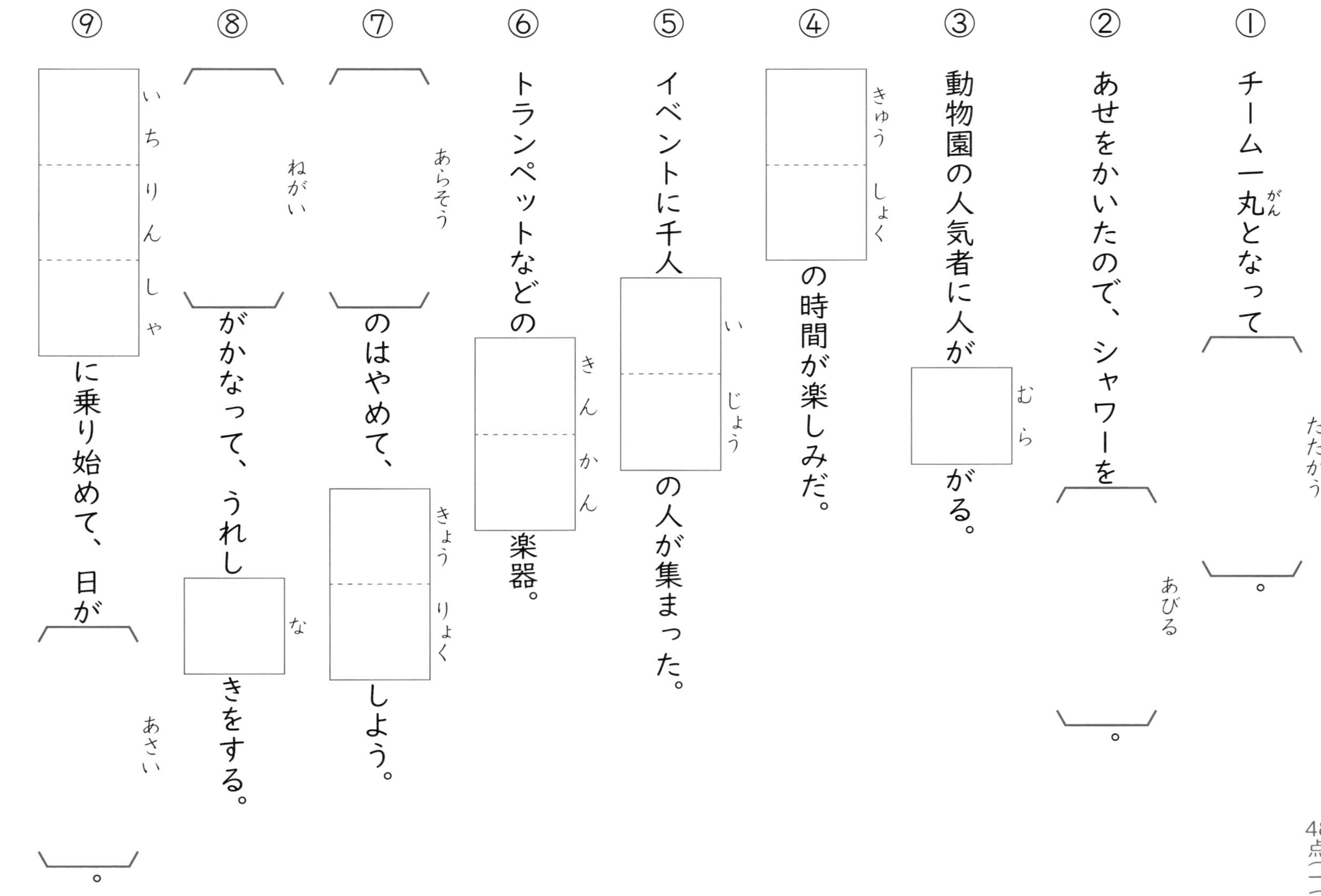

① チーム一丸（がん）となって〔たたかう〕。

② あせをかいたので、シャワーを〔あびる〕。

③ 動物園の人気者に人が□（むら）がる。

④ □□（きゅう しょく）の時間が楽しみだ。

⑤ イベントに千人□□（い じょう）の人が集まった。

⑥ トランペットなどの□□（きん かん）楽器。

⑦ 〔あらそう〕のはやめて、□□（きょう りょく）しよう。

⑧ 〔ねがい〕がかなって、うれし□（な）きをする。

⑨ □□□（いち りん しゃ）に乗り始めて、日が〔あさい〕。

きほんのドリル 34。 くらしの中の和と洋

時間 15分　合かく80点　/100　答え 118ページ

月　日

書いて覚えよう！

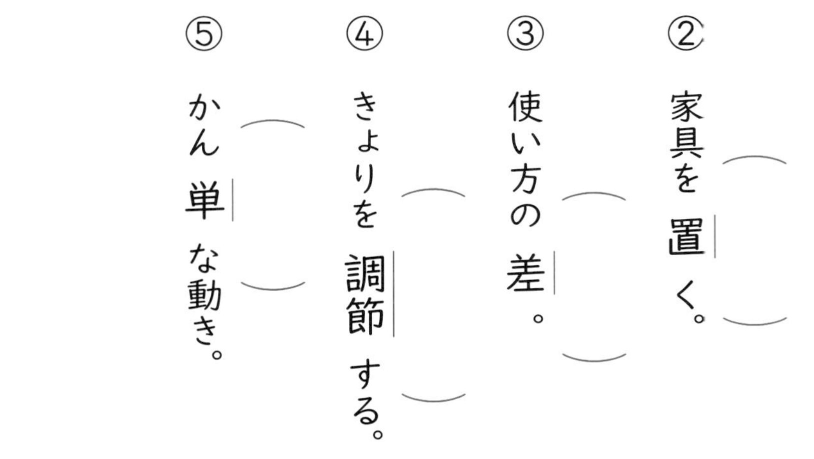
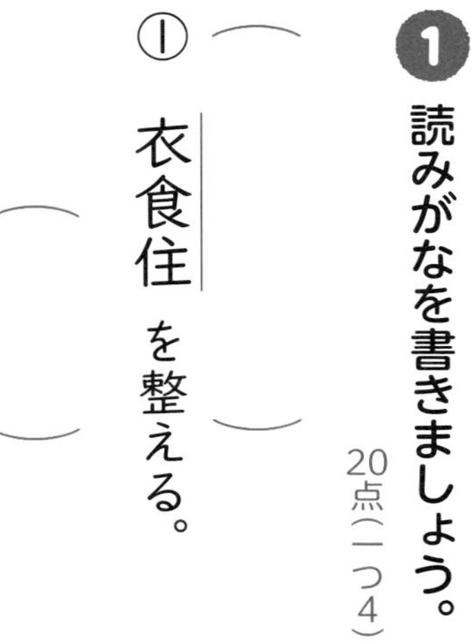

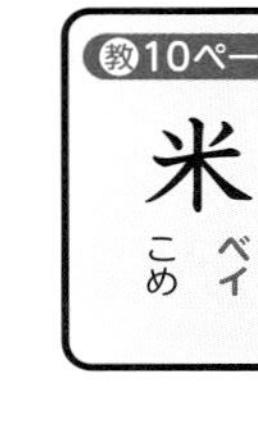

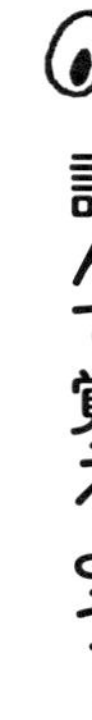

衣	イ（はねる）	教10ページ	6画	衣衣衣衣衣衣	衣（ころも）	衣食住（いしょくじゅう）　衣服（いふく）　衣料品（いりょうひん）
置	チ　おく（おれる）	教10ページ	13画	置置置置置置置置置置置置置	罒（あみがしら・あみめ）	物を置く（ものをおく）　位置（いち）　配置（はいち）
差	サ　さす（はらう）	教12ページ	10画	差差差差差差差差差差	工（たくみ・え）	点差（てんさ）　交差点（こうさてん）　日が差す（ひがさす）
節	セツ　ふし（はねる）	教13ページ	13画	節節節節節節節節節節節節節	⺮（たけかんむり）	調節（ちょうせつ）　節分（せつぶん）　季節（きせつ）　節目（ふしめ）
単	タン（長く）	教14ページ	9画	単単単単単単単単単	⺍（つかんむり）	かん単（かんたん）　単位（たんい）　単語（たんご）　単調（たんちょう）

読んで覚えよう！

●…読み方が新しい漢字

教10ページ　米　ベイ　こめ

1 読みがなを書きましょう。 20点（一つ4）

① 衣食住を整える。（　　）
② 家具を置く。（　　）
③ 使い方の差。（　　）
④ きよりを調節する。（　　）
⑤ かん単な動き。（　　）

← うらのページに続くよ！

2 あてはまる漢字を書きましょう。

80点（一つ10）

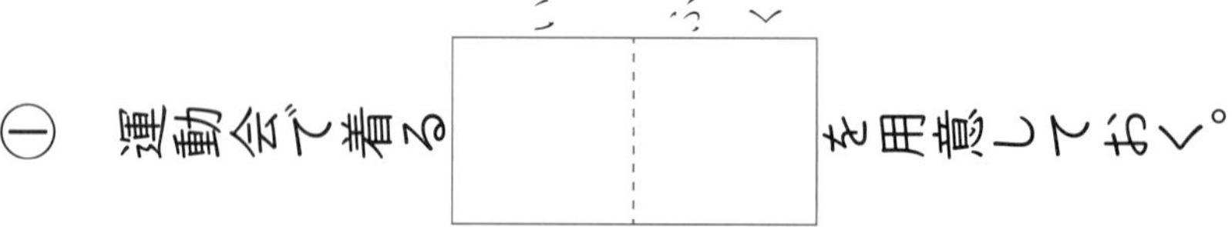

① 運動会で着る［いふく］を用意しておく。

② 欧（おう）［べい］の文化を取り入れる。

③ ポスターの文字の［はいち］を考える。

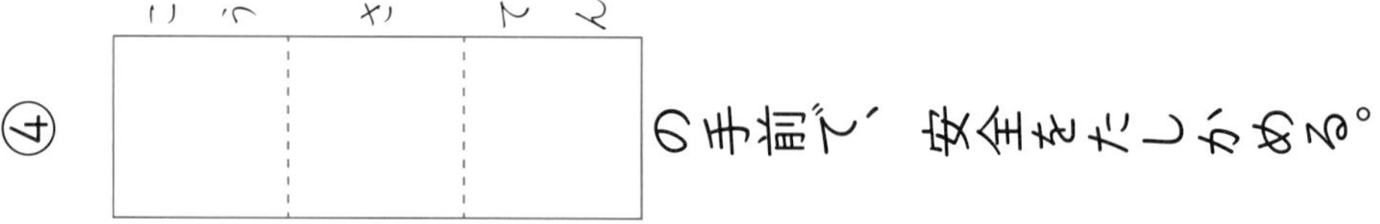

④ ［こうさてん］の手前で、安全をたしかめる。

⑤ 部屋のおくまで光が［さ］しこんでいる。

⑥ ［せつぶん］の日に、豆まきをする。

⑦ ［ふしめ］のない材木を選ぶ。

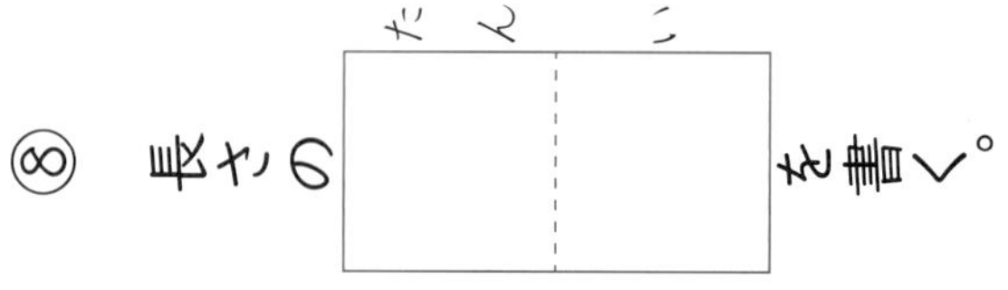

⑧ 長さの［たんい］を書く。

ヒント ⑧「単」は、一～三画目の向きに注意して書きましょう。

きほんのドリル 35。

「和と洋新聞」を作ろう (1)

時間 15分　合かく80点　/100　答え 118ページ　サクッとこたえあわせ

月　日

教科書 下 22〜26ページ

書いて覚えよう！

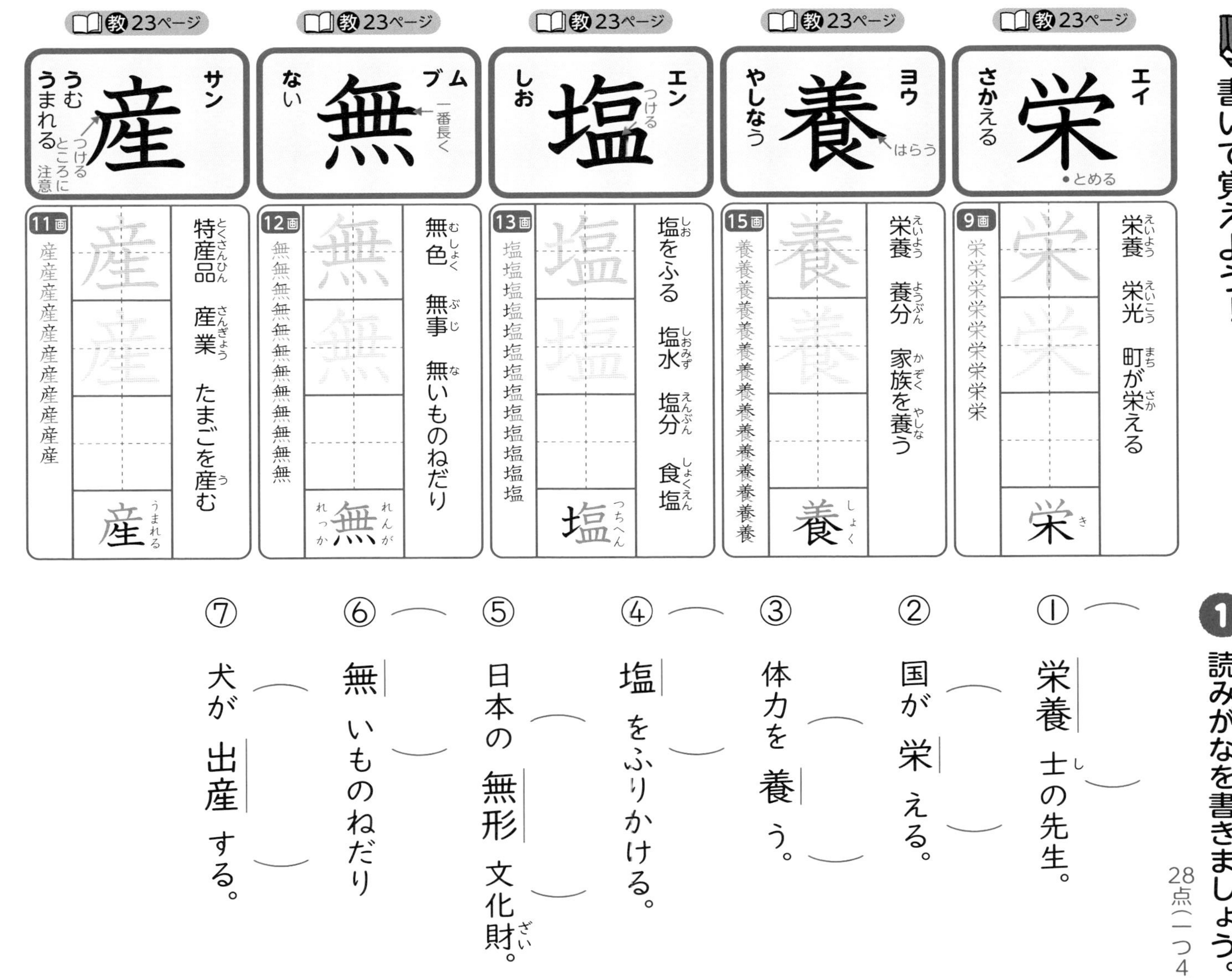

栄（教23ページ）	エイ／さかえる（・とめる）	9画	栄栄栄栄栄栄栄栄栄	栄養（えいよう）　栄光（えいこう）　町（まち）が栄（さか）える
養（教23ページ）	ヨウ／やしなう（はらう）	15画	養養養養養養養養養養養養養養養	栄養（えいよう）　養分（ようぶん）　家族（かぞく）を養（やしな）う
塩（教23ページ）	エン／しお（つける）	13画	塩塩塩塩塩塩塩塩塩塩塩塩塩	塩（しお）をふる　塩水（しおみず）　塩分（えんぶん）　食塩（しょくえん）
無（教23ページ）	ブ・ム／ない（一番長く）	12画	無無無無無無無無無無無無	無色（むしょく）　無事（ぶじ）　無（な）いものねだり
産（教23ページ）	サン／うむ・うまれる（つけるところに注意）	11画	産産産産産産産産産産産	特産品（とくさんひん）　産業（さんぎょう）　たまごを産（う）む

栄（き）　養（しょく）　塩（つちへん）　無（れんが・れっか）　産（うまれる）

1 読みがなを書きましょう。　28点（一つ4）

① 栄養（　　）士（し）の先生。

② 国が 栄（　　）える。

③ 体力を 養（　　）う。

④ 塩（　　）をふりかける。

⑤ 日本の 無形（　　）文化財（ざい）。

⑥ 無（　　）いものねだり

⑦ 犬が 出産（　　）する。

うらのページに続くよ！

2 あてはまる漢字を書きましょう。

72点（一つ9）

① 大賞（しょう）に選んでいただいて［こうえい］に思います。

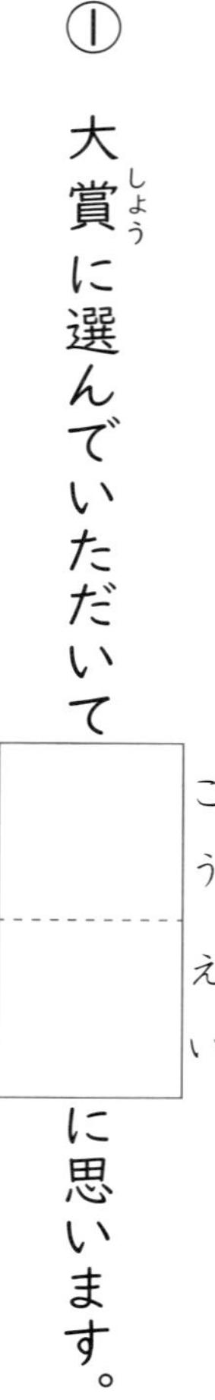

② あの町は、昔から［さか］えていたそうです。

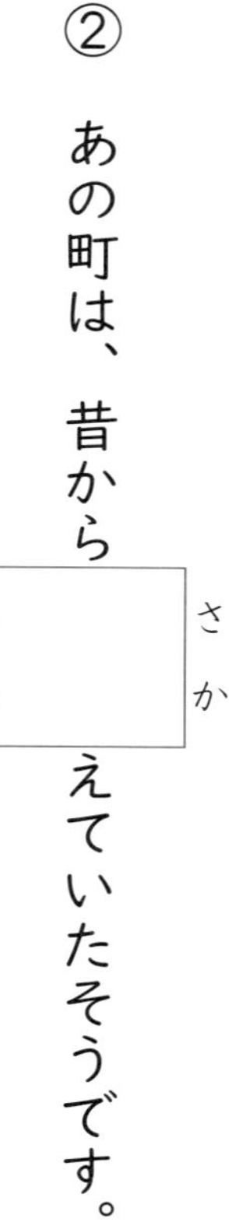

③ 練習のない日は、しっかり［きゅうよう］をとる。

④ ［しょくえん］は少なめに入れてください。

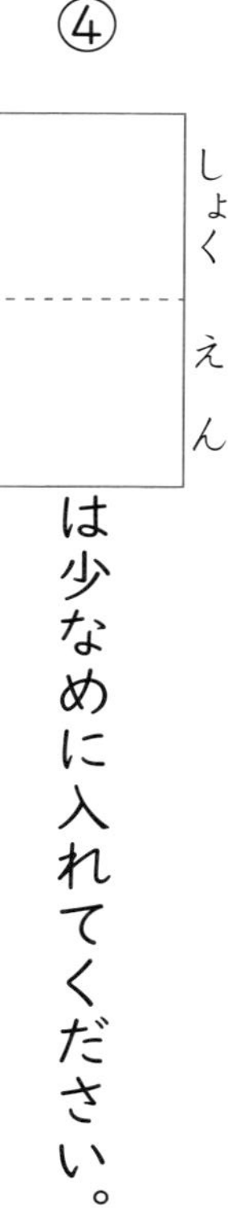

⑤ 歩きつかれて［むくち］になる。

⑥ 大雨がふったが、［ぶじ］に家に着いた。

⑦ 地域（いき）の［とくさんひん］。

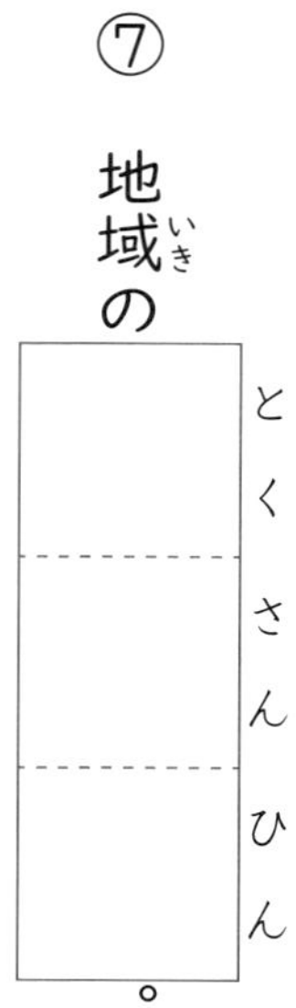

⑧ かわいい子ねこが［う］まれた。

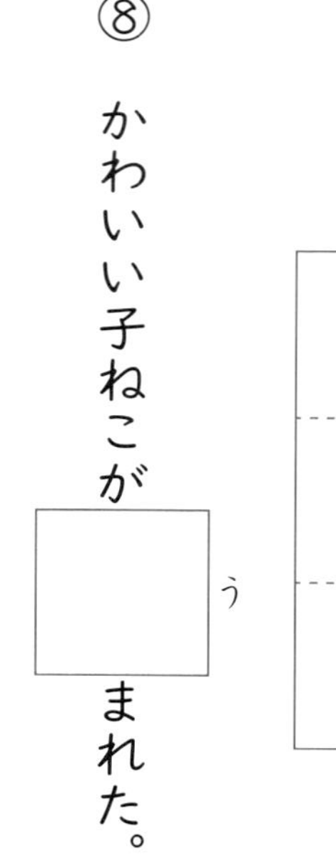

①②「栄」の一～三画目は、向きに注意してね。

ヒント ⑤⑥「無」は、「無」の筆順に注意しましょう。

きほんのドリル 36。

「和と洋新聞」を作ろう (2)
つなぐ言葉 (1)

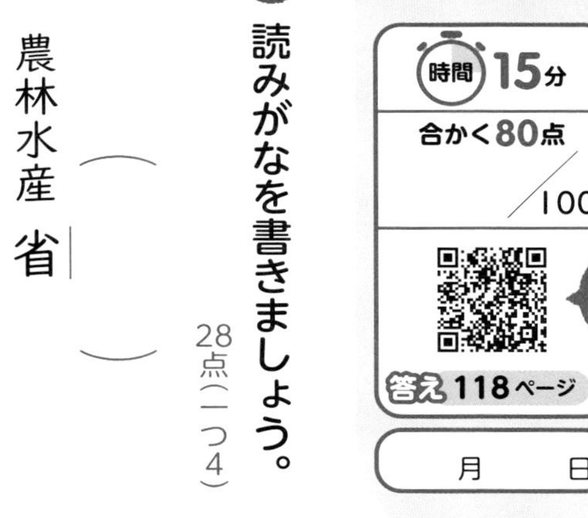

書いて覚えよう！

省（教23ページ）　セイ・ショウ　はぶく　はねる　9画
省略（しょうりゃく）　反省（はんせい）　説明（せつめい）を省（はぶ）く
省（め）
省省省省省省省省省

照（教28ページ）　ショウ　てる・てらす・てれる　はねる　13画
照明（しょうめい）　照合（しょうごう）　太陽（たいよう）が照（て）る
照（れっか・れんが）
照照照照照照照照照照照照照

祝（教28ページ）　シュク　いわう　上にはねる　9画
祝日（しゅくじつ）　祝福（しゅくふく）　新年（しんねん）を祝（いわ）う
祝（しめすへん）
祝祝祝祝祝祝祝祝祝

試（教29ページ）　シ　こころみる　わすれずに　13画
試合（しあい）　試験（しけん）　節約（せつやく）を試（こころ）みる
試（ごんべん）
試試試試試試試試試試試試試

「祝」の部首を、点のある「ネ」とまちがえないでね。

1 読みがなを書きましょう。　28点（一つ4）

① 農林水産省（　　）
② 手間を省（　　）く。
③ 照明（　　）をつける。
④ 太陽が照（　　）る。
⑤ 今日は祝日（　　）だ。
⑥ 祝（　　）いの品をわたす。
⑦ 試合（　　）に勝つ。

うらのページに続くよ！

❷ あてはまる漢字を書きましょう。

72点（一つ9）

① 自分の行いを 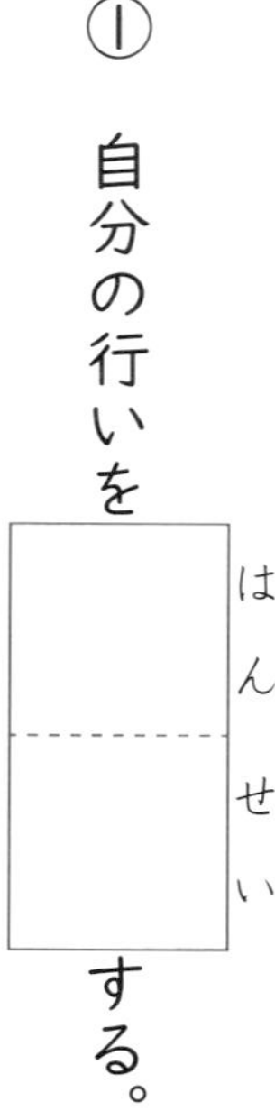（はんせい）する。

② 細かい説明を 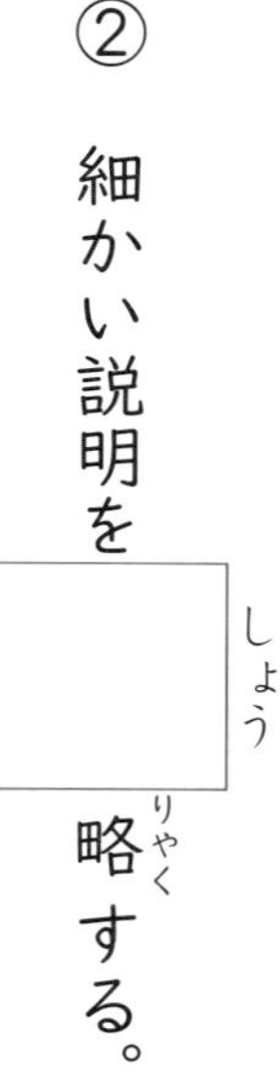（しょう）略（りゃく）する。

③ 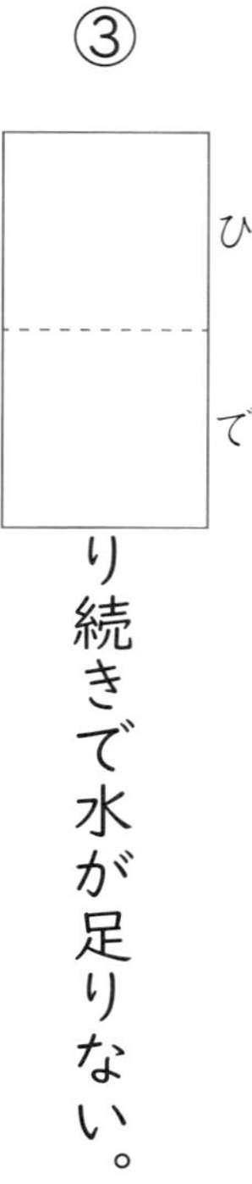（ひで）り続きで水が足りない。

④ 新しい 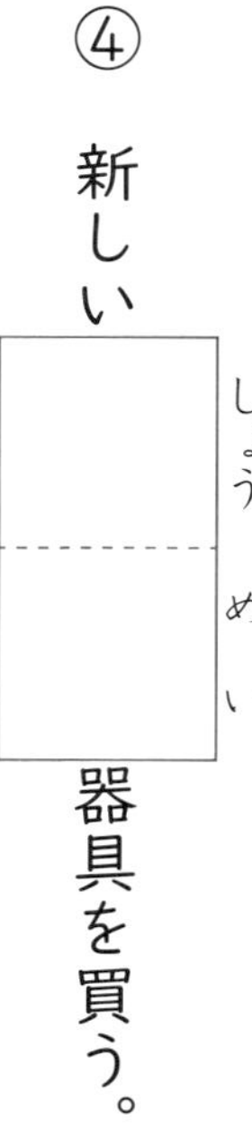（しょうめい）器具を買う。

⑤ 入学式で 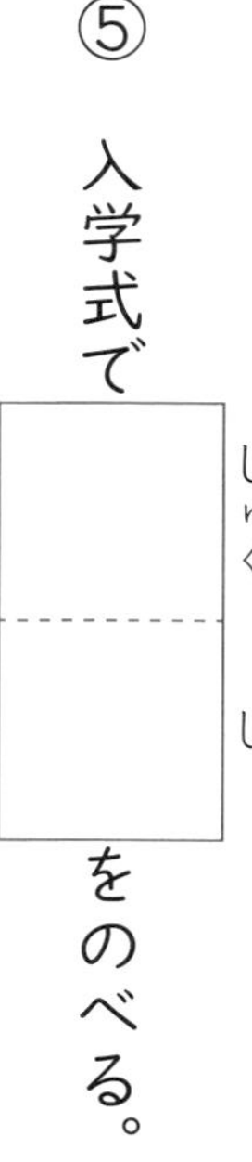（しゅくじ）をのべる。

⑥ 弟の誕（たん）生日を 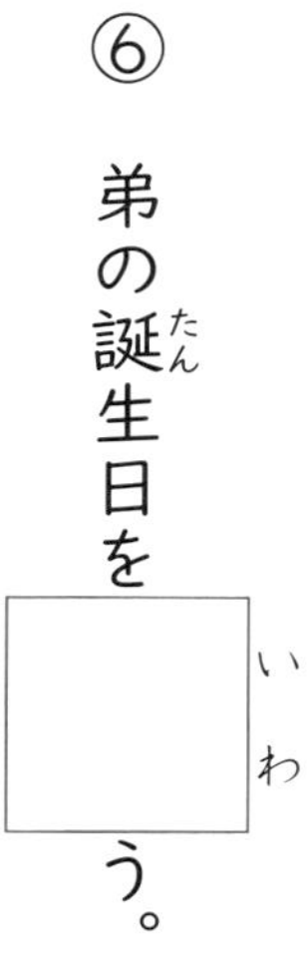（いわ）う。

⑦ デパートの地下で 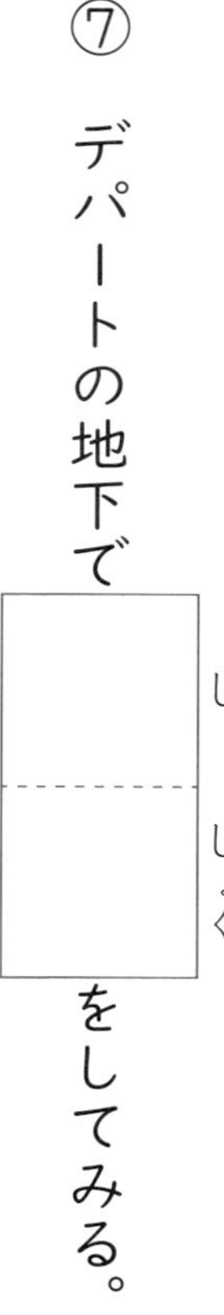（ししょく）をしてみる。

⑧ いろいろなやり方で実験を （こころ）みる。

③④「照」は、「刀」を「力」と書かないように気をつけましょう。

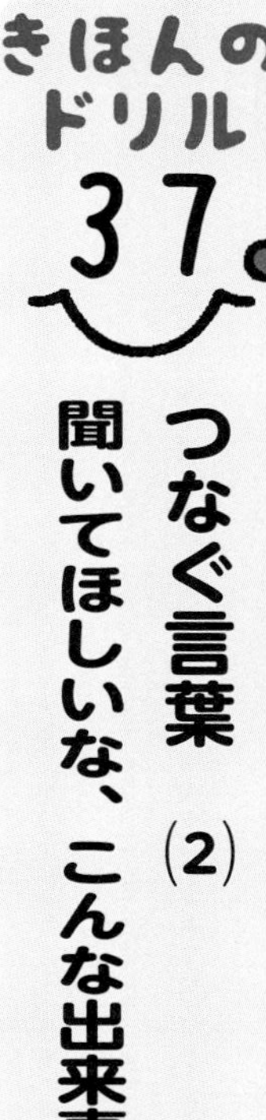

きほんのドリル 37 つなぐ言葉 (2) 聞いてほしいな、こんな出来事

時間 15分　合かく80点　/100

答え 118ページ

月　日

書いて覚えよう！

教 29ページ　**熊**（くま）　とめる　14画
熊熊熊熊熊熊熊熊熊熊熊熊熊熊
熊（れんが・れっか）
野生の熊（やせいのくま）　熊本（くまもと）　熊手（くまで）

教 29ページ　**鹿**（か・しか）　上にはねる　11画
鹿鹿鹿鹿鹿鹿鹿鹿鹿鹿鹿
鹿（しか）
鹿の群れ（しかのむれ）　鹿公園（しかこうえん）　鹿の子（かのこ）

教 31ページ　**残**（ザン・のこる・のこす）　上にはねる　10画
残残残残残残残残残残
残（かばねへん・いちたへん）
心に残る（こころにのこる）　残暑（ざんしょ）　残念（ざんねん）

教 31ページ　**不**（フ・ブ）　とめる　4画
不不不不
不（いち）
不思議（ふしぎ）　不自由（ふじゆう）　不気味（ぶきみ）

「不」は、「不足」「不自由」のように、下にくる言葉を打ち消す意味があります。

1 読みがなを書きましょう。

60点（一つ10）

① 野生の熊がいる。（　　）

② 鹿の群れ。（　　）

③ 深く心に残る。（　　）

④ 残念に思う。（　　）

⑤ 不安を感じる。（　　）

⑥ 不気味な音がする。（　　）

教科書 下 28～33ページ

← うらのページに続くよ！

2 あてはまる漢字を書きましょう。

40点（一つ5）

① 商売はんじょうを願って 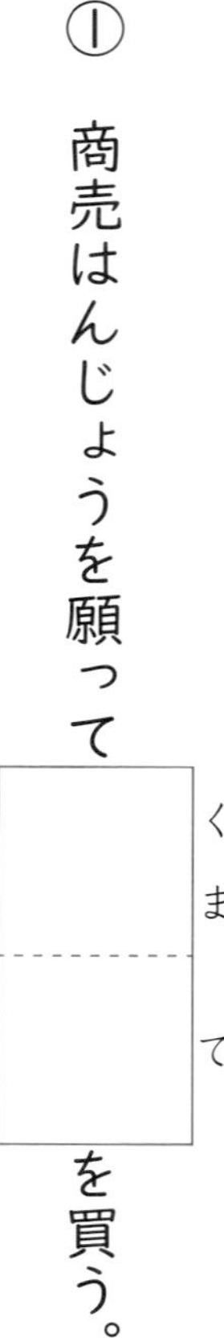（くまで）を買う。

② 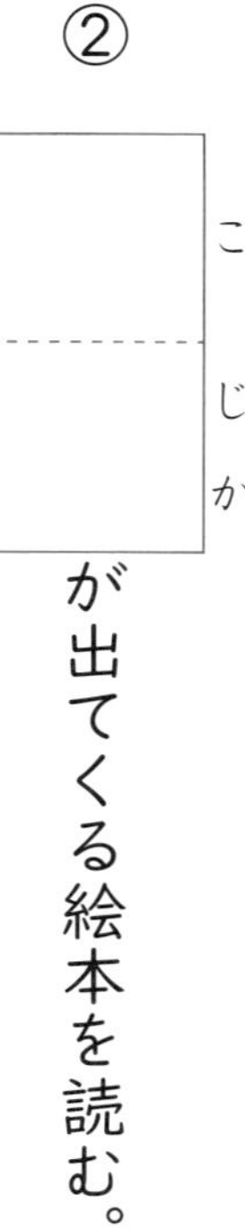（こじか）が出てくる絵本を読む。

③ 母が□（か）の子編（あ）みのセーターを編んでくれた。 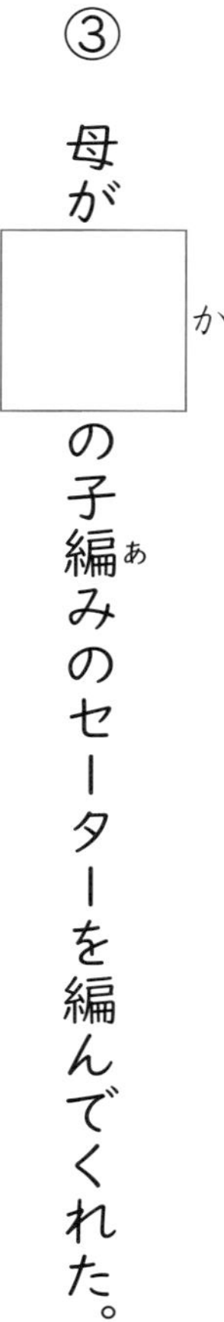

④ 買い物をした後の （ざんきん）を数える。

⑤ 料理を□（のこ）さず全部食べた。

⑥ おかしが□（のこ）り少なくなる。

⑦ 弟が体の□□（ふちょう）をうったえる。

⑧ わたしは 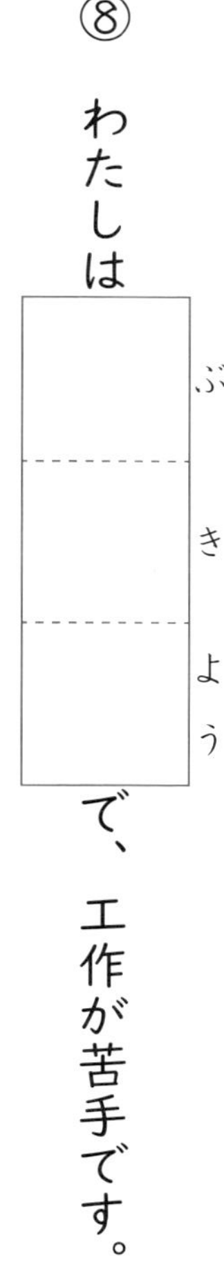（ぶきよう）で、工作が苦手です。

ヒント ⑦⑧「不」の二画目は左へはらいましょう。

きほんのドリル 38。 じゅく語の意味 (1)

教科書 下 34〜35ページ

書いて覚えよう！

冷（教34ページ）	レイ／つめたい・ひえる・ひや・ひやす・ひやかす・さめる・さます	7画	冷冷冷冷冷冷冷	寒冷（かんれい）　冷たい水（つめたいみず）　冷やあせ（ひやあせ）	冫（にすい）
低（教34ページ）	テイ／ひくい・ひくめる・ひくまる	7画	低低低低低低低	低学年（ていがくねん）　低下（ていか）　気温が低い（きおんがひくい）	亻（にんべん）
満（教35ページ）	マン／みちる・みたす	12画	満満満満満満満満満満満満	不満（ふまん）　満員（まんいん）　月が満ちる（つきがみちる）	氵（さんずい）
未（教35ページ）	ミ	5画	未未未未未	未知（みち）　未来（みらい）　未満（みまん）　未定（みてい）	木（き）

読んで覚えよう！

●…読み方が新しい漢字　‖…送りがな

右（教35ページ）　ユウ　みぎ

知（教35ページ）　チ　し‖る

1 読みがなを書きましょう。 20点（一つ4）

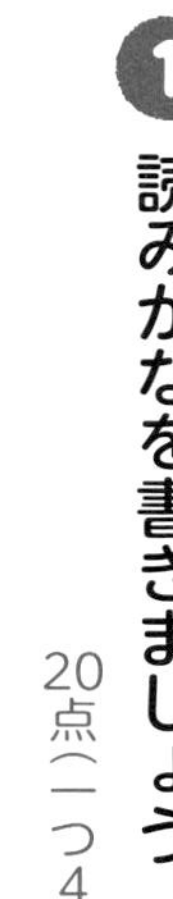

① 寒冷地の気温。（　　）

② 土地の高低差。（　　）

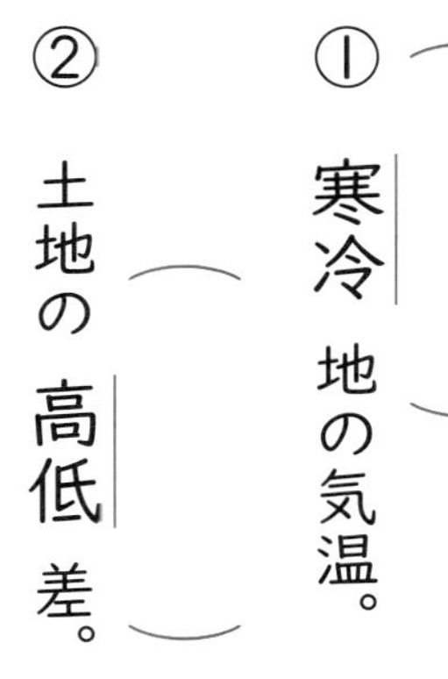

③ 道路を右折する。（　　）

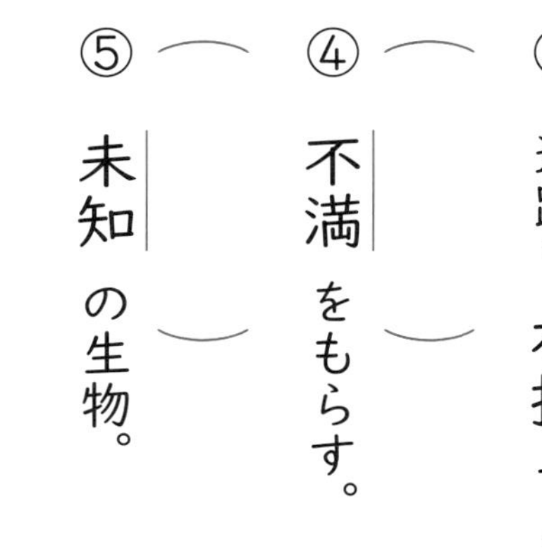

④ 不満をもらす。（　　）

⑤ 未知の生物。（　　）

← うらのページに続くよ！

2 あてはまる漢字を書きましょう。

80点（一つ10）

① 外の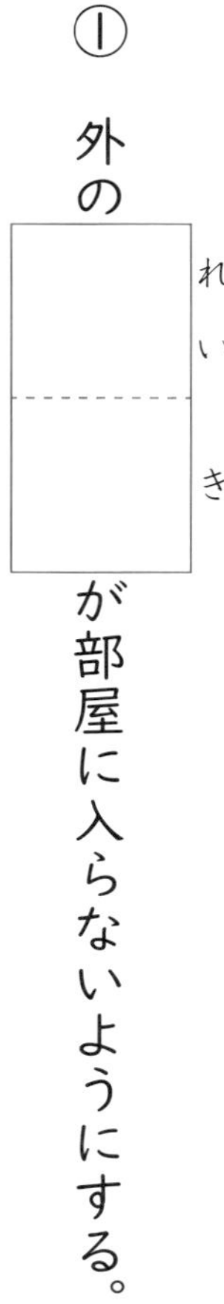（れいき）が部屋に入らないようにする。

② 熱いコーヒーを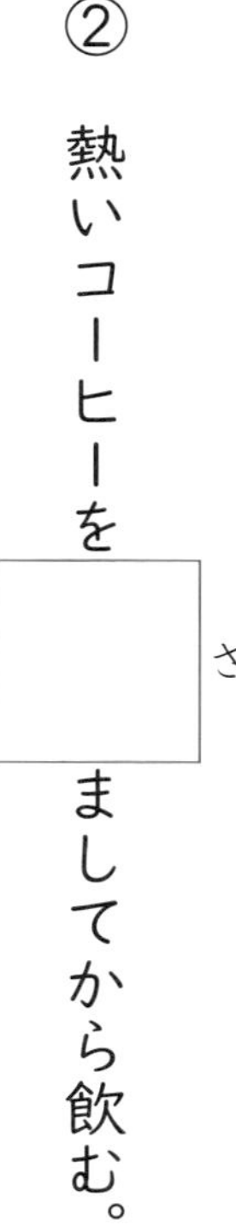（さ）ましてから飲む。

③ ねんざした足を氷水で［　　］（ひ）やす。

④ 昔にくらべると、子どもの体力が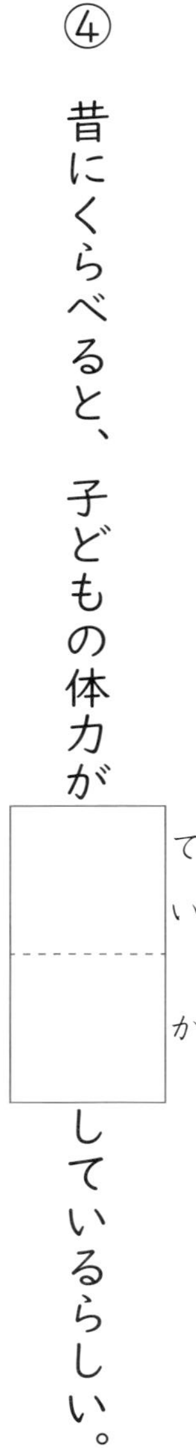（ていか）しているらしい。

⑤ ［　　］（ひく）い所に向かって水が流れる。

⑥ 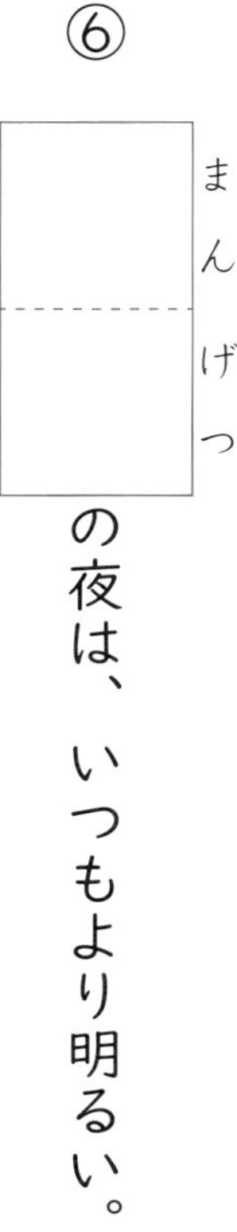（まんげつ）の夜は、いつもより明るい。

⑦ 浴そうにお湯を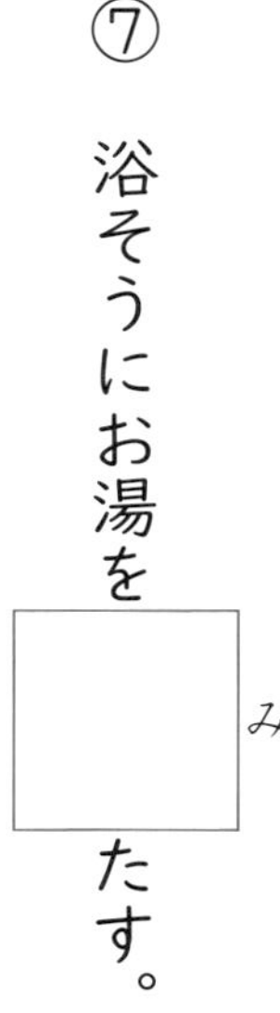（み）たす。

⑧ 明るい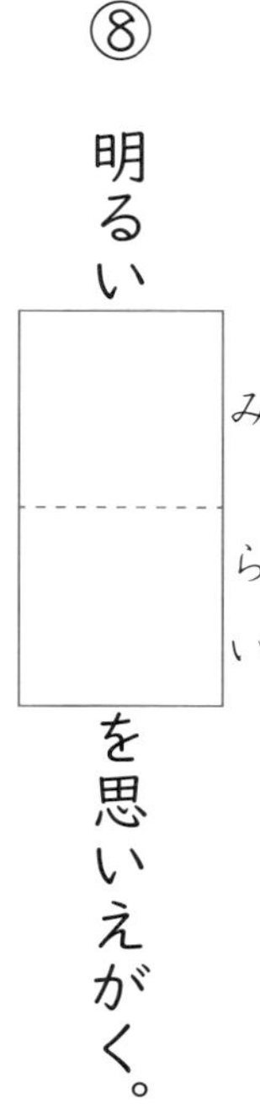（みらい）を思いえがく。

ヒント ⑧「未」を「末」とまちがえないよう、横ぼうの長さに注意しましょう。

きほんのドリル 39

じゅく語の意味 (2)

時間 15分　合かく80点　／100

答え 118ページ

月　日

サクッとこたえあわせ

書いて覚えよう！

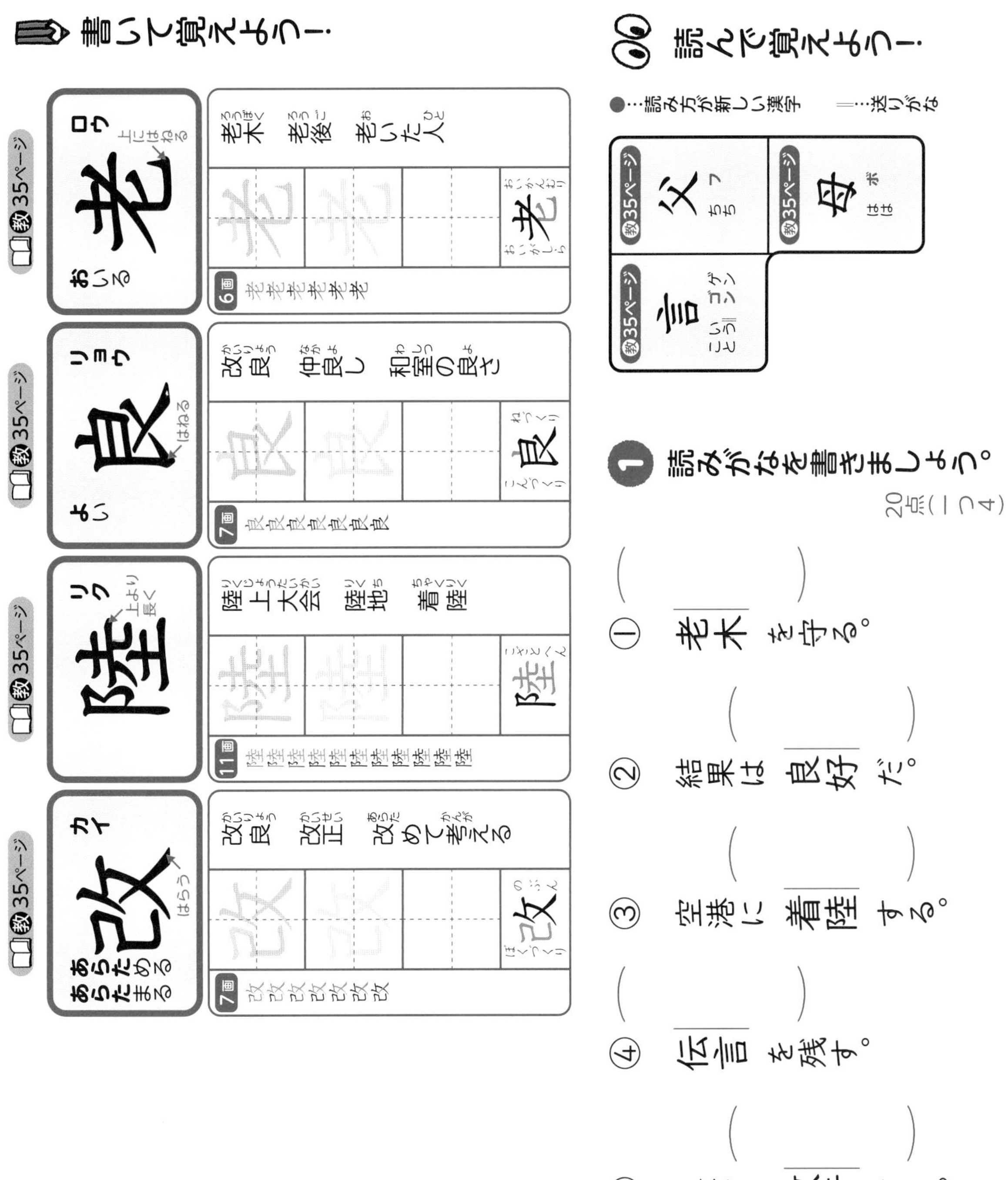

教 35ページ　老　ロウ　おいる　（上にはねる）
老木（ろうぼく）　老後（ろうご）　老いた人（おいたひと）
おいかんむり（おいがしら）
6画　老老老老老老

教 35ページ　良　リョウ　よい　（はねる）
改良（かいりょう）　仲良し（なかよし）　和室の良さ（わしつのよさ）
ねづくり（こんづくり）
7画　良良良良良良良

教 35ページ　陸　リク　（上より長く）
陸上大会（りくじょうたいかい）　陸地（りくち）　着陸（ちゃくりく）
こざとへん
11画　陸陸陸陸陸陸陸陸陸陸陸

教 35ページ　改　カイ　あらためる　あらたまる　（はらう）
改良（かいりょう）　改正（かいせい）　改めて考える（あらためてかんがえる）
のぶん（ぼくづくり）
7画　改改改改改改改

読んで覚えよう！

●…読み方が新しい漢字　＝…送りがな

教 35ページ　父　フ　ちち
教 35ページ　母　ボ　はは
教 35ページ　言　ゲン　ゴン　こと　い(う)

1 読みがなを書きましょう。　20点（一つ4）

① 老木を守る。（　　　）

② 結果は良好だ。（　　　）

③ 空港に着陸する。（　　　）

④ 伝言を残す。（　　　）

⑤ 文章を改行する。（　　　）

教科書 下 34～35ページ

うらのページに続くよ！

2 あてはまる漢字を書きましょう。

80点（一つ10）

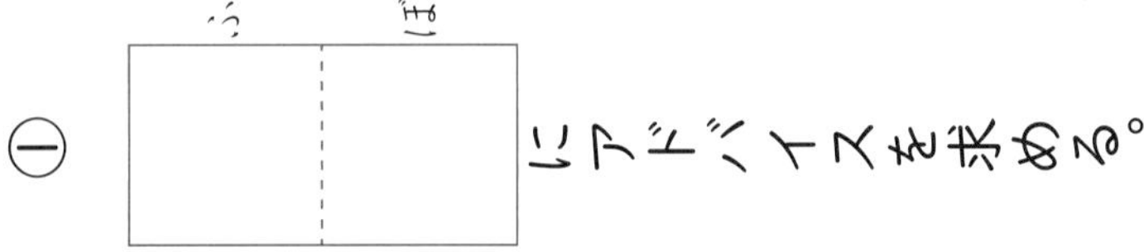
① □□（ふぼ）にアドバイスを求める。

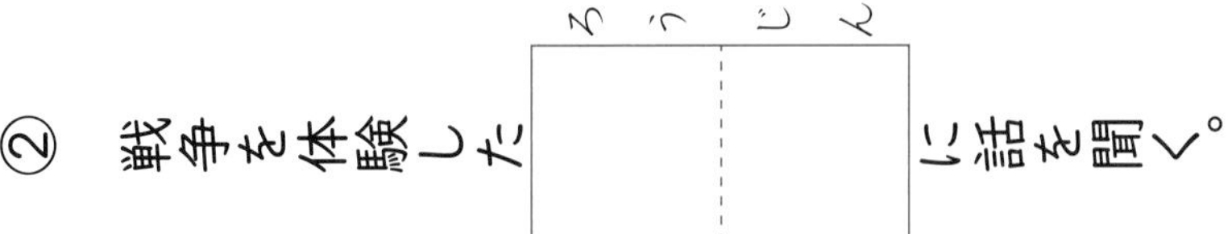
② 戦争を体験した□□（ろうじん）に話を聞く。

③ 年□（お）いた飼（か）い犬の世話をする。

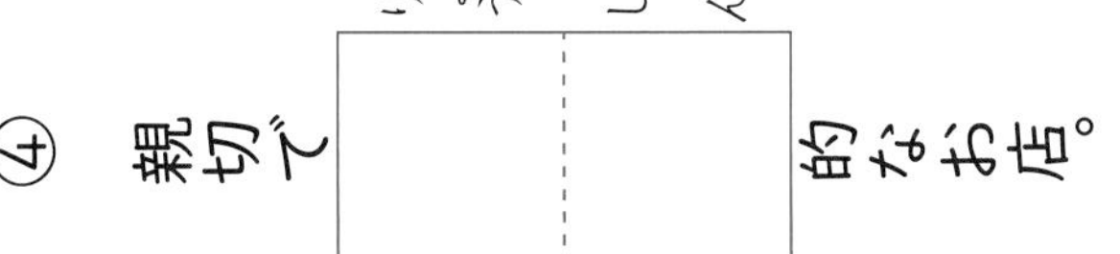
④ 親切で□□（りょうしん）的なお店。

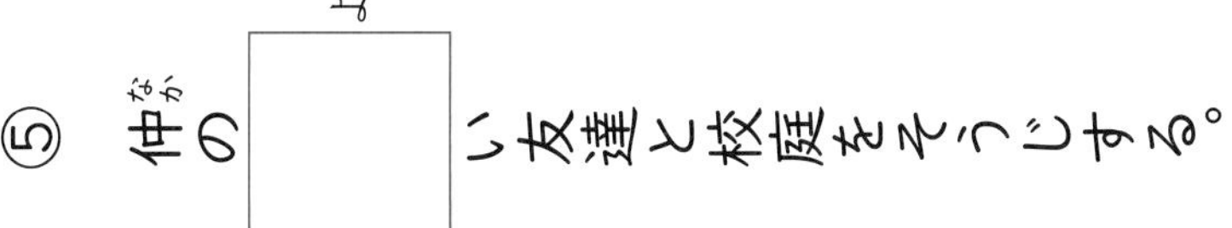
⑤ 仲（なか）の□（よ）い友達と校庭をそうじする。

⑥ □□（りくじょう）大会に出場する。

⑦ 駅の□（かい）札（さつ）を通る。

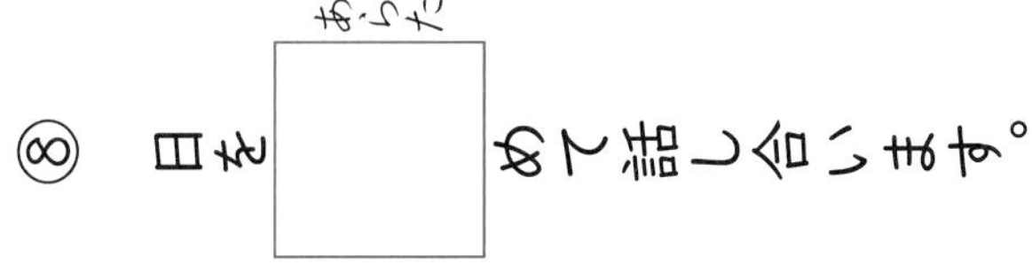
⑧ 日を□（あらた）めて話し合います。

「老いる」とは、
年をとることです。

ヒント ⑥「陸」の「阝」は三画で書きます。

ごんぎつね (1)

時間 15分
合かく80点
/100
答え118ページ
月　日

書いて覚えよう！

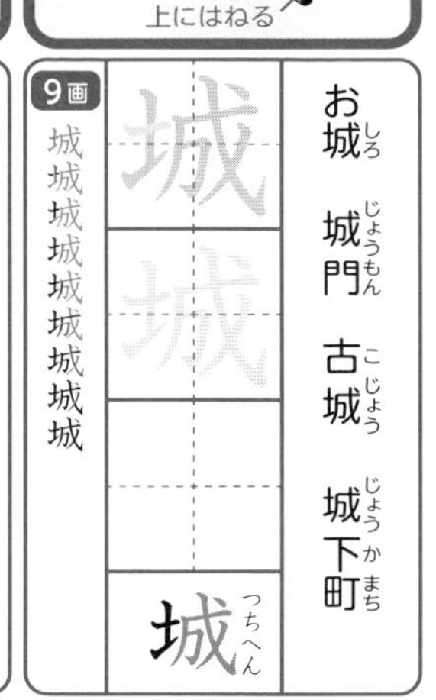
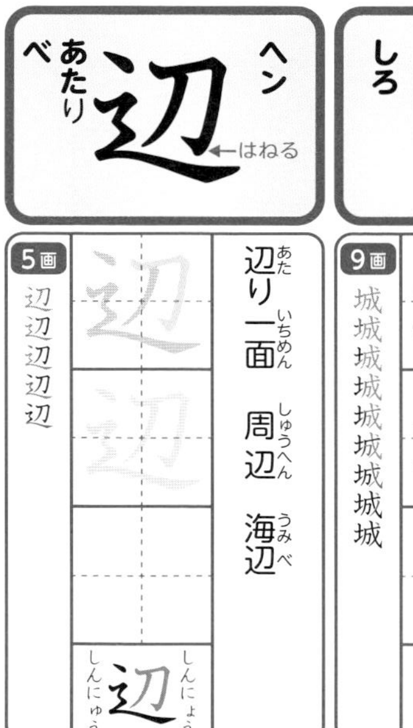

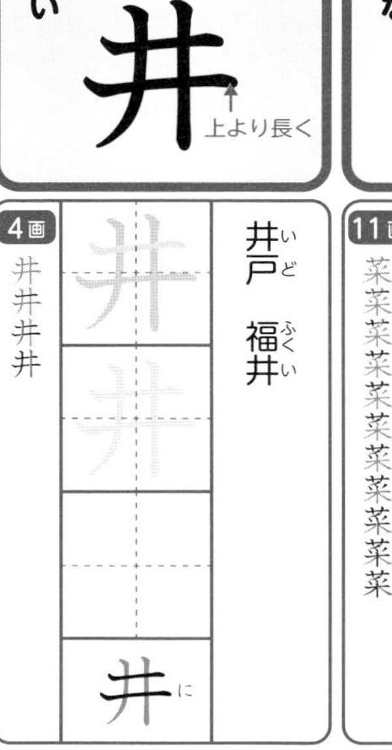
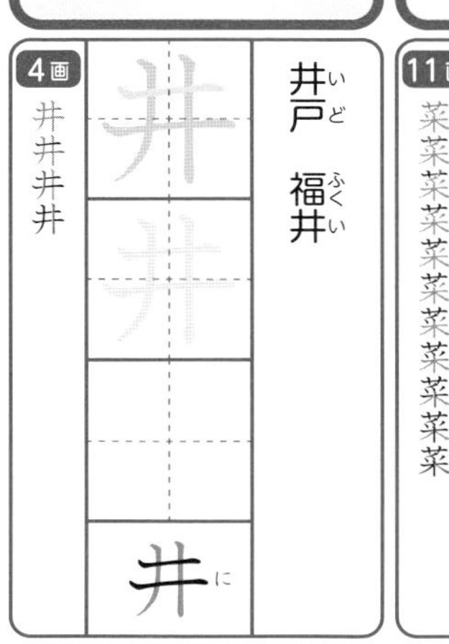

教38ページ
城 しろ ジョウ（上にはねる）
9画 城城城城城城城城城
お城（しろ）　城門（じょうもん）　古城（こじょう）　城下町（じょうかまち）
つちへん

教38ページ
辺 あたり べ ヘン（はねる）
5画 辺辺辺辺辺
辺り（あた）　一面（いちめん）　周辺（しゅうへん）　海辺（うみべ）
しんにょう　しんにゅう

教39ページ
菜 な サイ（とめる）
11画 菜菜菜菜菜菜菜菜菜菜菜
菜種（なたね）がら　野菜（やさい）　白菜（はくさい）
くさかんむり

教44ページ
井 い（上より長く）
4画 井井井井
井戸（いど）　福井（ふくい）
に

読んで覚えよう！

●…読み方が新しい漢字

教39ページ
家 カ　や　いえ

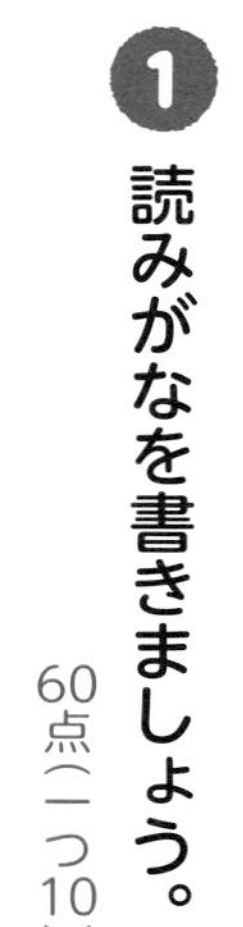

1 読みがなを書きましょう。 60点(一つ10)

① 小さなお城。（　　）
② 辺りの村。（　　）
③ 菜種がらをほす。（　　）
④ 白菜のつけもの。（　　）
⑤ ひゃくしょう家（　　）
⑥ 古い井戸がある。（　　）

うらのページに続くよ！

② あてはまる漢字を書きましょう。

40点（一つ5）

① 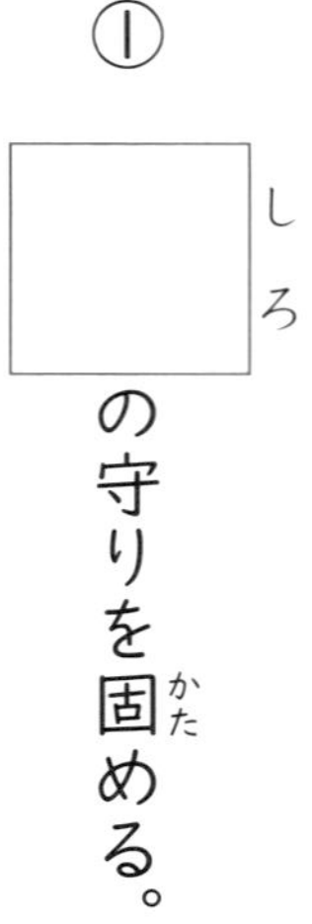（しろ）の守りを固（かた）める。

② 全国の（じょうかまち）をめぐる。

③ この（きんぺん）は全てさがしたが、見つからない。
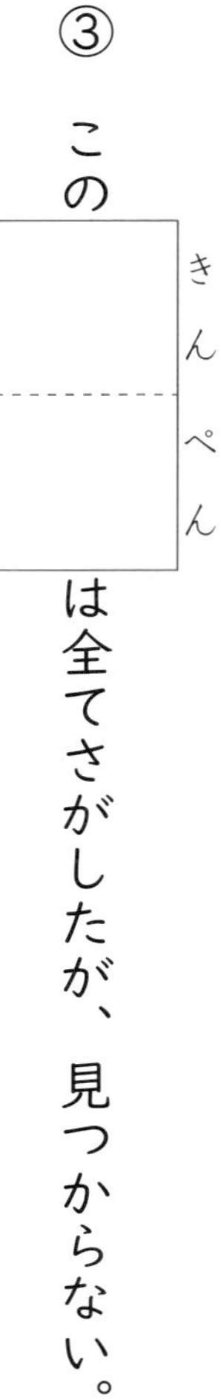

④ その（あた）りには、たぬきはすんでいない。
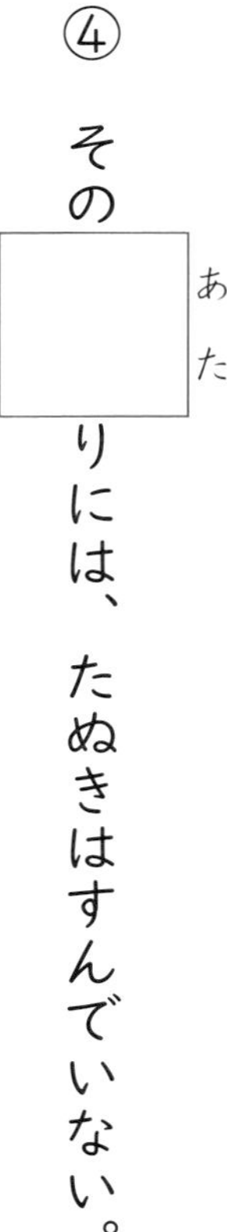

⑤ （うみべ）で遊んだときの思い出。

⑥ （やさい）を使った料理を作る。

⑦ 庭に（あおな）を植えている。

⑧ （い）の中のかわずにならないようにしよう。
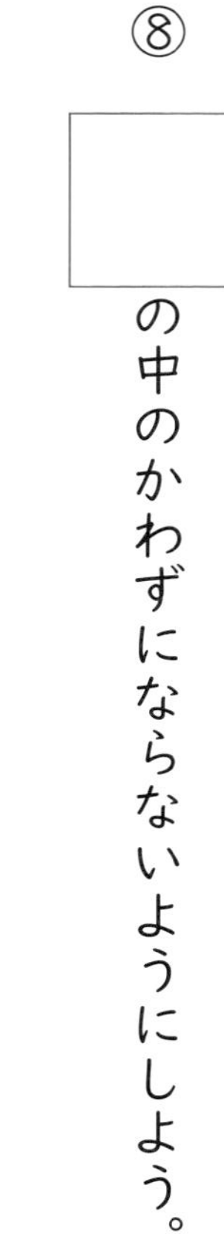

ヒント ⑥⑦「菜」は四画目をわすれないように注意しましょう。

きほんのドリル 41。ごんぎつね (2)

時間 15分　合かく80点　／100

答え 119ページ

月　日

書いて覚えよう！

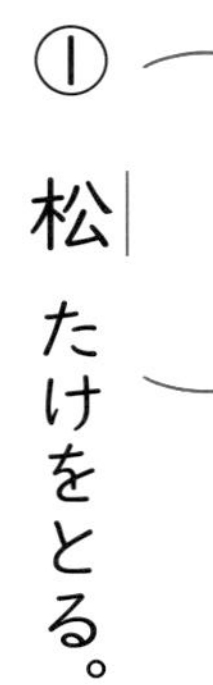

教 49ページ　松　ショウ　まつ（とめる）
8画　松松松松松松松松
松たけ（まつたけ）　松林（まつばやし）　松竹梅（しょうちくばい）
松（きへん）

教 50ページ　側　ソク　がわ（はねる）
11画　側側側側側側側側側側側
外側（そとがわ）　かた側（がわ）　側面（そくめん）　側近（そっきん）
側（にんべん）

教 52ページ　念　ネン（はねる）
8画　念念念念念念念念
記念（きねん）　残念（ざんねん）　念願（ねんがん）　入念（にゅうねん）
念（こころ）

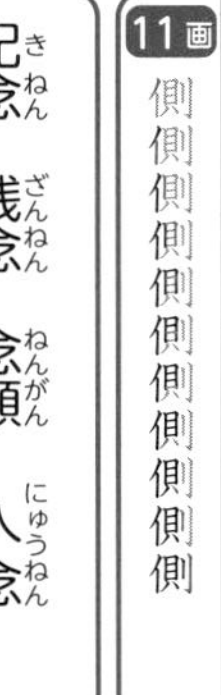
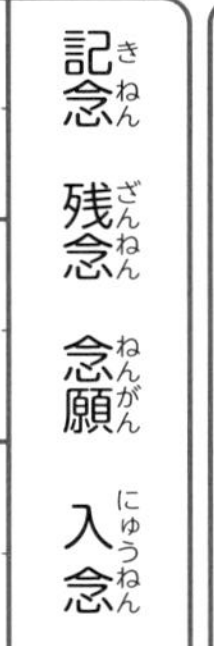
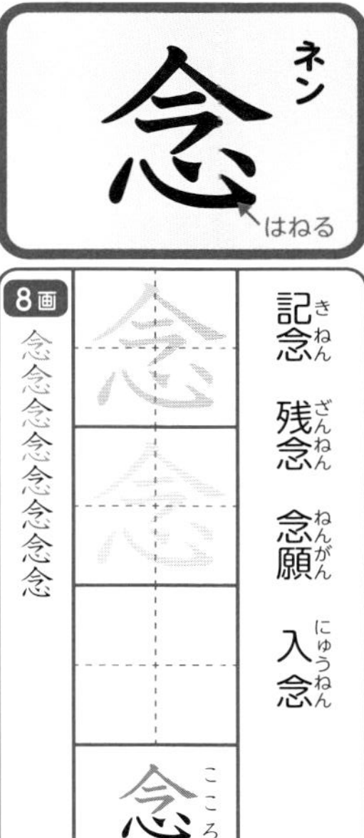

読んで覚えよう！

●…読み方が新しい漢字　‖…送りがな

教50ページ　思　シ　おもう

「松竹梅（しょうちくばい）」の松と竹と梅（うめ）は、昔から
おめでたいものとされてきました。

1 読みがなを書きましょう。
60点（一つ10）

① 松（　）たけをとる。
② 松竹（　）梅（ばい）のかざり。
③ 道路のかた側（　）。
④ 社長の側近（　）。
⑤ 不思議（　）な出来事。
⑥ 念（　）仏（ぶつ）を唱（とな）える。

うらのページに続くよ！

教科書 下 36～58ページ

2 あてはまる漢字を書きましょう。

40点（1つ5）

① [しょう][ちく]梅がえがかれた皿。

② [まつ][ばやし]の中を散歩する。

③ 有名な建築物を[そく][めん]からながめる。

④ 校長先生の[みぎ][がわ]にすわっている人はだれですか。

⑤ 道路の向こう[がわ]にわたる。

⑥ 妹が[ふ][し][ぎ]そうな表情で見つめる。

⑦ [にゅう][ねん]に旅行の下調べをした。

⑧ 開店[き][ねん]の品をもらう。

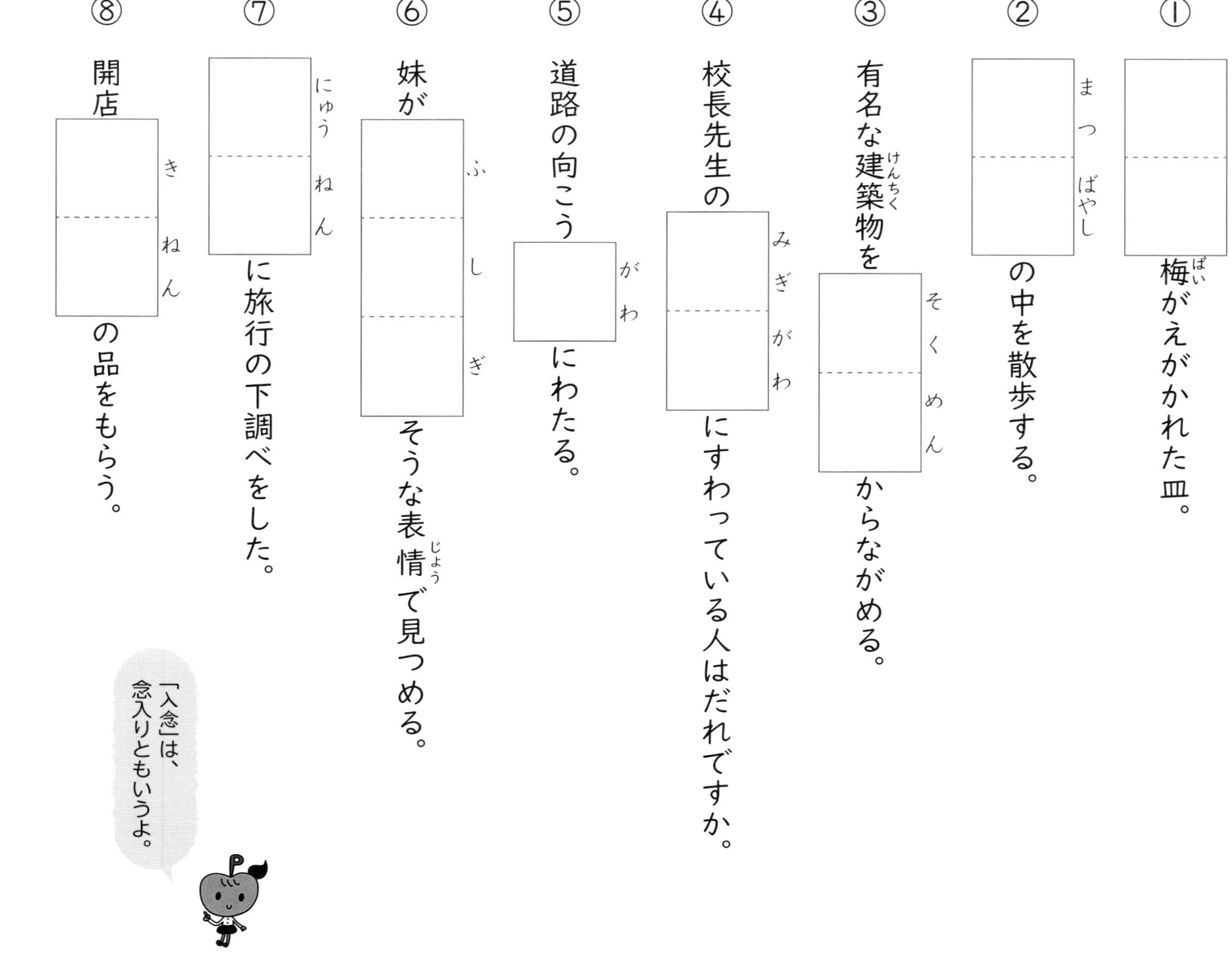

ヒント ①②「松」の「ハ」を「ヘ」としないように注意しましょう。

きほんのドリル 42。 ごんぎつね 漢字を使おう7 (3)

時間 15分　合かく80点　/100

答え 119ページ

月　日

書いて覚えよう！

- 縄（なわ）　教54ページ　15画　上にはねる　いとへん　縄をなう　沖縄（おきなわ）　縄とび
- 固（コ／かためる・かたまる・かたい）　教54ページ　8画　はなす　くにがまえ　決心（けっしん）を固める　固体（こたい）　固形（こけい）
- 賀（ガ）　教59ページ　12画　はねる　こがい　かい　滋賀県（しがけん）　年賀状（ねんがじょう）　祝賀会（しゅくがかい）

1 読みがなを書きましょう。

20点（一つ4）

①（　　）火縄じゅう

②くりを（　　）固めて置く。

③（　　）毛筆で書いた手紙。

④（　　）年賀状（じょう）をもらう。

⑤（　　）答案用紙を出す。

読んで覚えよう！

●…読み方が新しい漢字　＝…送りがな
●…特別な読み方をする漢字

毛	モウ／け	教59ページ
金	キン・コン／かね・かな	教59ページ
答	トウ／こた＝える・こた＝え	教59ページ
晴	セイ／は＝れる・は＝らす	教59ページ
直	チョク・ジキ／ただ＝ちに・なお＝す・なお＝る	教59ページ
羽	は／はね	教59ページ
船	セン／ふね・ふな	教59ページ
景色	けしき	教59ページ
黄	オウ／き	教59ページ

うらのページに続くよ！

2 あてはまる漢字を書きましょう。

80点（一つ10）

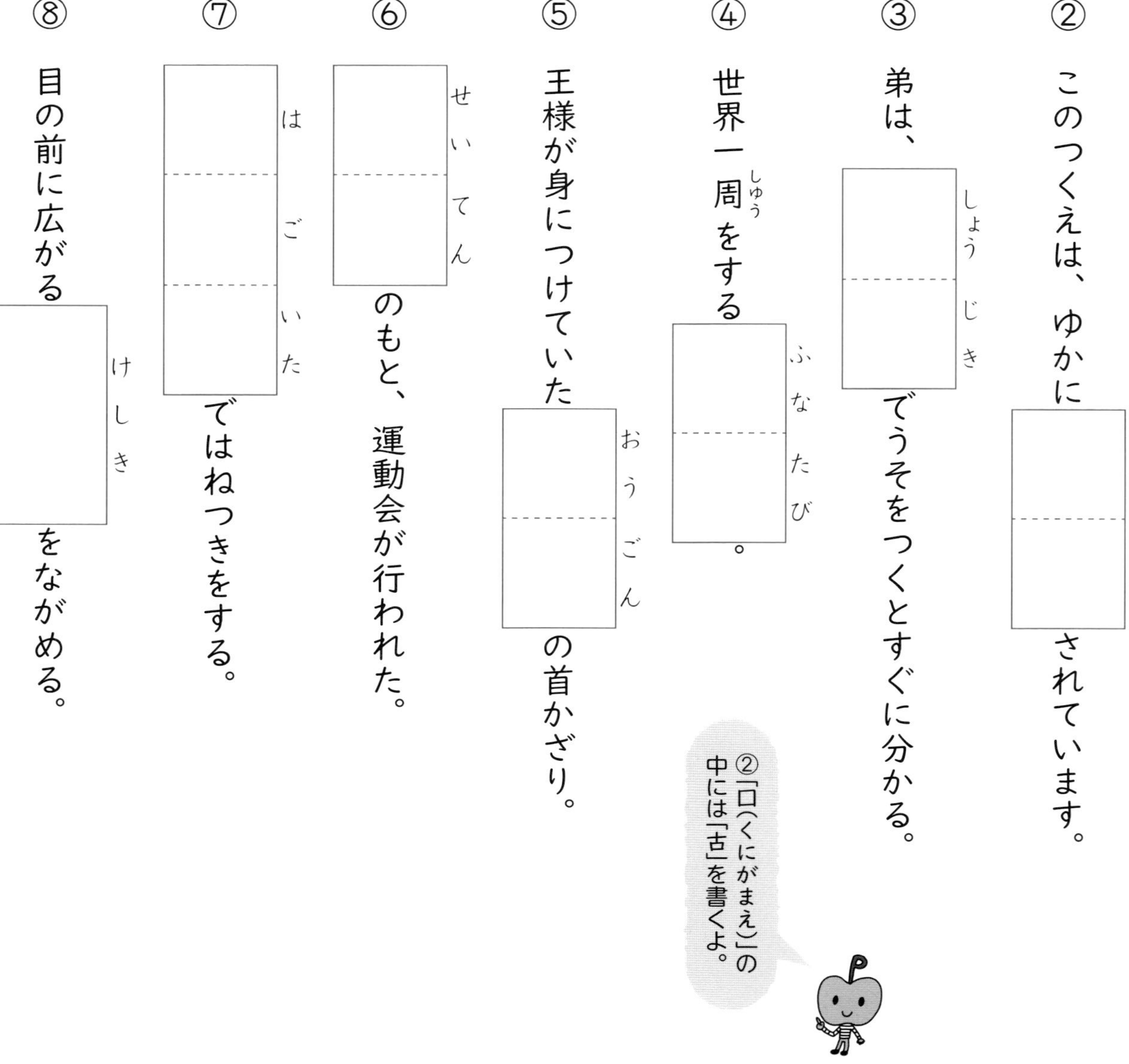

②「口（くにがまえ）」の中には「古」を書くよ。

① 校庭で［おおなわ］とびの練習をする。

② このつくえは、ゆかに［こてい］されています。

③ 弟は、［しょうじき］でうそをつくとすぐに分かる。

④ 世界一周（しゅう）をする［ふなたび］。

⑤ 王様が身につけていた［おうごん］の首かざり。

⑥ ［せいてん］のもと、運動会が行われた。

⑦ ［はごいた］ではねつきをする。

⑧ 目の前に広がる［けしき］をながめる。

ヒント ①「縄」の右側の字形や筆順に注意しましょう。

まとめのドリル43。くらしの中の和と洋～漢字を使おう7

時間 20分
合かく80点
/100
答え119ページ
月　日

1 漢字の読みがなを書きましょう。 52点（一つ4）

① 土を固（　）めてだんごを作る。

② 道の両側（　）に松林が広がっている。

③ このつくえは、低（　）すぎて使いにくい。

④ 次の試合に向けて、作戦を改（　）めよう。

⑤ 家のかぎをしめずに出かけるのは不用心（　）だ。

⑥ 城（　）にりっぱな鹿（　）の角がかざってある。

⑦ 熊（　）のぬいぐるみをベッドに置（　）く。

⑧ 野菜（　）いためて塩（　）をふったら完成だ。

⑨ 飛行機が無事（　）に着陸（　）する。

教科書 下8～59ページ

うらのページに続くよ！

2 あてはまる漢字を書きましょう。〔　〕には漢字とひらがなを書きましょう。 48点(一つ4)

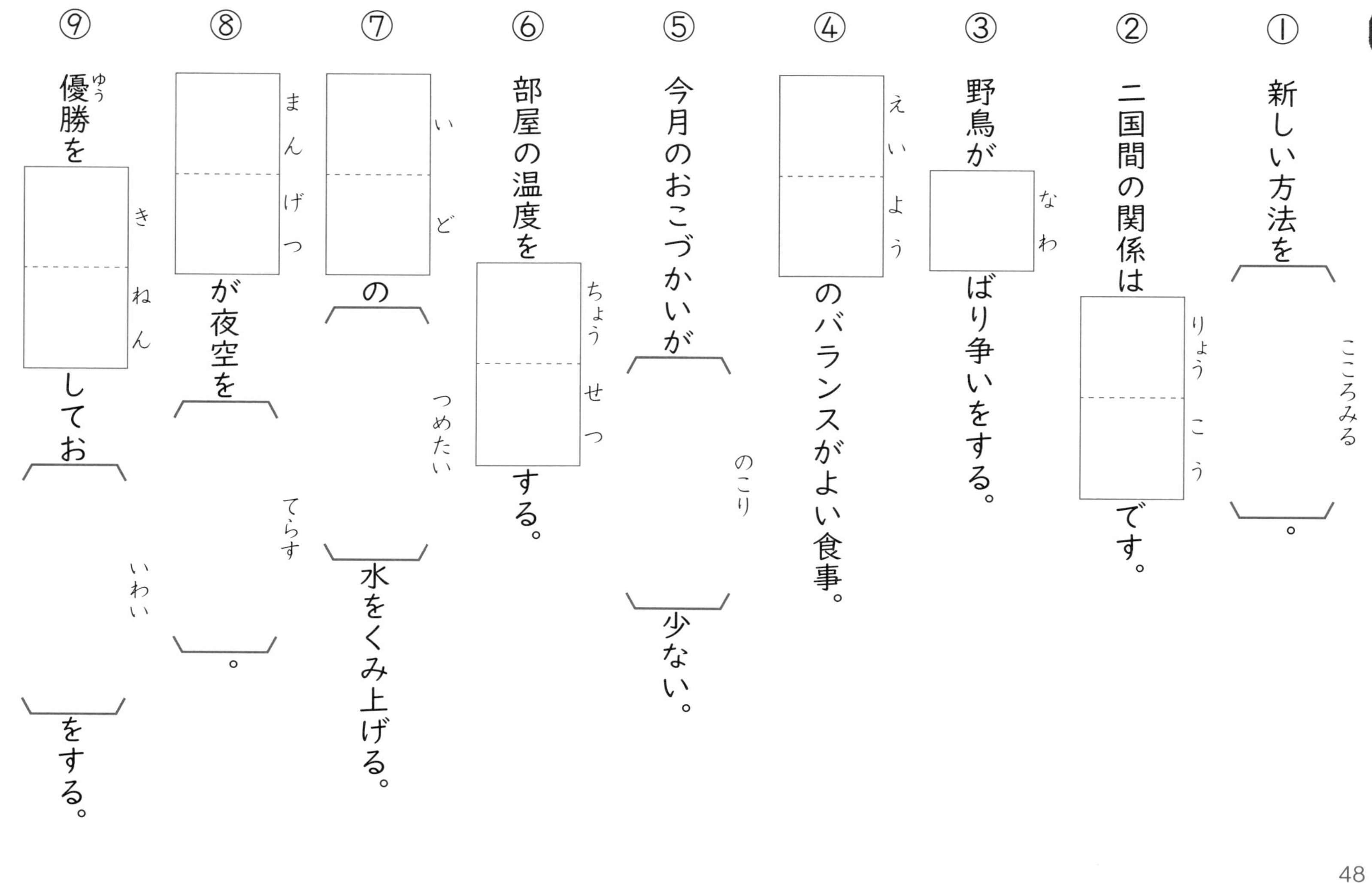

① 新しい方法を〔こころみる〕。

② 二国間の関係は［りょうこう］です。

③ 野鳥が［なわ］ばり争いをする。

④ ［えいよう］のバランスがよい食事。

⑤ 今月のおこづかいが〔のこり〕少ない。

⑥ 部屋の温度を［ちょうせつ］する。

⑦ ［いど］の〔つめたい〕水をくみ上げる。

⑧ ［まんげつ］が夜空を〔てらす〕。

⑨ 優勝を［きねん］してお〔いわい〕をする。

きほんのドリル 44。

人物のせいかくと行動を表す言葉 言葉の意味と使い方

書いて覚えよう！

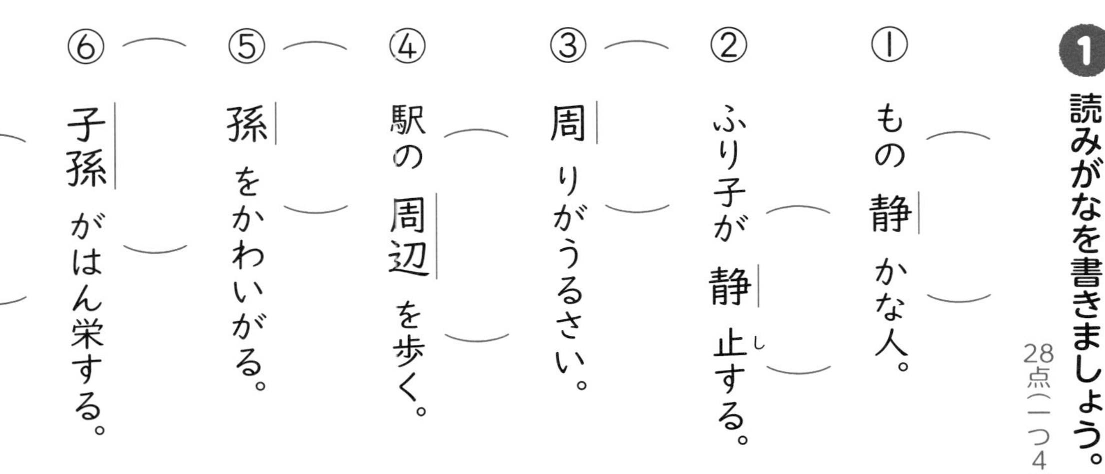

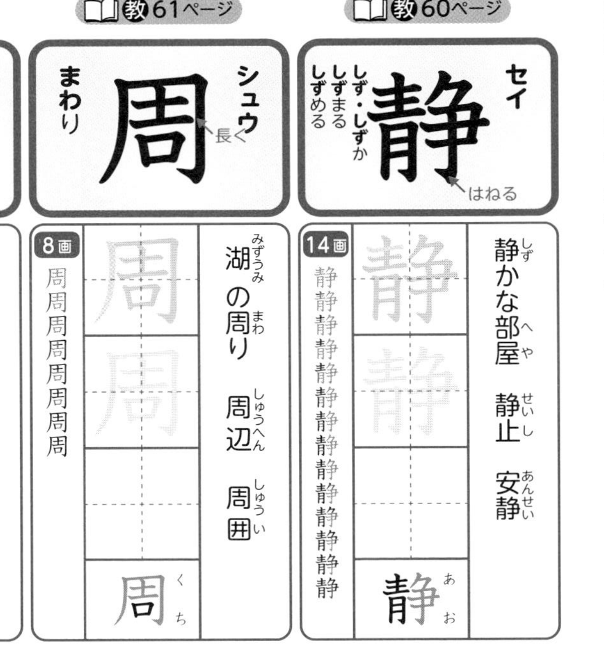

1 読みがなを書きましょう。

28点（一つ4）

① もの静かな人。

② ふり子が静止する。

③ 周りがうるさい。

④ 駅の周辺を歩く。

⑤ 孫をかわいがる。

⑥ 子孫がはん栄する。

⑦ 青い梅の実。

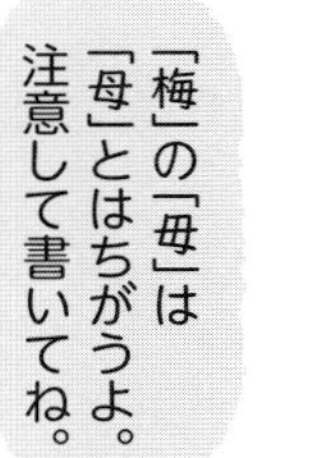

「梅」の「毋」は「母」とはちがうよ。注意して書いてね。

うらのページに続くよ！

2 あてはまる漢字を書きましょう。

72点（一つ9）

① 昨日（きのう）は熱があり、家で  （あんせい）にしていた。

② 先生の一言で、クラスは 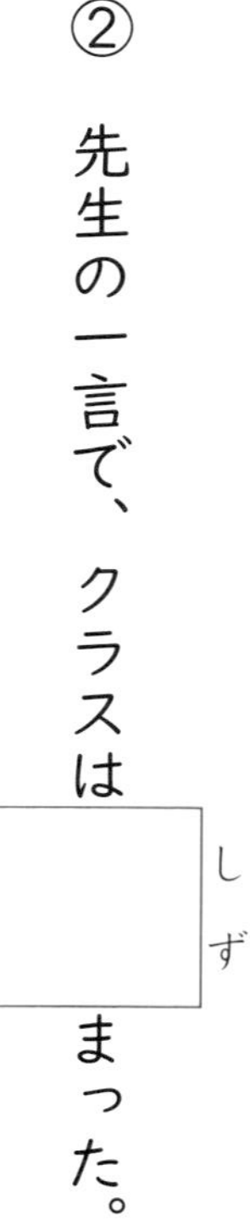 （しず）まった。

③ 運動場を 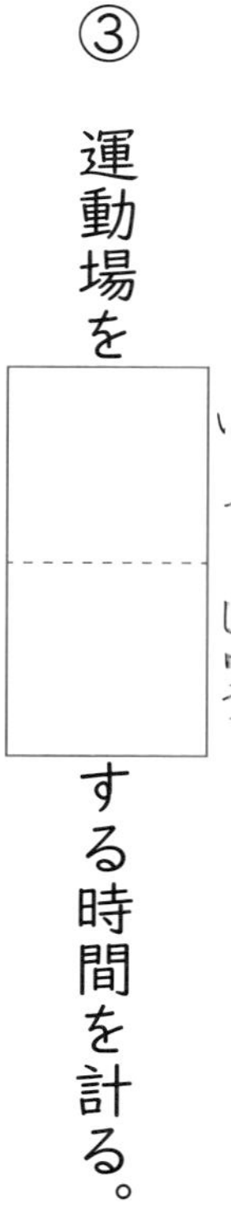 （いっしゅう）する時間を計る。

④ 毎朝、池の 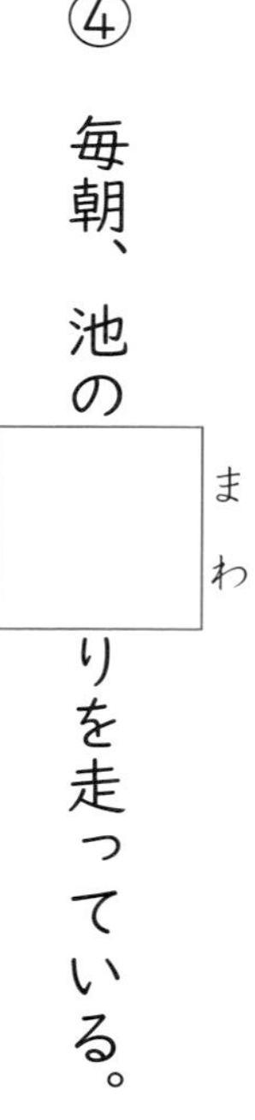 （まわ）りを走っている。

⑤ 自然界では 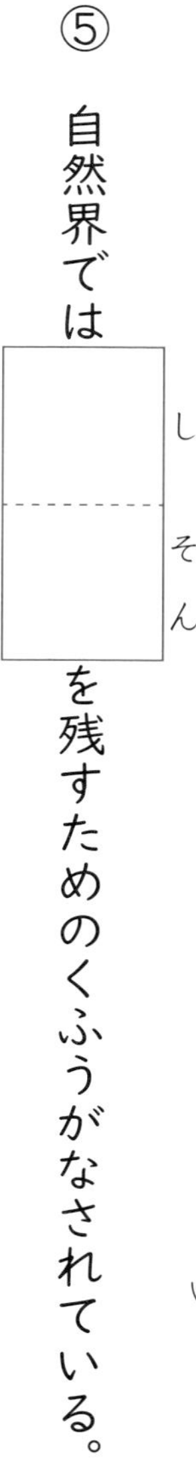 （しそん）を残すためのくふうがなされている。

⑥ 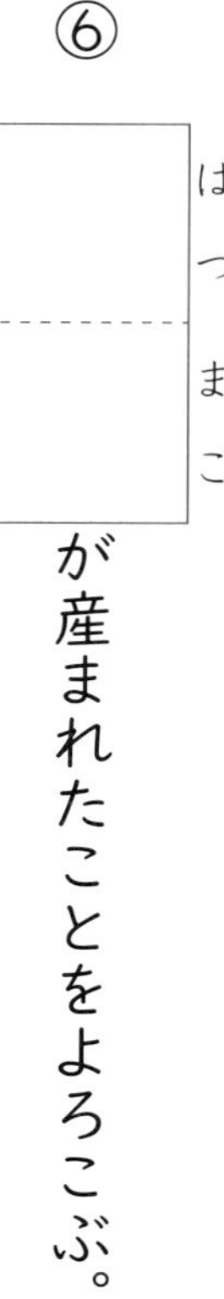 （はつまご）が産まれたことをよろこぶ。

⑦ 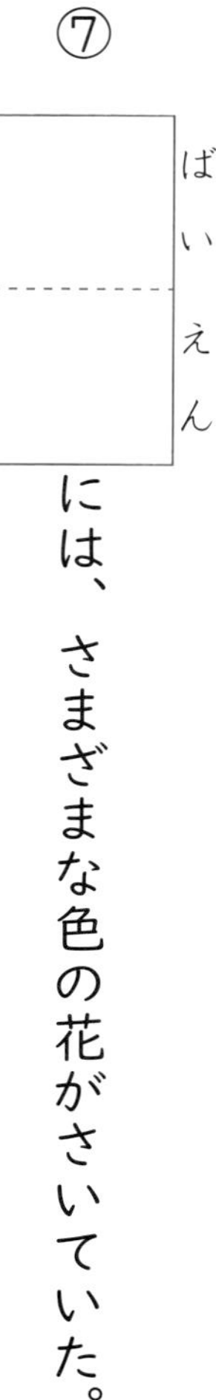 （ばいえん）には、さまざまな色の花がさいていた。

⑧ 母が 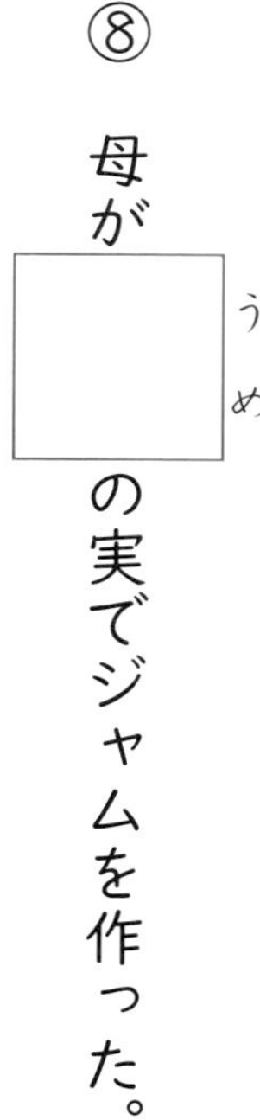 （うめ）の実でジャムを作った。

⑤⑥「孫」の四画目をわすれないように注意しましょう。

きほんのドリル 45。 百人一首に親しもう

時間 15分　合かく80点　／100

答え 119ページ

サクッとこたえあわせ

月　日

書いて覚えよう！

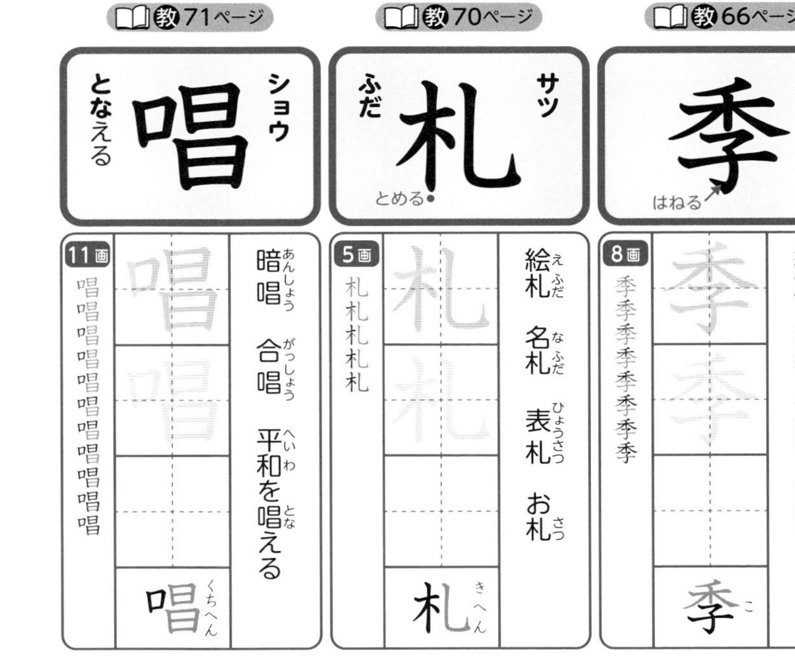

教 66ページ
季（キ）　はねる
8画　季季季季季季季季
季節（きせつ）　四季（しき）　夏季（かき）　季語（きご）
季（こ）

教 70ページ
札（サツ・ふだ）　とめる
5画　札札札札札
絵札（えふだ）　名札（なふだ）　表札（ひょうさつ）　お札（おさつ）
札（きへん）

教 71ページ
唱（ショウ・となえる）
11画　唱唱唱唱唱唱唱唱唱唱唱
暗唱（あんしょう）　合唱（がっしょう）　平和を唱える（へいわをとなえる）
唱（くちへん）

1 読みがなを書きましょう。 60点（一つ10）

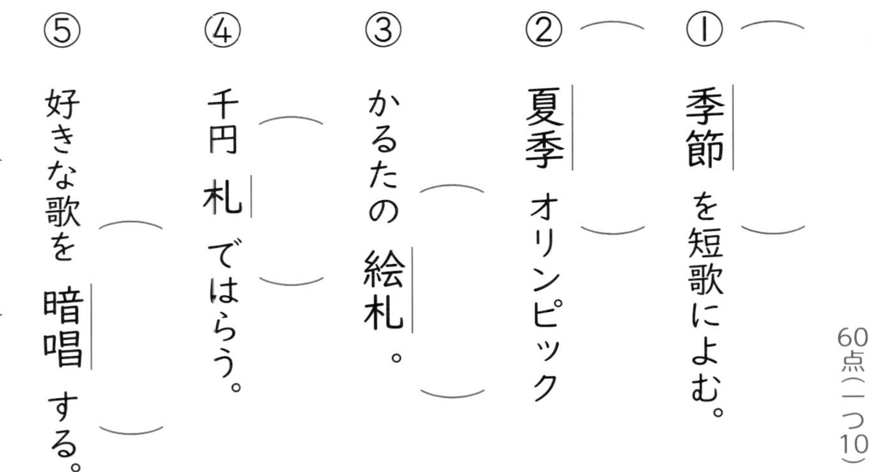

① 季節 を短歌によむ。（　　）

② 夏季 オリンピック（　　）

③ かるたの 絵札 。（　　）

④ 千円 札 ではらう。（　　）

⑤ 好きな歌を 暗唱 する。（　　）

⑥ 平和を 唱 える。（　　）

「季」は、形のにている「委」とまちがえないようにしましょう。

← うらのページに続くよ！

2 あてはまる漢字を書きましょう。

40点（一つ5）

① 秋から冬へと［きせつ］が変わる。

② 日本は［しき］のちがいがはっきりしている。

③ さいふからお［さつ］を出す。

④ 駅の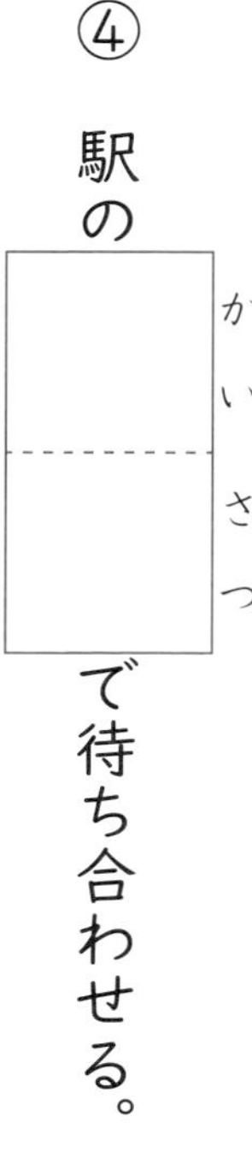［かいさつ］で待ち合わせる。

⑤ 森の入り口にある立て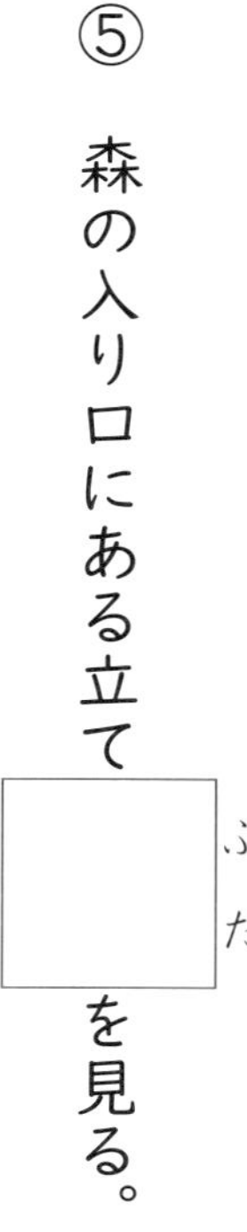［ふだ］を見る。

⑥ みんなの前で詩を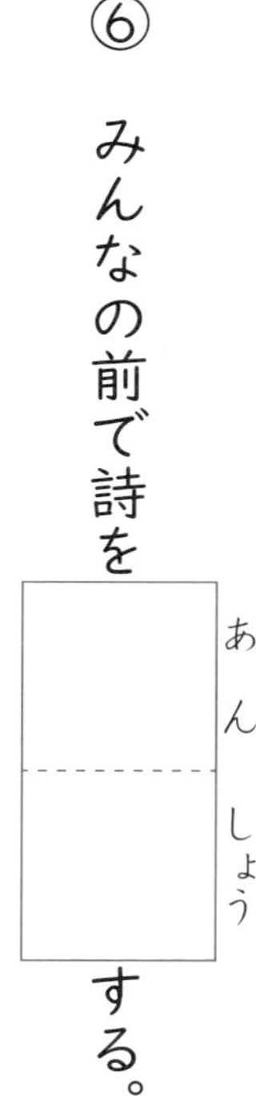［あんしょう］する。

⑦ 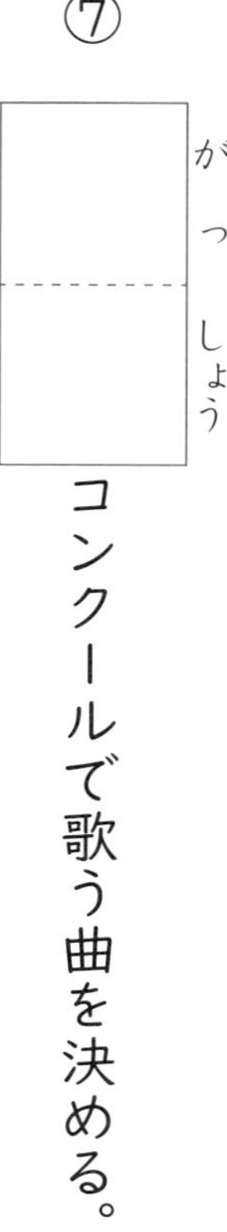［がっしょう］コンクールで歌う曲を決める。

⑧ おぼうさんがおきょうを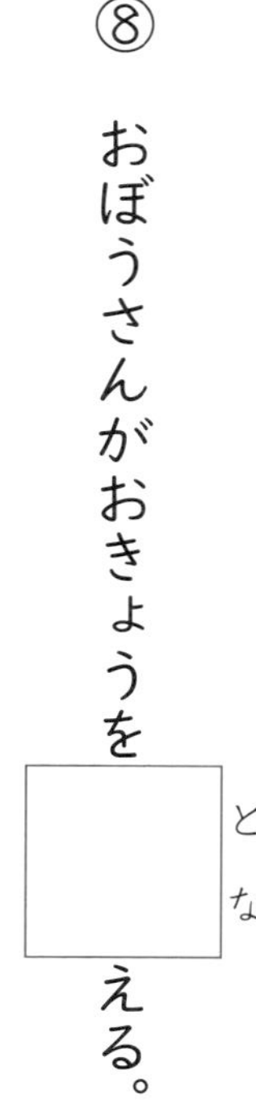［とな］える。

ヒント ②「四季」は春夏秋冬のことです。

きほんのドリル 46。

漢字を使おう8

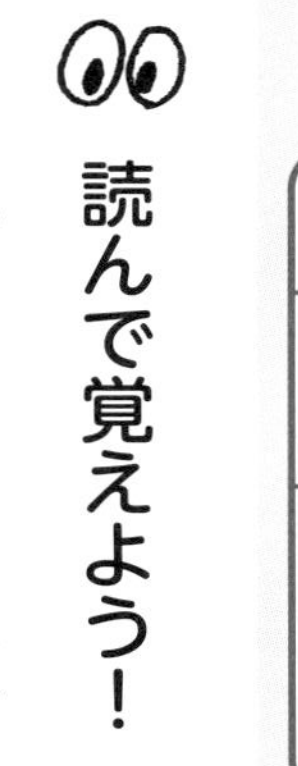

書いて覚えよう！

教76ページ
岡（おか） はねる
8画 岡岡岡岡岡岡岡岡
部首：山（やま）
静岡県（しずおかけん）　岡山県（おかやまけん）　福岡県（ふくおかけん）

教76ページ
府（フ） はねる
8画 府府府府府府府府
部首：广（まだれ）
都道府県（とどうふけん）　政府（せいふ）　府立（ふりつ）

教76ページ
億（オク） 長く
15画 億億億億億億億億億億億億億億億
部首：亻（にんべん）
億万長者（おくまんちょうじゃ）　一億二千万人（いちおくにせんまんにん）

教76ページ
兆（チョウ） はらう
6画 兆兆兆兆兆兆
部首：儿（ひとあし・にんにょう）
一兆二千億円（いっちょうにせんおくえん）　兆候（ちょうこう）　前兆（ぜんちょう）

教76ページ
令（レイ） とめる
5画 令令令令令
部首：人（ひとやね）
指令（しれい）　号令（ごうれい）　命令（めいれい）　法令（ほうれい）

読んで覚えよう！

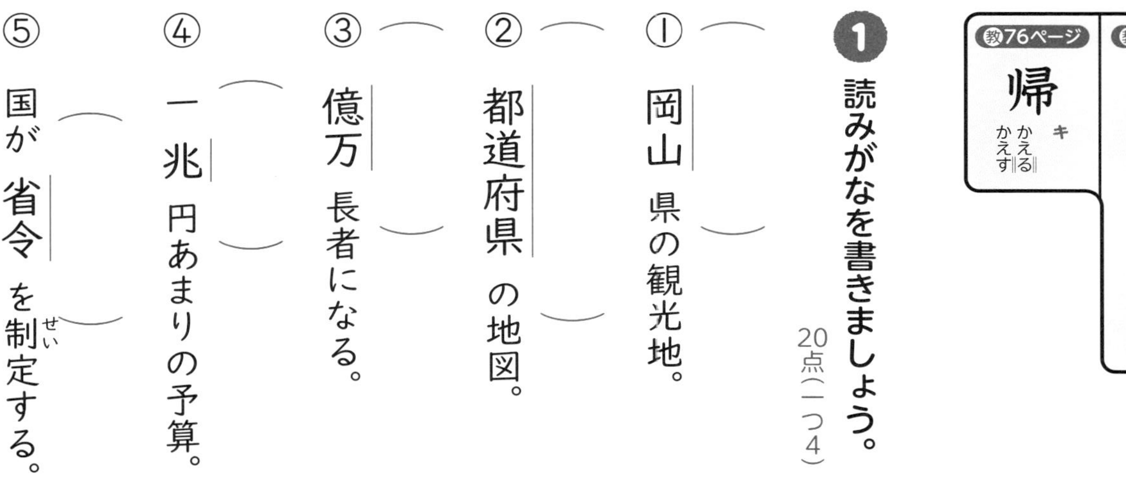

●…読み方が新しい漢字　‖…送りがな

教76ページ
合　ゴウ・ガッ・●カッ
あ‖う・あ‖わす・あ‖わせる

教76ページ
帰　キ
かえ‖る
かえ‖す

1 読みがなを書きましょう。　20点（一つ4）

① 岡山（　　）県の観光地。

② 都道府県（　　）の地図。

③ 億万（　　）長者になる。

④ 一兆（　　）円あまりの予算。

⑤ 国が省令（　　）を制（せい）定する。

← うらのページに続くよ！

2 あてはまる漢字を書きましょう。

80点（一つ10）

①（ふくおか）□□県は九州の北部に位置する。

②（ゆきがっせん）□□□をする。

③ 政（せい）□（ふ）の関係者に話を聞く。

④ 日本には（いちおく）□□人以上の人が住んでいる。

⑤ かぜの（ぜんちょう）□□が体にあらわれる。

⑥ ひさしぶりにふるさとへ（きせい）□□する。

⑦ 隊長から（ごうれい）□□がかかる。

⑧ 班（はん）長の（めいれい）□□で横一列にならぶ。

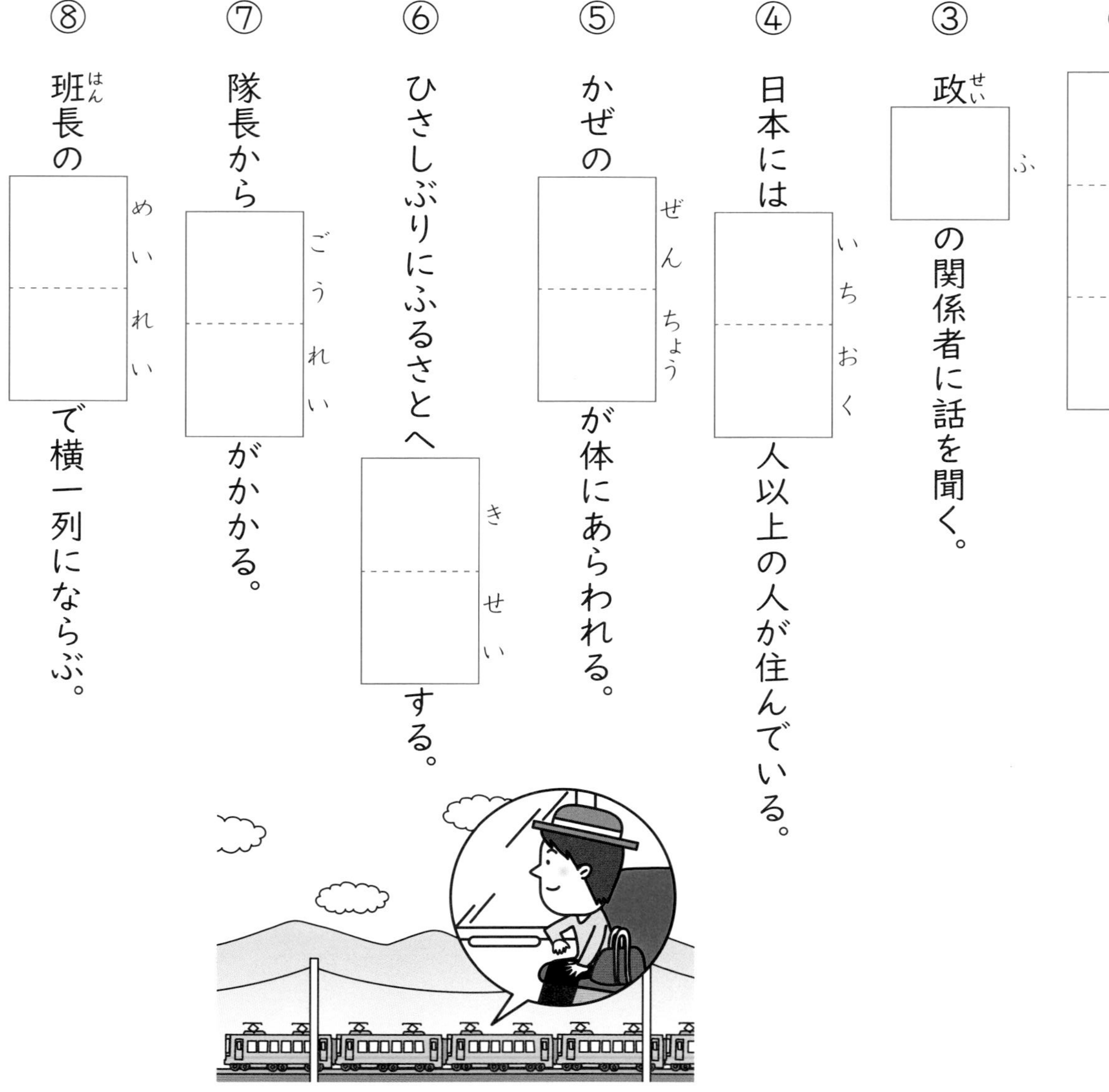

ヒント ⑤「兆」の二・三画目と五・六画目の向きに注意して書きましょう。

冬休みのホームテスト 47。

九月から十二月に習った漢字と言葉 (1)

1 漢字の読みがなを書きましょう。

16点(一つ2)

① 栄養が多い食品。（　）

② グラフを参照する。（　）

③ 孫と散歩を楽しむ。（　）

④ 号令をかける。（　）

⑤ 今年は積雪が多い。（　）

⑥ 進級の試験を受ける。（　）

⑦ 衣料品売り場で働く。（　）

⑧ 十億円で絵画を落札する。（　）

2 あてはまる漢字を書きましょう。〔　〕には漢字とひらがなを書きましょう。

24点(一つ3)

① 見出しを〔つける〕。

② 会場が〔しずまる〕。

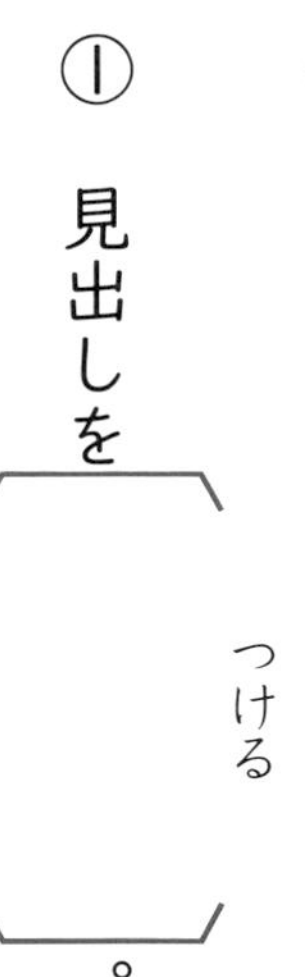

③ □□(しゅうへん)を見回す。

④ 一点□(さ)で負けた。

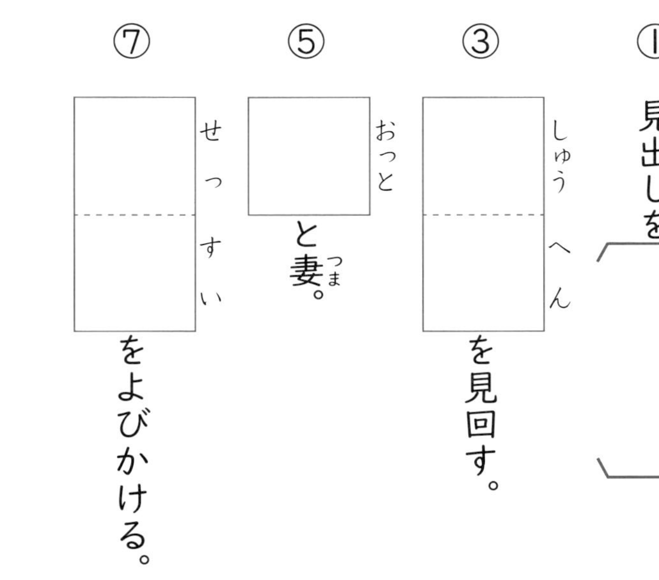

⑤ □(おっと)と妻(つま)。

⑥ □□(じどう)会の会長。

⑦ □□(せっすい)をよびかける。

⑧ 都道□(ふ)県の名前。

うらのページに続くよ！

3 次のア、イの文の□にあてはまる漢字を書き、二つの漢字に共通する部首名を□から選んで記号で書きましょう。 48点（一つ4）

①
ア □列を組む。（たい）
イ □橋をわたる。（りっ）
部首名（　　）

②
ア □ぼっくりを拾う。（まつ）
イ 家で□酒をつくる。（うめ）
部首名（　　）

③
ア 野□を食べる。（さい）
イ 種が発□する。（が）
部首名（　　）

④
ア 花びらが□る。（ち）
イ 試合に□れる。（やぶ）
部首名（　　）

ア くさかんむり　イ おおざと　ウ きへん　エ こころ
オ こざとへん　カ のぶん・ぼくにょう

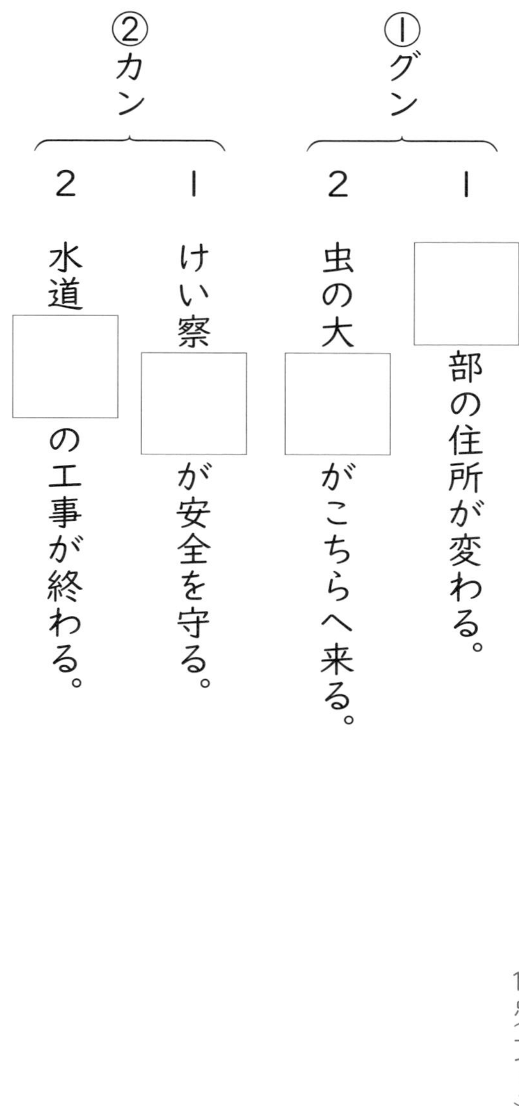

4 次の例文に合うように、□に入る同じ音読みの漢字を書きましょう。 12点（一つ3）

①グン
1 □部の住所が変わる。
2 虫の大□がこちらへ来る。

②カン
1 けい察□が安全を守る。
2 水道□の工事が終わる。

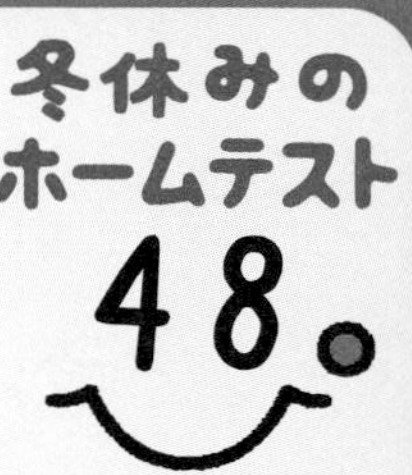

冬休みのホームテスト 48。

九月から十二月に習った漢字と言葉 (2)

時間 20分　合かく80点　/100

答え 119ページ

月　日

1 漢字の読みがなを書きましょう。 16点(一つ2)

① 岡山県へ電車で行く。（　　）

② 江戸（えど）時代の将（しょう）軍。（　　）

③ おかしの景品を集める。（　　）

④ 年賀状（じょう）を出す。（　　）

⑤ 争いをやめる。（　　）

⑥ 商店街を通って帰る。（　　）

⑦ 休み時間は残りわずかだ。（　　）

⑧ あらしの前兆。（　　）

2 あてはまる漢字を書きましょう。〔　〕には漢字とひらがなを書きましょう。 24点(一つ3)

① 説明を〔はぶく〕。

② 幸福を〔ねがう〕。

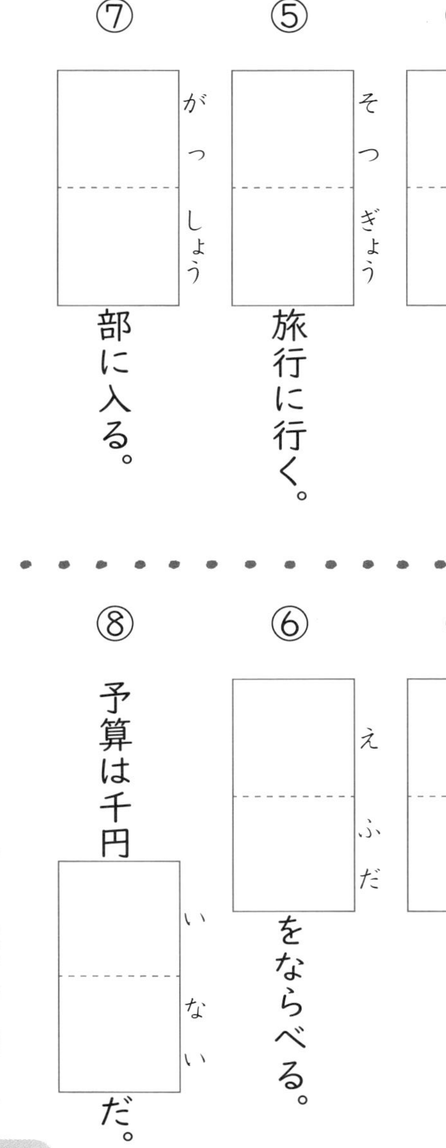

③ □□(きせつ)の変化。

④ □□(もくひょう)をかかげる。

⑤ □□(そつぎょう)旅行に行く。

⑥ □□(えふだ)をならべる。

⑦ □□(がっしょう)部に入る。

⑧ 予算は千円□□(いない)だ。

うらのページに続くよ！

3 次の熟語と漢字の組み合わせが同じものを〔　〕から一つずつ選んで書きましょう。 20点（一つ4）

① 寒冷（寒い・冷たい）（　　）
② 勝敗（勝つ・敗れる）（　　）
③ 熱湯（熱い湯）（　　）
④ 投票（票を投じる）（　　）
⑤ 不足（足りない）（　　）

〔 高低　願望　落城　未満　老人 〕

4 次の□に共通してあてはまる漢字を書きましょう。 24点（一つ4）

① □地・出□・□業 □
② □語・□位・□調 □
③ 選□・□手・大□ □
④ □料・□口・□理 □
⑤ □合・□験・□食 □
⑥ 消□・□台・点□ □

5 それぞれの漢字を、漢字辞典の部首さく引で引きます。部首の画数を漢数字で書きましょう。 16点（一つ4）

① 輪（　　）
② 戦（　　）
③ 給（　　）
④ 塩（　　）

きほんのドリル 49

数え方を生み出そう　漢字を使おう9 (1)

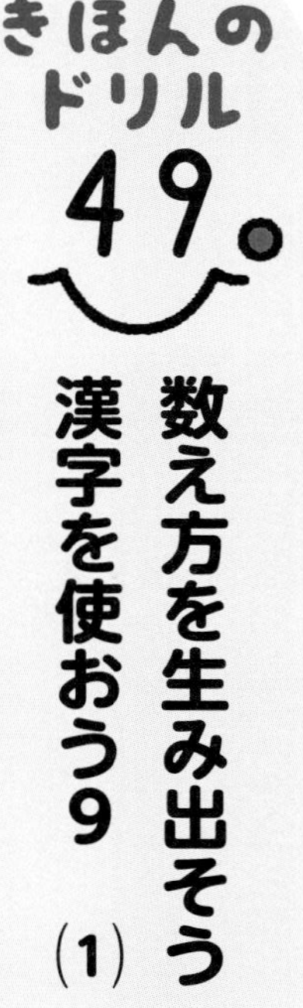

時間 15分　合かく80点　／100　答え 120ページ

サクッとこたえあわせ

月　日

書いて覚えよう！

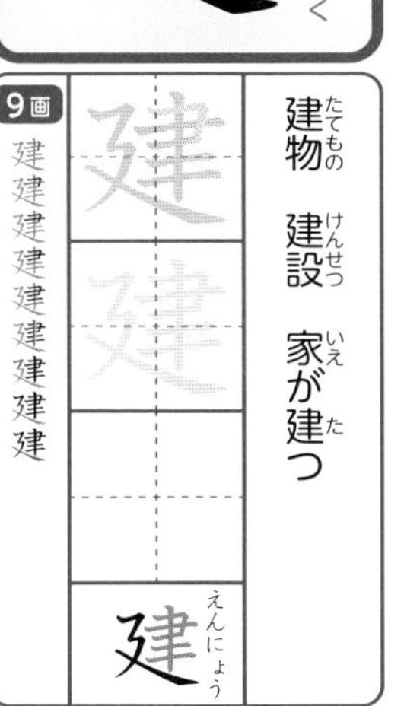

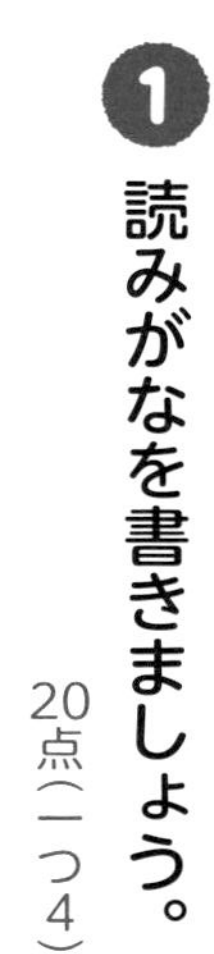

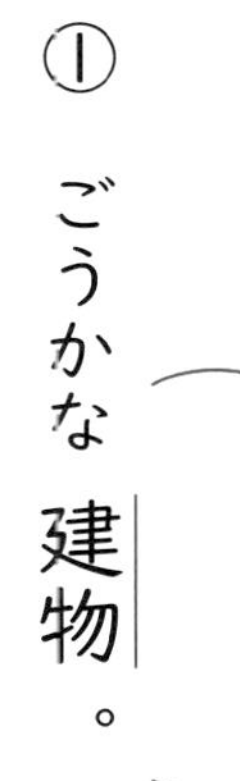
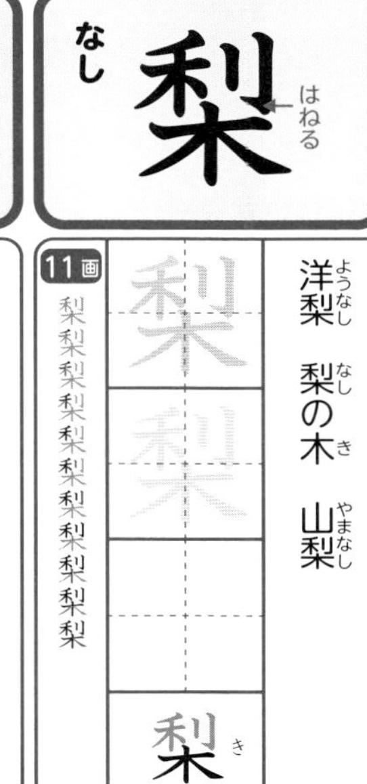

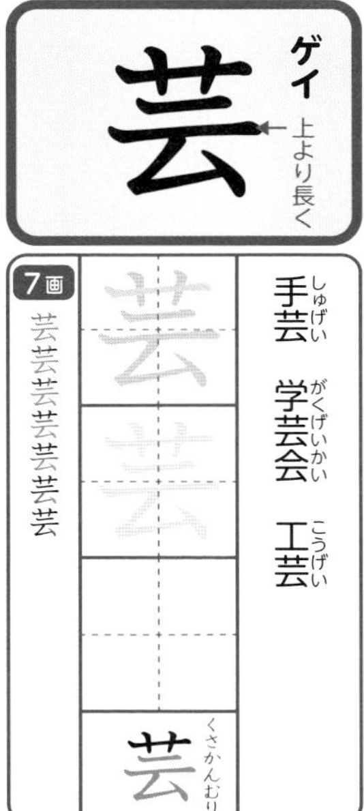
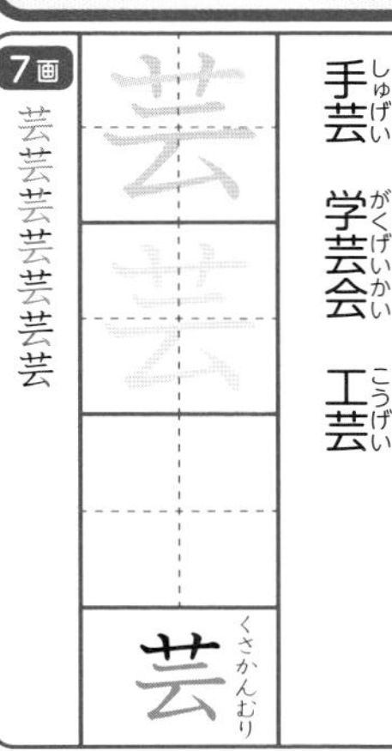
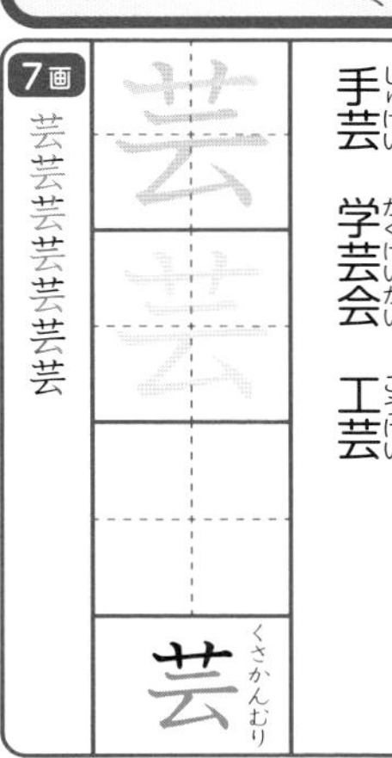
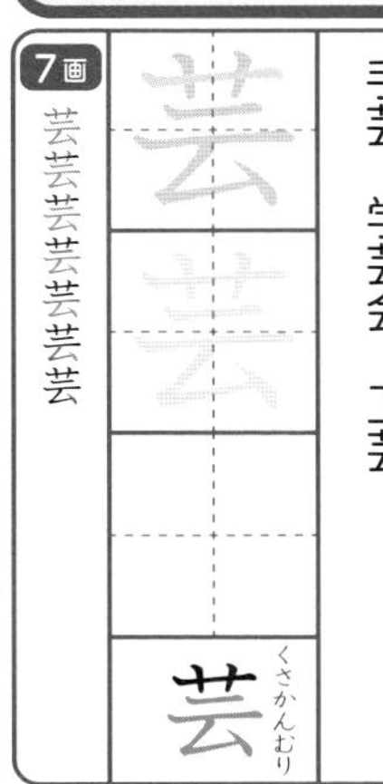
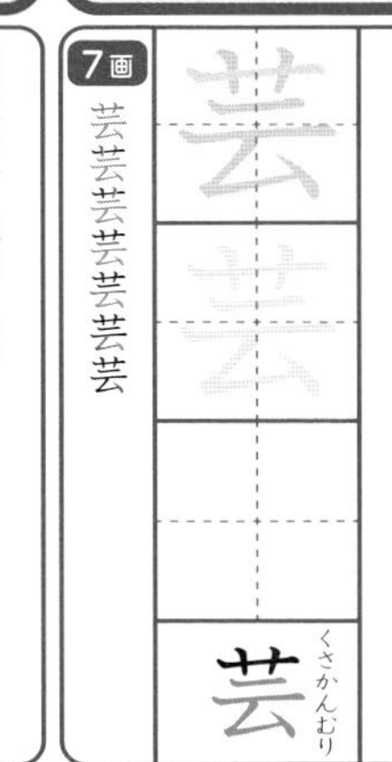
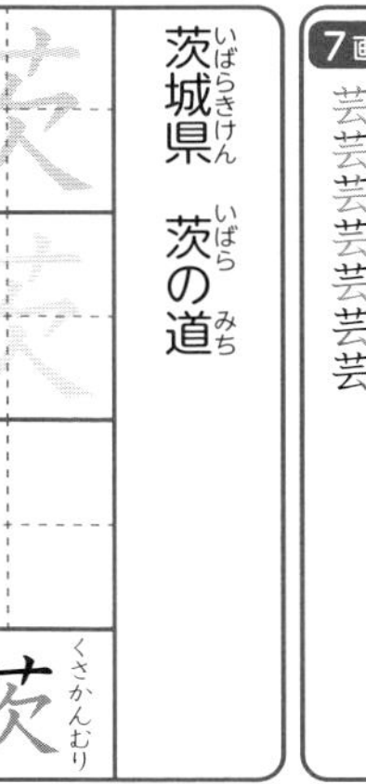

教86ページ　建　ケン　たてる　たつ　（少し長く）
9画　建建建建建建建建建
建物（たてもの）　建設（けんせつ）　家（いえ）が建（た）つ　（えんにょう）

教91ページ　希　キ　（出る）
7画　希希希希希希希
希望（きぼう）　希少（きしょう）　希求（ききゅう）　（はば）

教91ページ　梨　なし　（はねる）
11画　梨梨梨梨梨梨梨梨梨梨梨
洋梨（ようなし）　梨（なし）の木（き）　山梨（やまなし）　（き）

教91ページ　芸　ゲイ　（上より長く）
7画　芸芸芸芸芸芸芸
手芸（しゅげい）　学芸会（がくげいかい）　工芸（こうげい）　（くさかんむり）

教91ページ　茨　いばら　（はらう）
9画　茨茨茨茨茨茨茨茨茨
茨城県（いばらきけん）　茨（いばら）の道（みち）　（くさかんむり）

読んで覚えよう！

●…読み方が新しい漢字　‖…送りがな

教84ページ　歩　ホ　あるく　あゆむ

教86ページ　新　シン　あたらしい　あらた

教91ページ　丸　ガン　まる　まるい　まるめる

1 読みがなを書きましょう。　20点（一つ4）

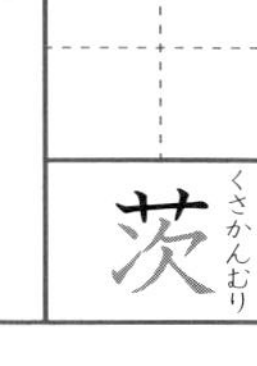
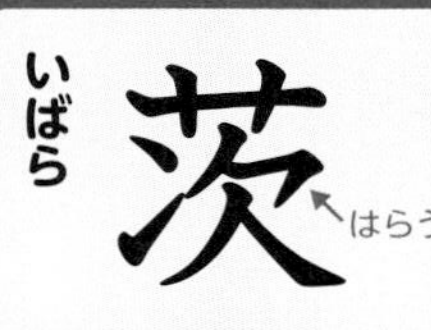

① ごうかな 建物（　　）。

② 希望（　　）が芽生える。

③ 梨（　　）を生産する。

④ 手芸（　　）に関心を持つ。

⑤ 茨（　　）の道。

教科書 下78～91ページ

← うらのページに続くよ！

2 あてはまる漢字を書きましょう。

80点（一つ10）

① 昔からの日本語の［あゆ］みを学ぶ。

② ビルの［けん］設（せつ）工事が終わった。

「希少」は、少なくて
めずらしいという意味です。

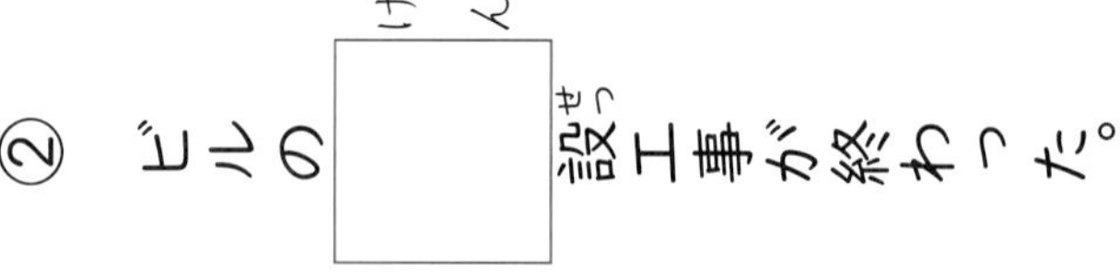

③ 転校生が［あら］たにチームに加わった。

④ 要望のあった［き｜しょう］な本が見つかった。

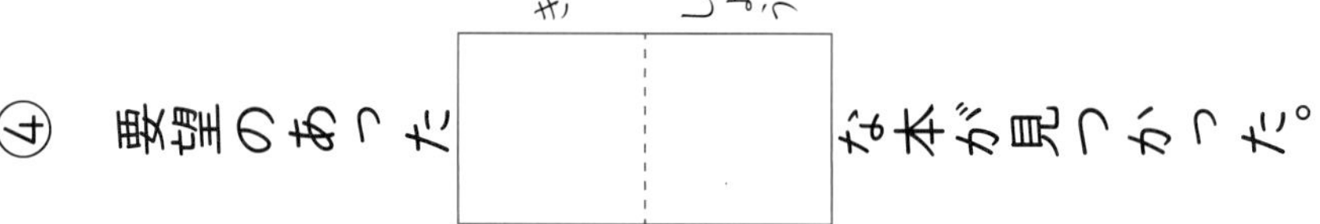

⑤ ［やま｜なし］県に住むおじから、ぶどうがとどいた。

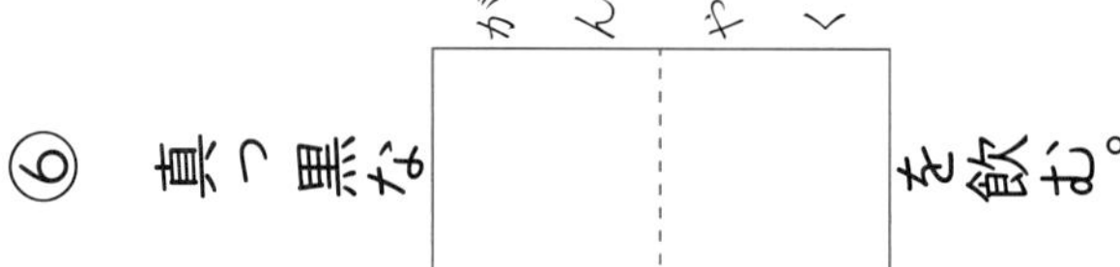

⑥ 真っ黒な［がん｜やく］を飲む。

⑦ ［がく｜げい｜かい］で合唱をひろうする。

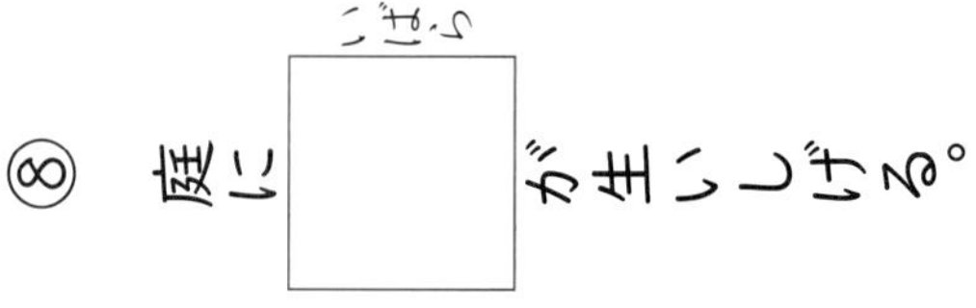

⑧ 庭に［いばら］が生いしげる。

ヒント ②「建」の部首を「廴」とまちがえないように注意しましょう。

きほんのドリル 50。
漢字を使おう9 (2)／調べたことをほうこくしよう／漢字を使おう10 (1)

時間 15分　合かく80点　／100
答え 120ページ　サクッとこたえあわせ
月　日

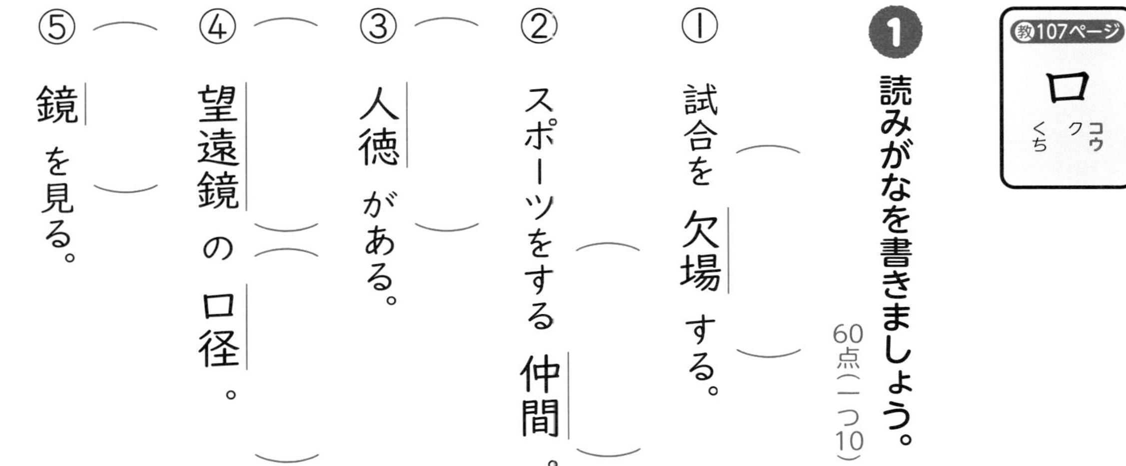

書いて覚えよう！

欠（教91ページ）ケツ　か(く)　か(ける)　4画
欠欠欠欠
出欠（しゅっけつ）　欠席（けっせき）　月が欠ける（つきがかける）
部首：欠（あくび・かける）

仲（教105ページ）なか　6画　とめる
仲仲仲仲仲仲
仲間（なかま）　仲直り（なかなおり）　仲立ち（なかだち）
部首：亻（にんべん）

徳（教107ページ）トク　14画　はねる
徳徳徳徳徳徳徳徳徳徳徳徳徳徳
道徳（どうとく）　徳用（とくよう）　人徳（じんとく）　美徳（びとく）
部首：彳（ぎょうにんべん）

径（教107ページ）ケイ　8画　はなす
径径径径径径径径
直径（ちょっけい）　半径（はんけい）　外径（がいけい）　口径（こうけい）
部首：彳（ぎょうにんべん）

鏡（教107ページ）キョウ　かがみ　19画　上にはねる
鏡鏡鏡鏡鏡鏡鏡鏡鏡鏡鏡鏡鏡鏡鏡鏡鏡鏡鏡
天体望遠鏡（てんたいぼうえんきょう）　鏡台（きょうだい）　手鏡（てかがみ）
部首：金（かねへん）

読んで覚えよう！

●…読み方が新しい漢字

口（教107ページ）コウ　ク　くち

1 読みがなを書きましょう。 60点（一つ10）

① 試合を 欠場 する。（　　）
② スポーツをする 仲間。（　　）
③ 人徳 がある。（　　）
④ 望遠鏡 の 口径。（　　）（　　）
⑤ 鏡 を見る。（　　）

うらのページに続くよ！

2 あてはまる漢字を書きましょう。

40点（一つ5）

① インフルエンザで学校を［けっせき］する。

② ガラスのコップのふちが［か］ける。

③ 「さし身にわさびは［か］かせない」と父が言う。

④ けんかした友達とすぐに［なかなお］りした。

⑤ スーパーで［とくよう］の商品を買う。

⑥ ものさしを使って円の［はんけい］をはかる。

⑦ くしが見当たらず、［きょうだい］の引き出しの中をさがす。

⑧ 一月の［かがみびら］きが楽しみだ。

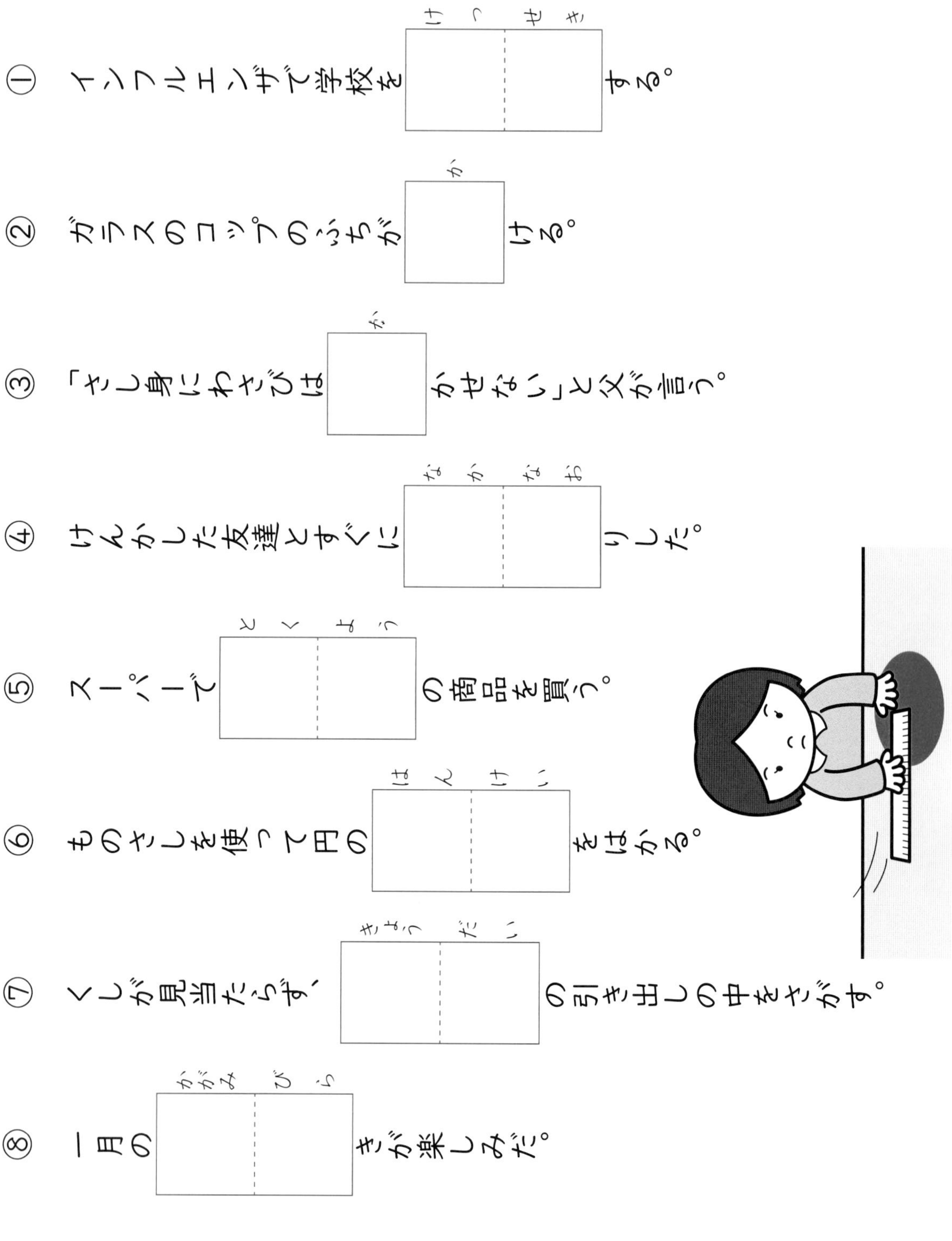

ヒント ①②③「欠」の「⺈」の形に気をつけましょう。

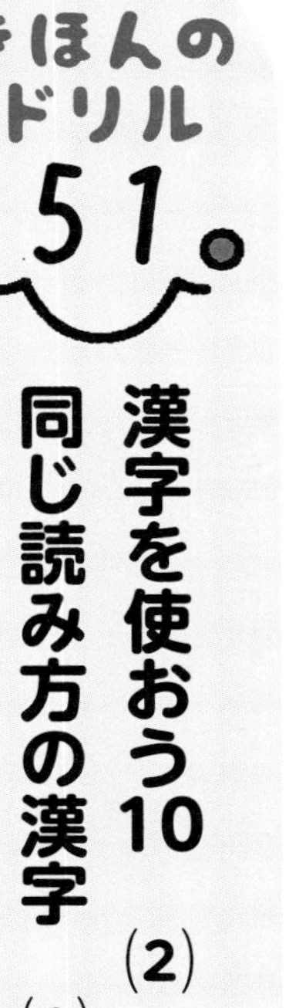

きほんのドリル 51

漢字を使おう10 (2)
同じ読み方の漢字 (1)

時間 15分
合かく80点 /100
答え 120ページ
月　日

書いて覚えよう！

教 107ページ
牧（ボク）・とめる
8画　牧牧牧牧牧牧牧牧
牧場（ぼくじょう）　放牧（ほうぼく）　牧草（ぼくそう）　遊牧（ゆうぼく）
牧（うしへん）

教 107ページ
各（カク）はらう
6画　各各各各各各
各種（かくしゅ）　各地（かくち）　各自（かくじ）　各国（かっこく）
各（くち）

教 107ページ
氏（シ）はねる
4画　氏氏氏氏
氏名（しめい）　氏族（しぞく）
氏（うじ）

教 108ページ
労（ロウ）はねる
7画　労労労労労労労
苦労（くろう）　労働（ろうどう）　労力（ろうりょく）　労作（ろうさく）
労（ちから）

教 109ページ
極（キョク）はねる
12画　極極極極極極極極極極極極
南極（なんきょく）　積極的（せっきょくてき）　電極（でんきょく）
極（きへん）

読んで覚えよう！

●…読み方が新しい漢字

教107ページ　牛（ギュウ）（うし）
教107ページ　寺（ジ）（てら）

1 読みがなを書きましょう。 20点（一つ4）

① 牧場の牛や羊。（　　）
② 全国各地の神社。（　　）
③ 住所と氏名。（　　）
④ 苦労を乗りこえる。（　　）
⑤ 南極の生き物。（　　）

教科書 下 107～109ページ

うらのページに続くよ！

2 あてはまる漢字を書きましょう。

80点（一つ10）

① （ぎゅう にく）百パーセントのハンバーグ。

② 羊が（ぼく そう）を食べる。

③ （じ しゃ）仏閣（ぶっかく）をめぐるのが、母のしゅ味だ。

④ 世界（かっ こく）をおとずれてみたい。

⑤ 書類に自分の（し めい）を書く。

⑥ （ろう りょく）のかかる仕事はみんなでやろう。

⑦ 図かんで（ほっ きょく）熊について調べる。

⑧ 授業（じゅぎょう）中に（せっ きょく てき）に発言する。

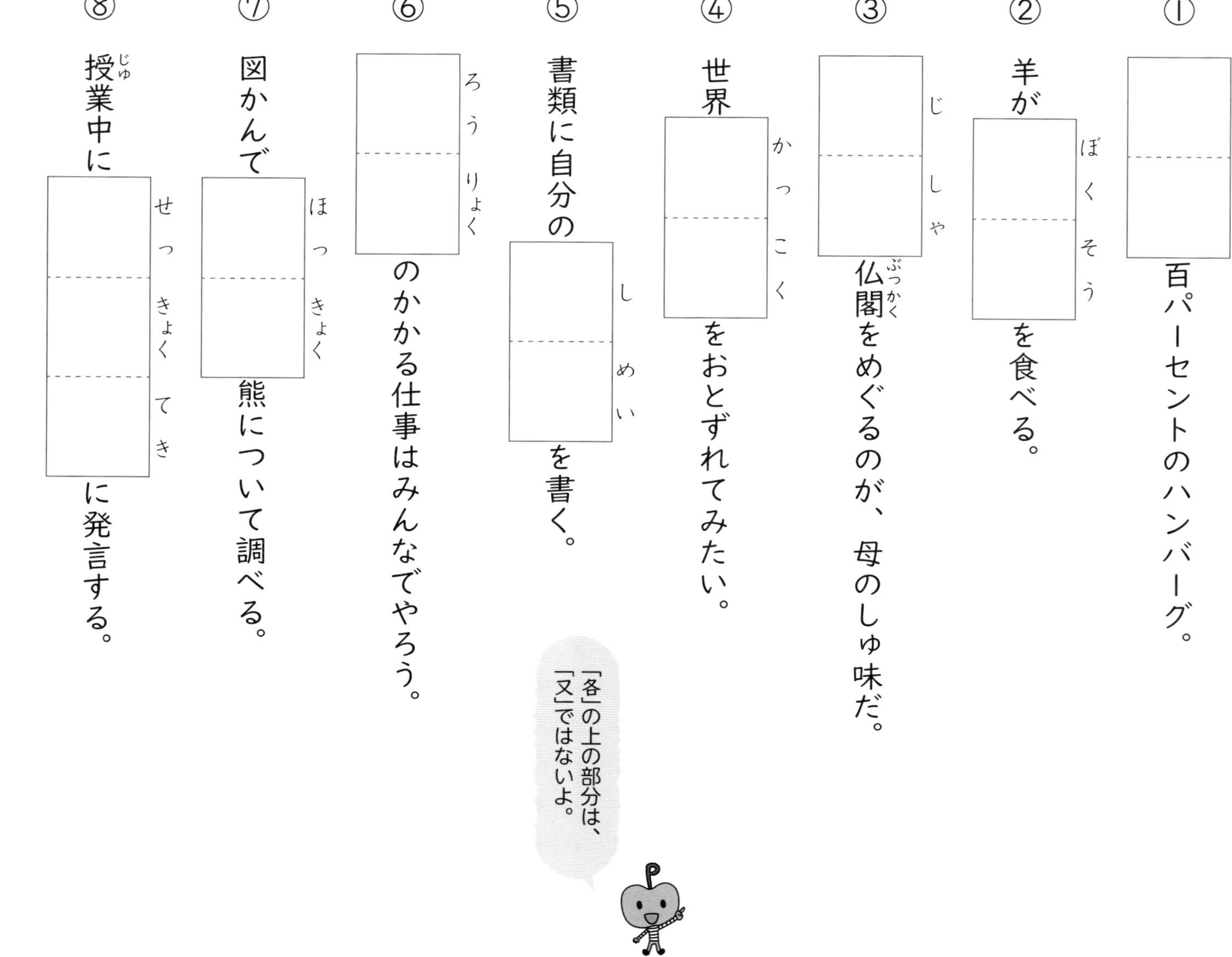

ヒント ⑦⑧「極」の右側の部分の筆順や形に気をつけて書きましょう。

きほんのドリル 52 同じ読み方の漢字 (2)

時間 15分 合かく80点 /100
答え 120ページ
月　日

書いて覚えよう！

教109ページ
昨 サク（とめる）
9画 昨昨昨昨昨昨昨昨昨
昨年（さくねん）　昨夜（さくや）　昨今（さっこん）
昨（ひへん）

教109ページ
副 フク（はねる）
11画 副副副副副副副副副副副
副長官（ふくちょうかん）　副会長（ふくかいちょう）　副大臣（ふくだいじん）
副（りっとう）

教109ページ
臣 ジン シン（出ない）
7画 臣臣臣臣臣臣臣
大臣（だいじん）　臣下（しんか）　家臣（かしん）
臣（しん）

教109ページ
課 カ（とめる）
15画 課課課課課課課課課課課課課課課
課題（かだい）　日課（にっか）　放課後（ほうかご）
課（ごんべん）

教109ページ
械 カイ（上にはねる）
11画 械械械械械械械械械械械
機械（きかい）　器械体そう（きかいたいそう）
械（きへん）

読んで覚えよう！

●…特別な読み方をする漢字

教109ページ
昨日（きのう）

1 読みがなを書きましょう。 20点（一つ4）

① 昨夜（　　）の夕食を思い出す。
② 副大臣（　　）の演説（えんぜつ）。
③ 放課後（　　）、習い事へ行く。
④ 昨日（　　）の出来事。
⑤ こわれた 機械（　　）を直す。

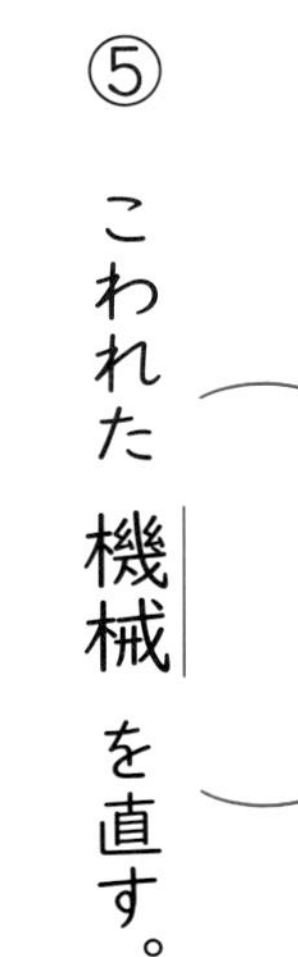

うらのページに続くよ！

2 あてはまる漢字を書きましょう。

80点（一つ10）

① □□（さくねん）よりもたくさんの梨がとれた。

② 児童会の□□□（ふくかいちょう）に選ばれた。

③ 文部科学□□（だいじん）の会見についての記事を読む。

④ 王様が□□（かしん）を集めて相談する。

⑤ □□□（ほうかご）に運動場で遊ぶ。

⑥ 算数の□□（かだい）に取り組む。

⑦ □（きのう）、きれいな夕日を見た。

⑧ □□（きかい）体そうの試合を見に行く。

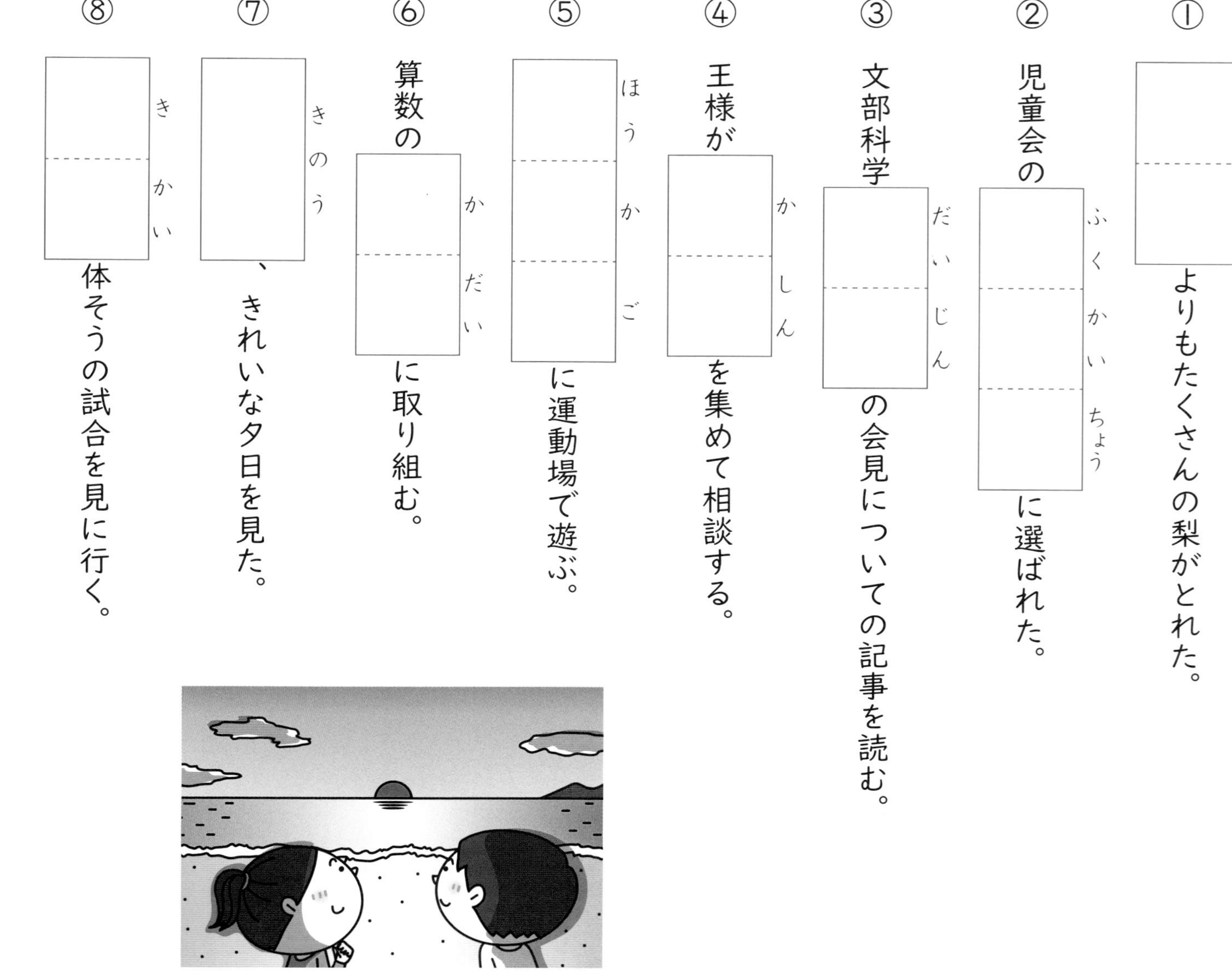

ヒント ②「副」を、同じ読みで形のにている「福」とまちがえないように注意しましょう。

世界一美しいぼくの村

月　日

書いて覚えよう！

教113ページ
香（か・かおり・かおる）はらう
9画 香香香香香香香香香
茶(ちゃ)の香(かお)り　香川県(かがわけん)　花(はな)の香(か)
香（かおり）

教113ページ
民（ミン）おれてはねる
5画 民民民民民
町民(ちょうみん)　民宿(みんしゅく)　民話(みんわ)　公民館(こうみんかん)
民（うじ）

教116ページ
勇（ユウ・いさむ）はねる
9画 勇勇勇勇勇勇勇勇勇
勇者(ゆうしゃ)　勇気(ゆうき)　勇(いさ)ましい
勇（ちから）

教119ページ
信（シン）長めに
9画 信信信信信信信信信
友(とも)を信(しん)じる　信用(しんよう)　信号(しんごう)
信（にんべん）

読んで覚えよう！

●…特別な読み方をする漢字

教113ページ
果物(くだもの)

1 読みがなを書きましょう。 60点（一つ10）

① 果物（　　）が実る。

② あまい香（　　）りがする。

③ 香川（　　）県のうどん。

④ 民族（　　）衣しょうを着る。

⑤ 勇気（　　）を出して言う。

⑥ 父の話を信（　　）じる。

うらのページに続くよ！

2 あてはまる漢字を書きましょう。

40点(一つ5)

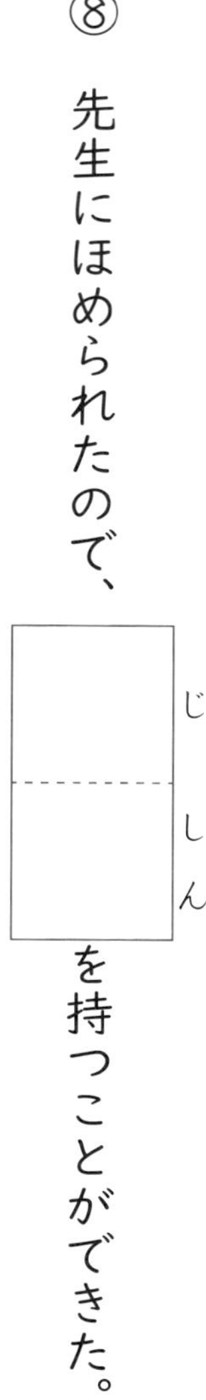

① ［くだもの］のしゅうかくを手伝う。

② いその［か］が海岸にただよう。

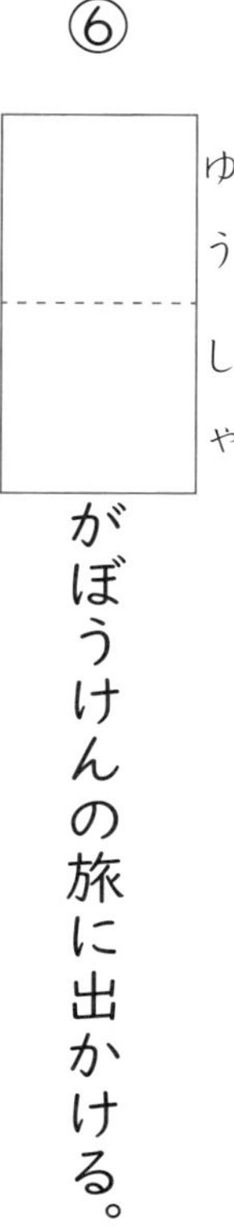

③ 梅が［かお］る庭園を散歩する。

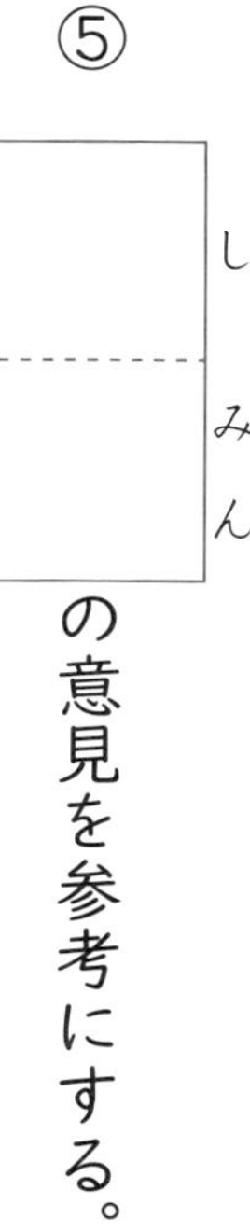

④ 海辺の［みん｜しゅく］にとまる。

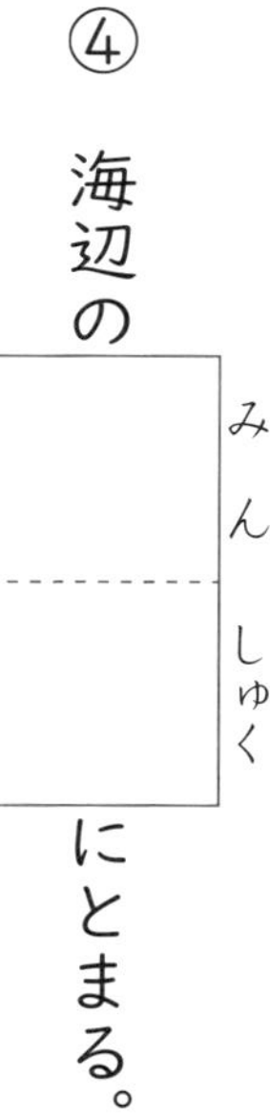

⑤ ［し｜みん］の意見を参考にする。

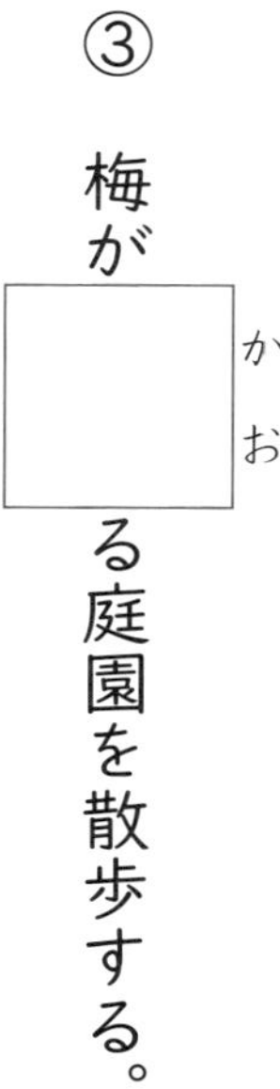

⑥ ［ゆう｜しゃ］がぼうけんの旅に出かける。

⑦ ［いさ］ましい声が会場にひびく。

⑧ 先生にほめられたので、［じ｜しん］を持つことができた。

ヒント ④⑤「民」の筆順に注意して書きましょう。

きほんのドリル 54。

漢字を使おう11 (1)

時間 15分　合かく80点　/100

答え 120ページ　サクッとこたえあわせ

月　日

書いて覚えよう！

潟（かた）　教127ページ
とめる
15画　潟潟潟潟潟潟潟潟潟潟潟潟潟潟潟
さんずい
新潟県（にいがたけん）　ひ潟（がた）

岐（キ）　教127ページ
出る
7画　岐岐岐岐岐岐岐
やまへん
岐阜県（ぎふけん）

阜（フ）　教127ページ
長く
8画　阜阜阜阜阜阜阜阜
おか
岐阜県（ぎふけん）

栃（とち）　教127ページ
はねる
9画　栃栃栃栃栃栃栃栃栃
きへん
栃木県（とちぎけん）　栃（とち）の実（み）

—の読みは、小学校では習いません。

読んで覚えよう！

●…読み方が新しい漢字　＝…送りがな
●…特別な読み方をする漢字

教127ページ　新（シン／あたら-しい／あら-た／にい）
教127ページ　富山（とやま）
教127ページ　茨城（いばらき）
教127ページ　宮城（みやぎ）
教127ページ　岐阜（ぎふ）

1 読みがなを書きましょう。 20点（一つ5）

① 新潟（　　）県でとれた米。

② 富山（　　）県の海産物。

③ 岐阜（　　）県の白川郷（しらかわごう）。

④ 栃木（　　）県産のいちご。

教科書 下127ページ

← うらのページに続くよ！

2 あてはまる漢字を書きましょう。

80点（一つ10）

① （みやぎ）県は、ささかまぼこが有名だ。

② （にいがた）県のスキー場に行く。

③ ひ（がた）の生き物を観察する。

④ （とやま）県には大きなダムがある。

⑤ （ぎふ）県に、うかいを見に行く。

⑥ （いばらき）県産のなっとうを食べる。

⑦ （とちぎ）県の日光東照宮（にっこうとうしょうぐう）にお参りする。

⑧ （とち）の実で作ったおもち。

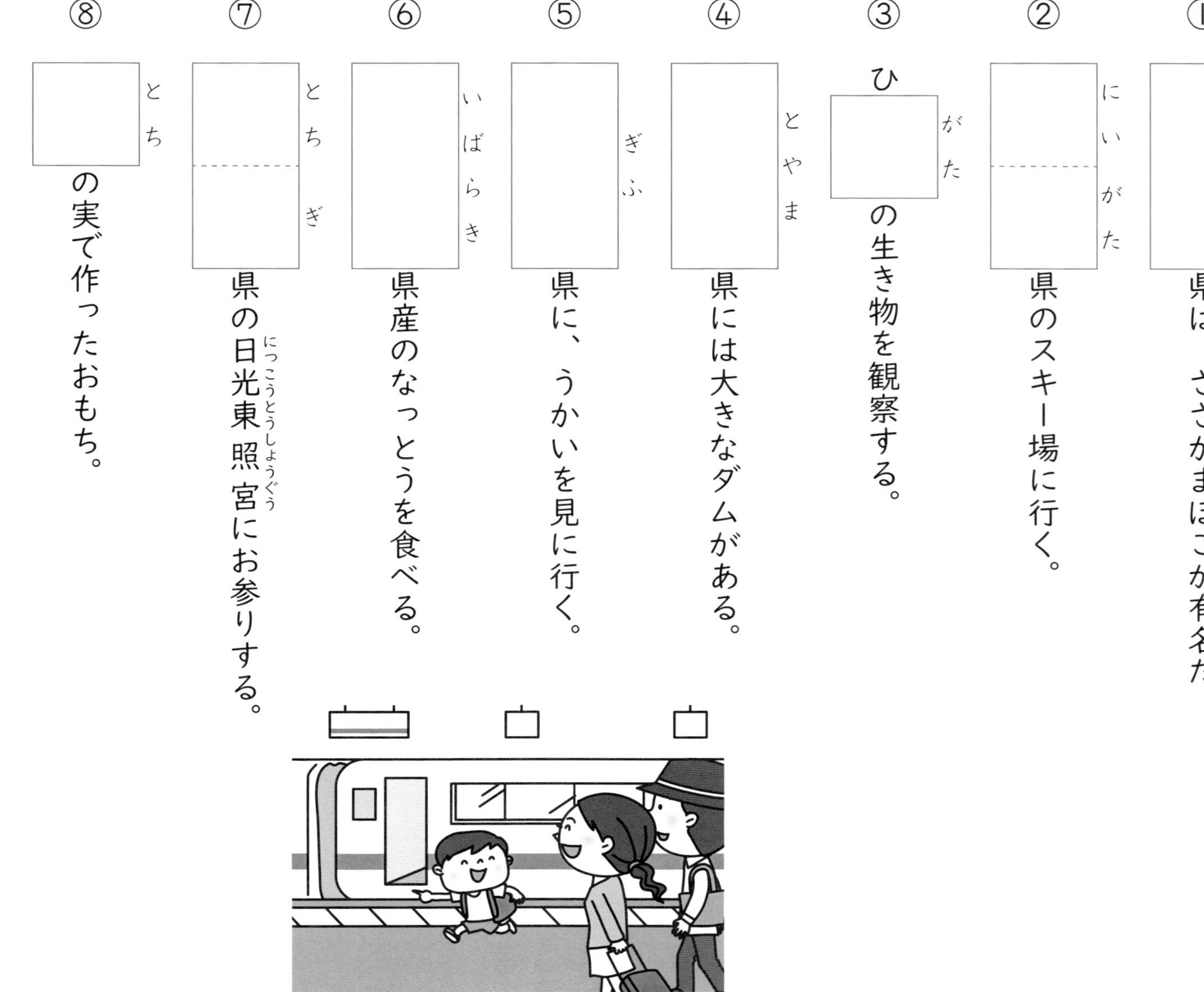

ヒント ②③「潟」の右側の字形に気をつけましょう。上は「臼」ではありません。

漢字を使おう11 (2)

書いて覚えよう！

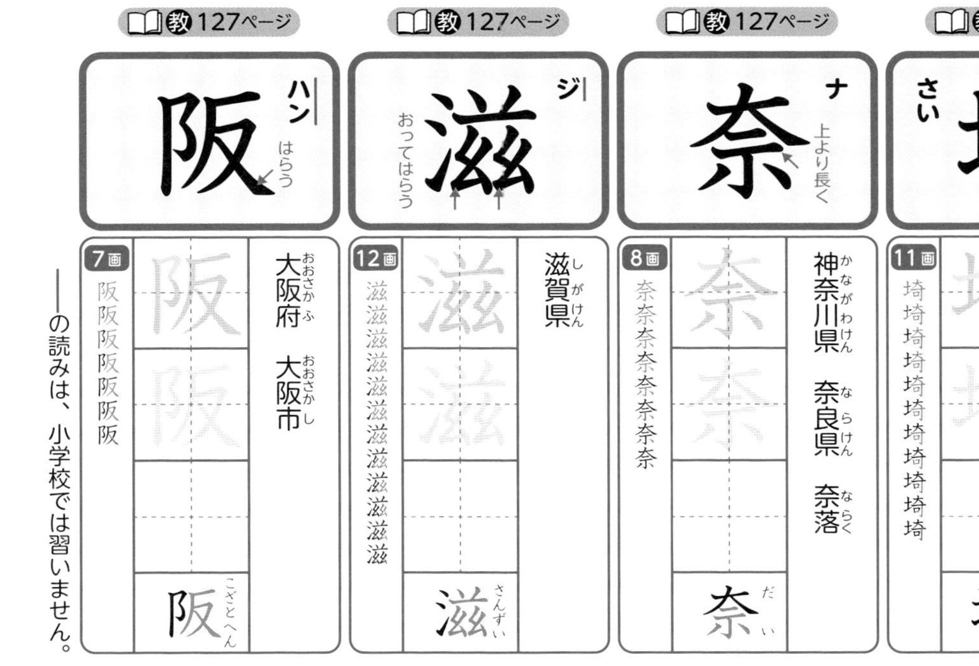

――の読みは、小学校では習いません。

読んで覚えよう！

●…読み方が新しい漢字
●…特別な読み方をする漢字

1 読みがなを書きましょう。 20点（一つ5）

① 埼玉（　　）県は東京に近い。

② 神奈川（　　）県に住む。

③ びわ湖のある滋賀（　　）県。

④ 大阪（　　）府出身の選手。

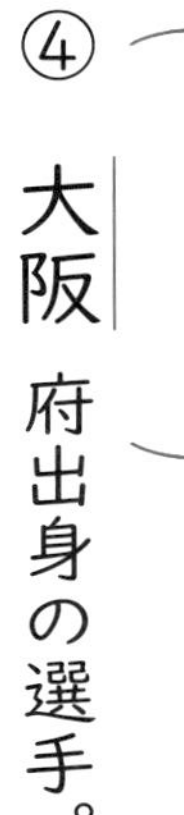
うらのページに続くよ！

2 あてはまる漢字を書きましょう。

80点（一つ10）

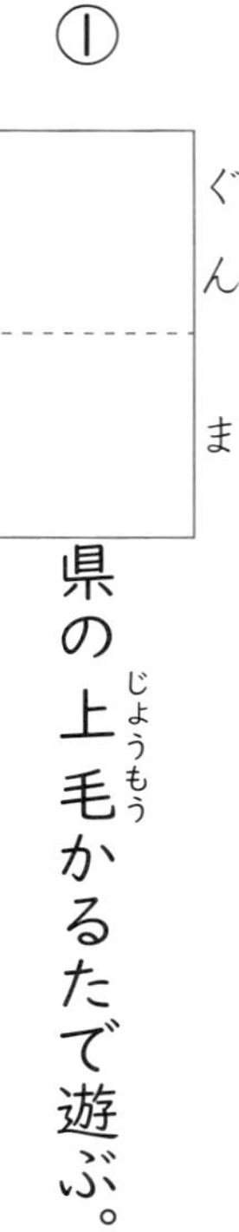
① （ぐんま）県の上毛（じょうもう）かるたで遊ぶ。

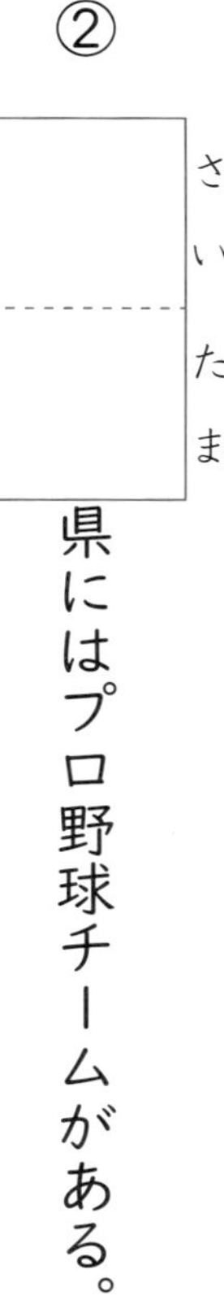
② （さいたま）県にはプロ野球チームがある。

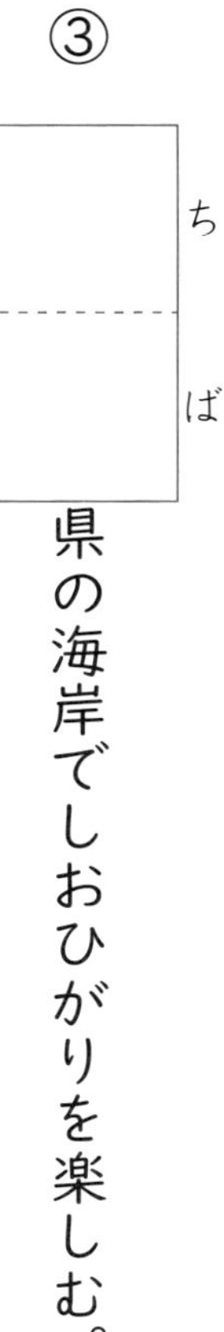
③ （ちば）県の海岸でしおひがりを楽しむ。

④ （かながわ）県には大仏（だいぶつ）がある。

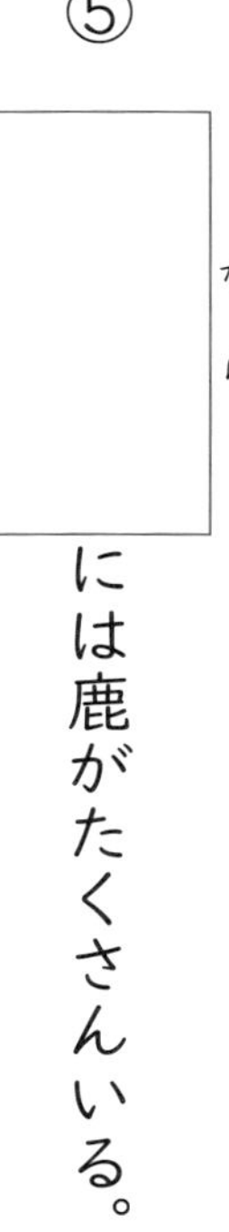
⑤ （なら）には鹿がたくさんいる。

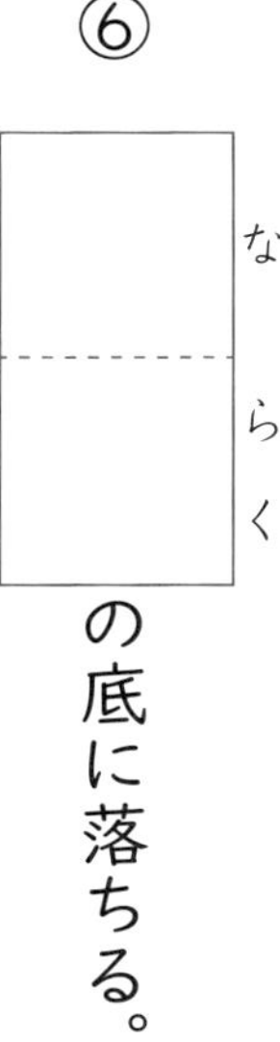
⑥ （ならく）の底に落ちる。

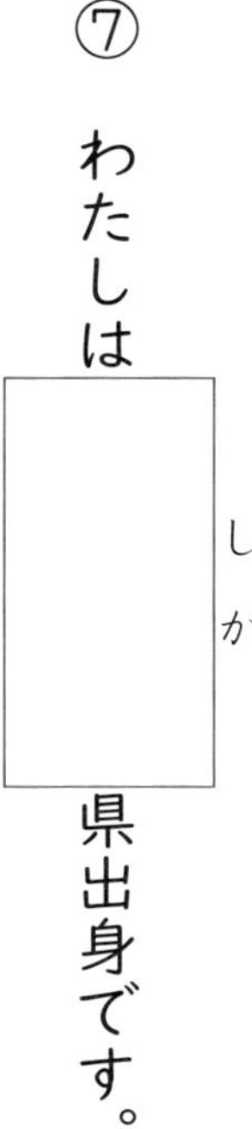
⑦ わたしは（しが）県出身です。

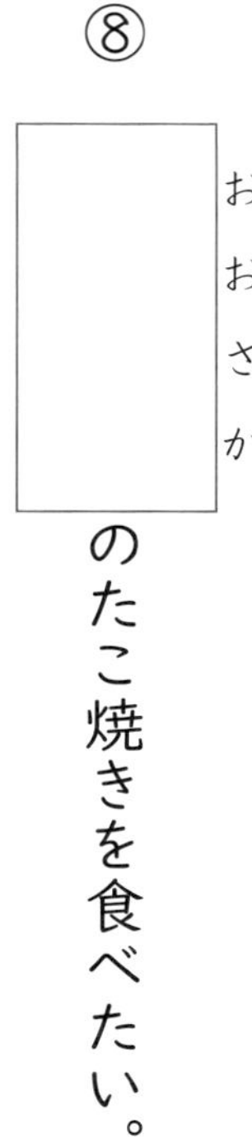
⑧ （おおさか）のたこ焼きを食べたい。

ヒント ⑧「阪」を同じ読みの「坂」とまちがえないようにしましょう。

きほんのドリル 56。

漢字を使おう11 (3)

書いて覚えよう！

教127ページ

媛（エン）上より長く

12画 媛媛媛媛媛媛媛媛媛媛媛媛

媛（おんなへん）

愛媛県（えひめけん）

教127ページ

佐（サ）上より長く

7画 佐佐佐佐佐佐佐

佐（にんべん）

佐賀県（さがけん）　大佐（たいさ）　少佐（しょうさ）

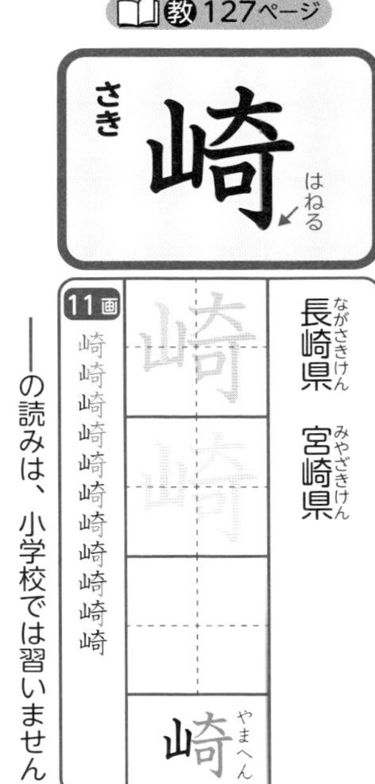

教127ページ

崎（さき）はねる

11画 崎崎崎崎崎崎崎崎崎崎崎

崎（やまへん）

長崎県（ながさきけん）　宮崎県（みやざきけん）

――の読みは、小学校では習いません。

読んで覚えよう！

●…読み方が新しい漢字
●…特別な読み方をする漢字

教127ページ 本（ホン・もと）	教127ページ 大分（おおいた）
教127ページ 鳥取（とっとり）	教127ページ 鹿児島（かごしま）
教127ページ 愛媛（えひめ）	

教科書 下 127ページ

1 読みがなを書きましょう。 28点（一つ4）

① 鳥取（　　）県の松葉（まつば）がに。

② 愛媛（　　）県のみかん。

③ 佐賀（　　）県の有田（ありた）焼の皿。

④ 長崎（　　）県の教会へ行く。

⑤ 熊本（　　）県のお城。

⑥ 大分（　　）県の温泉（せん）。

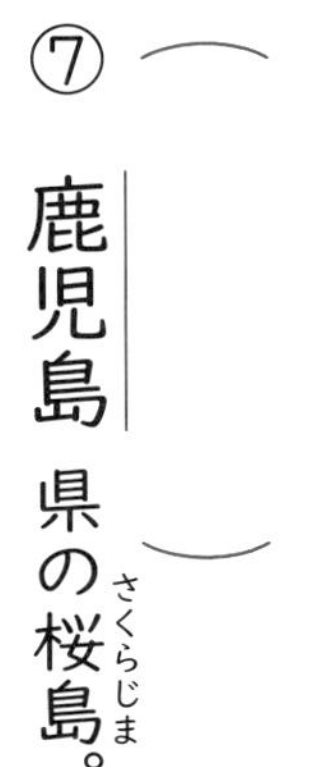

⑦ 鹿児島（　　）県の桜島（さくらじま）。

← うらのページに続くよ！

② あてはまる漢字を書きましょう。

72点（一つ9）

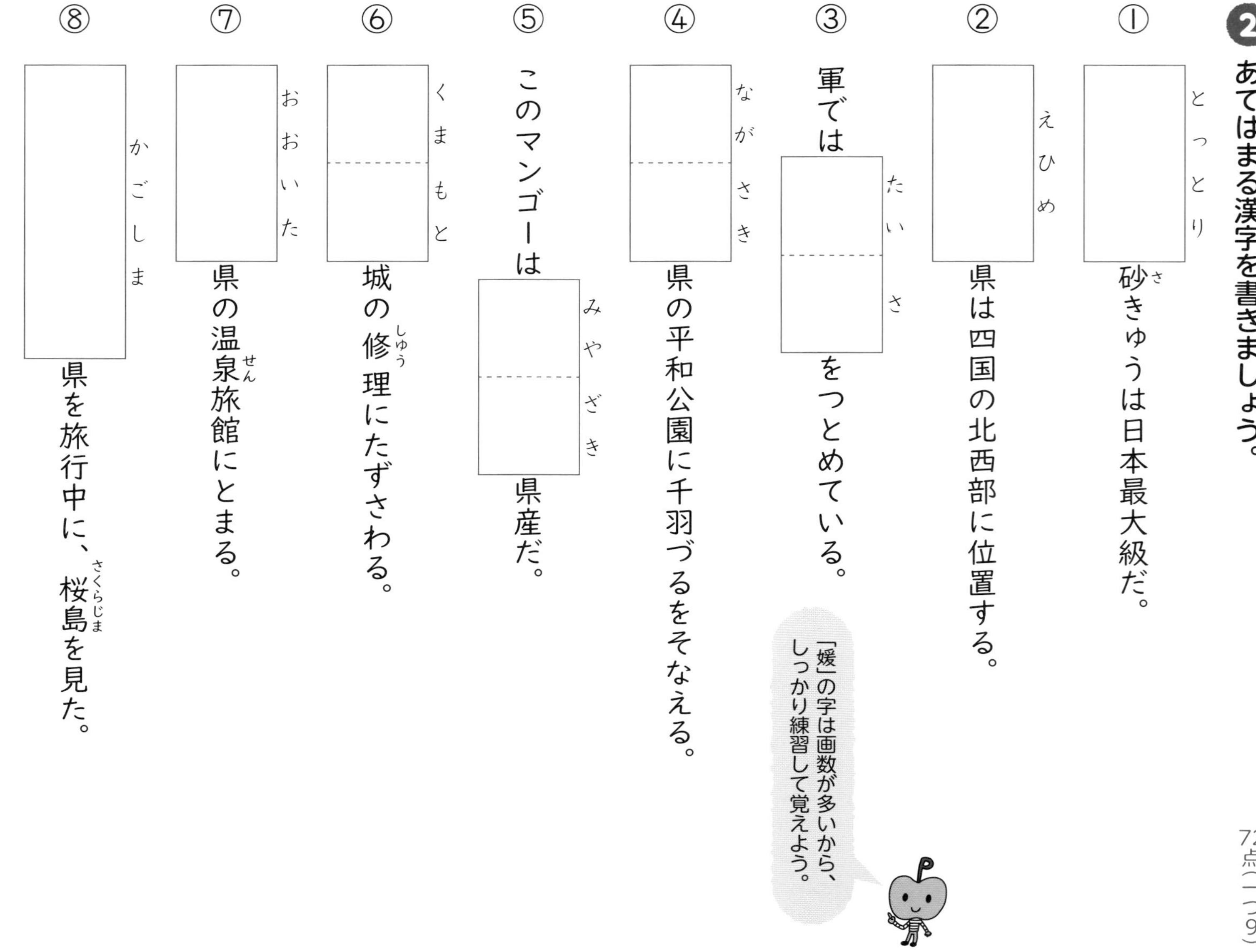

①〔とっとり〕砂(さ)きゅうは日本最大級だ。

②〔えひめ〕県は四国の北西部に位置する。

③軍では〔たい｜さ〕をつとめている。

④〔なが｜さき〕県の平和公園に千羽づるをそなえる。

⑤このマンゴーは〔みや｜ざき〕県産だ。

⑥〔くま｜もと〕城の修(しゅう)理にたずさわる。

⑦〔おおいた〕県の温泉(せん)旅館にとまる。

⑧〔かごしま〕県を旅行中に、桜島(さくらじま)を見た。

「媛」の字は画数が多いから、しっかり練習して覚えよう。

ヒント ④⑤「崎」の部首は「山」です。形のにている「埼」とまちがえないように注意しましょう。

一月から三月に習った漢字

1 漢字の読みがなを書きましょう。 16点（一つ2）

① 新潟（　　）県で米を作る。

② 梨（　　）をたくさんもらう。

③ 大阪（　　）弁（べん）で話す。

④ 羊を放牧（　　）する。

⑤ 栃（　　）の実を拾う。

⑥ 徳（　　）を積む。

⑦ 埼玉（　　）県でとれた玉ねぎ。

⑧ 手鏡（　　）を持つ。

2 あてはまる漢字を書きましょう。〔　〕には漢字とひらがなを書きましょう。 24点（一つ3）

① 月が〔かける〕。

② □（なか）直りをする。

③ □（なら）の大仏（ぶつ）を見る。

④ □（えひめ）県の気候。

⑤ □□（きぼう）がかなう。

⑥ □□（さくや）は雪がふった。

⑦ □□（じゅうみん）の話し合い。

⑧ 姉は□□□（しょうきょくてき）だ。

うらのページに続くよ！

3 ——の同じ読み方の言葉を漢字で書きましょう。 32点(一つ4)

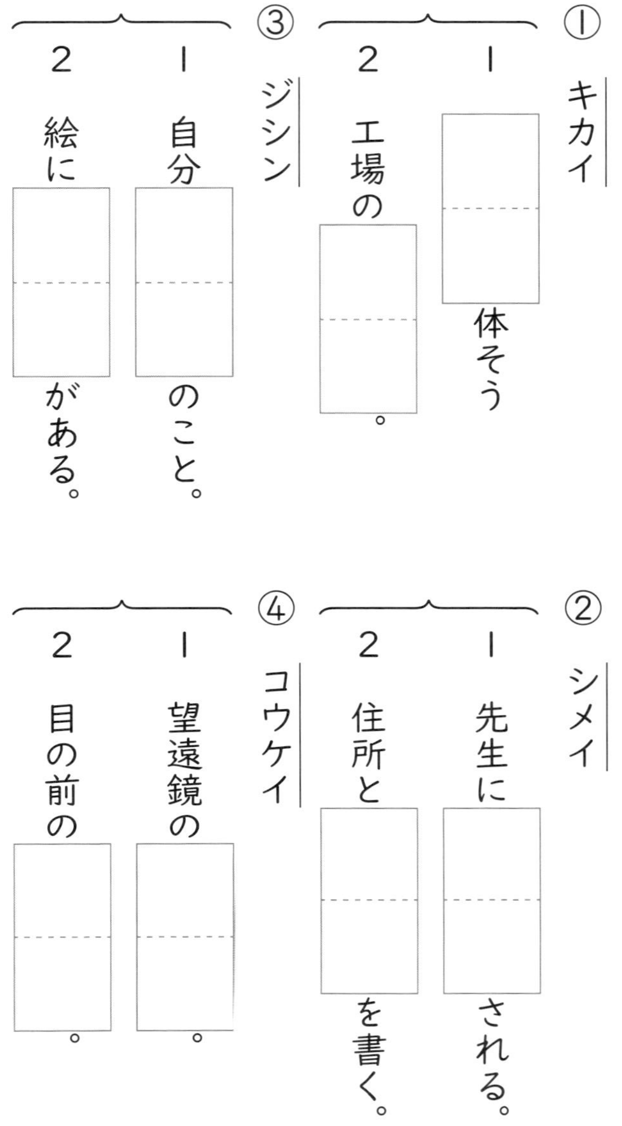

① キカイ
1 □□体そう
2 工場の□□。

② シメイ
1 先生に□□される。
2 住所と□□を書く。

③ ジシン
1 自分□□のこと。
2 絵に□□がある。

④ コウケイ
1 望遠鏡の□□。
2 目の前の□□。

4 ■に共通する部分を書きましょう。 10点(一つ5)

① 手 云 次 城 □

② 支 阜 長 奇 □

5 次の□に入る正しい漢字を〔　〕から選んで書きましょう。 18点(一つ3)

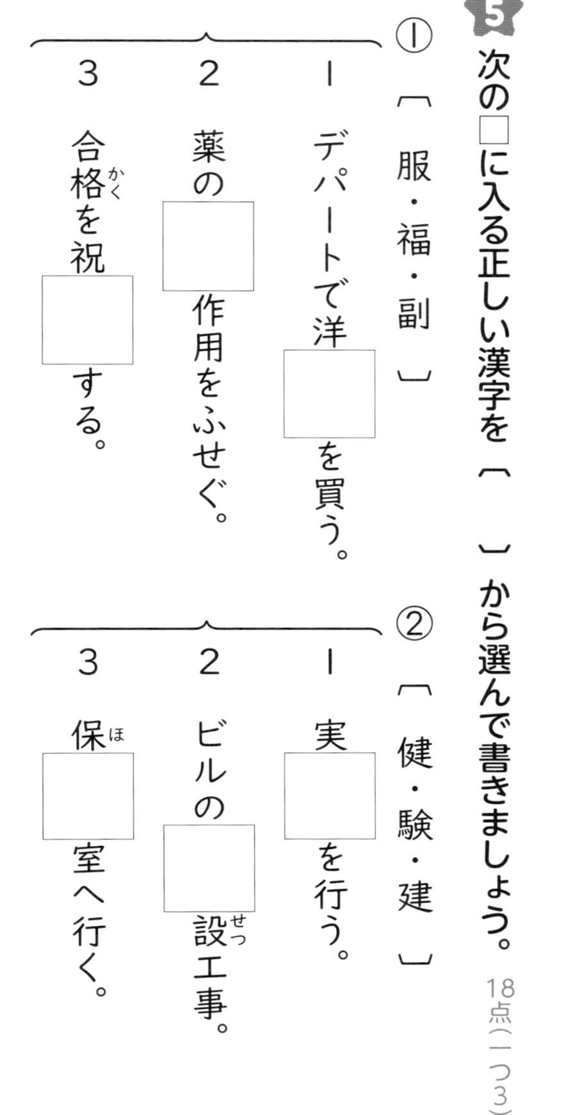

①〔服・福・副〕
1 デパートで洋□を買う。
2 薬の□作用をふせぐ。
3 合格(かく)を祝□する。

②〔健・験・建〕
1 実□を行う。
2 ビルの□設(せっ)工事。
3 保(ほ)□室へ行く。

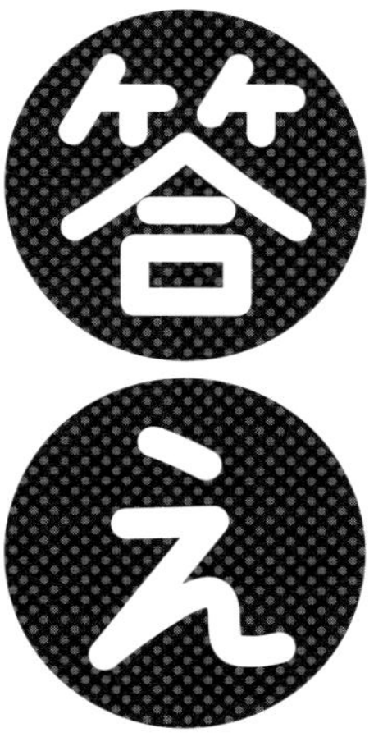

答え

●ドリルやホームテストが終わったら、答え合わせをしましょう。
●まちがっていたら、かならずもう一度やり直しましょう。考え方も読み直しましょう。

1. 漢字のふく習　1～2ページ

1 ①かんそう　②のうぎょう　③れっしゃ　④みずうみ　⑤ころ　⑥くら　⑦かな　⑧あじみ

2 ①薬　②島　③病院　④鉄道　⑤美　⑥港　⑦都市　⑧放送

3 ①しゃこ　②しら　③かぞく　④みどりいろ　⑤たいよう　⑥み　⑦にもつ　⑧そうだん　⑨れんしゅう　⑩こうそく

4 ①流　②予定　③研究　④祭　⑤平等　⑥反対　⑦幸福　⑧終

2. きほんのドリル　3～4ページ

1 ①がっき　②そうこ　③こめぐら　④す　⑤さ　⑥じかく　⑦おぼ

2 ①食器　②器用　③倉　④倉庫　⑤巣箱　⑥感覚　⑦覚　⑧覚

考え方

2 ③の「こく倉地帯（たい）」とは、米や麦などのこく物がたくさんとれる地方のことです。

3. きほんのドリル　5～6ページ

1 ①はたら　②しつれい　③うしな　④つつ　⑤ほう　⑥たと　⑦れい

2 ①働　②働　③失言　④見失　⑤包　⑥包丁　⑦例　⑧例文

4. きほんのドリル　7～8ページ

1 ①めいあん　②つづ　③へんか　④つた　⑤か

2 ①案内　②続行　③続　④変　⑤伝　⑥伝記　⑦借用　⑧直

5. きほんのドリル　9～10ページ

1 ①もと　②きろく　③どりょく　④しぜん　⑤ぶんるい

2 ①求　②録音　③自立　④自　⑤努　⑥天然　⑦人類　⑧類

考え方

2 ⑧の「類いまれな」とは、他に同じようなものがなく、たいへんめずらしいという意味です。

6. きほんのドリル　11～12ページ

1 ①ぶんるいほう　②りょう　③べつ　④わか　⑤さんか　⑥まい　⑦くわ

2 ①方法　②料金　③料理　④区別　⑤参考　⑥参　⑦加入　⑧加

7. きほんのドリル　13～14ページ

1 ①め　②はつが　③ししょ　④しかい　⑤じてん　⑥じてん

2 ①発芽　②芽生　③新芽　④上司　⑤司会者　⑥辞典　⑦辞書　⑧古典

8. きほんのドリル　15～16ページ

1 ①な　②せいちょう　③せつめい　④と　⑤れんきゅう　⑥つら　⑦ひつじゅん

2 ①成　②成人式　③小説　④説　⑤連想　⑥連　⑦順番　⑧順調

9. きほんのドリル　17～18ページ

1 ①おんくん　②しゅるい　③たね　④べんり　⑤りよう　⑥なお　⑦ちあん

2 ①教訓　②種目　③便　④便　⑤勝利　⑥治　⑦自治会　⑧治

10 まとめのドリル　19～20ページ

1 ①すばこ　②はつが　③しぜん　④あんがい　⑤か　⑥べつ・ほうほう　⑦せいちょう・きろく　⑧じてん・つつ　⑨ぐたいれい・つた

2 ①治る　②借りる　③働く　④覚える　⑤訓練　⑥便利　⑦連続・参加　⑧料・種類　⑨道順・説明

考え方

2 ①の「治る」は、同じ読みの「直る」とまちがえないように注意しましょう。「治る」は病気やけががよくなるとき、「直る」は、こわれた物などがもとにもどるときに使います。

11 きほんのドリル　21～22ページ

1 ①かんさつ　②かんきゃく　③さっ　④じっけんしつ　⑤だいこうぶつ　⑥この　⑦と

2 ①観光　②察　③考察　④体験　⑤友好　⑥好　⑦飛来　⑧飛

12 きほんのドリル　23～24ページ

1 ①かんけい　②かか　③はく　④けっか　⑤むす　⑥は　⑦きかい

2 ①関心　②関所　③博物館　④連結　⑤結　⑥果実　⑦果　⑧飛行機

13 きほんのドリル　25～26ページ

1 ①りょう　②ねっとう　③せいしょ　④ぎょせん　⑤がいちゅう

2 ①大量　②量　③熱　④清　⑤清水　⑥大漁　⑦明朝　⑧害

考え方

2 ①と⑥は同じ「たいりょう」ですが、文の意味をとらえて使い分けましょう。「大量」は数が多いこと、「大漁」は魚がたくさんとれることです。

14 きほんのドリル　27～28ページ

1 ①ざいりょう　②かんせい　③やくそく　④はなたば　⑤せき

2 ①材木　②完全　③手伝う　④走　⑤予約　⑥結束　⑦束　⑧客席

15 きほんのドリル　29～30ページ

1 ①にい　②くらい　③わら　④とく　⑤や　⑥きょう　⑦けいばじょう

2 ①順位　②位　③笑　④笑　⑤特集　⑥特　⑦焼　⑧競

16 きほんのドリル　31～32ページ

1 ①はじ　②がんねん　③はた　④もっと　⑤けんこう

2 ①初　②初心者　③初雪　④国旗　⑤最　⑥最後　⑦健全　⑧健康

17 きほんのドリル　33～34ページ

1 ①じょうたつ　②じなん　③せいこう　④しっぱい　⑤しつぼう

2 ①配達　②赤道　③半　④絵画　⑤功　⑥敗　⑦望遠　⑧望

18 まとめのドリル　35～36ページ

1 ①のぞ　②かんさつ　③ひこうき　④かんぱい　⑤きよ　⑥とくだい・はた　⑦す・けんこう　⑧りょう・しゅざい　⑨こうがい・かん

2 ①熱い　②量る　③笑う　④競走　⑤約束　⑥博物館　⑦最・席　⑧初・成功　⑨実験・結果

19 きほんのドリル　37～38ページ

1 ①ともだち　②きょうかん　③えいご　④けつまつ　⑤あい

2 ①友達　②共通　③共　④英文　⑤週末　⑥末　⑦愛　⑧愛用

20 きほんのドリル　39～40ページ

1 ①ぶ　②てんこう　③かざぐるま

④お　⑤させつ　⑥しき　⑦ふたとお

2 ①分　②時候　③気候　④折
⑤折　⑥折　⑦色紙　⑧二口

21. きほんのドリル　41～42ページ

1 ①こう　②もくてき　③まと
④ひつよう　⑤かなら　⑥かなめ

2 ①広大　②定期的　③的中　④的
⑤必死　⑥必　⑦要点　⑧要

考え方

1 ⑥の「要」とは、いちばん大事なところや人のことです。

22. きほんのドリル　43～44ページ

1 ①いんさつ　②しるし　③さっしん
④す　⑤えら　⑥せんしゅ

2 ①印　②消印　③目印　④刷　⑤刷
⑥予選　⑦選出　⑧選

考え方

1 ③の「刷新」とは、悪いところをなくして、すっかり新しくするという意味です。

23. 夏休みのホームテスト　45～46ページ

1 ①けつまつ　②じょうたつ　③かなめ
④しかいしゃ　⑤つづ　⑥つ
⑦か　⑧つと

2 ①必ず　②覚える　③変わる　④焼
⑤花束　⑥辞書　⑦英語　⑧愛用

3 ①カ　②イ　③ア　④ク　⑤ウ
⑥オ　⑦キ　⑧エ

4 ①自然　②好転　③成功　④勝利

5 ①約　②材　③説　④案

24. 夏休みのホームテスト　47～48ページ

1 ①てんこう　②そうこ　③いんさつ
④くんれん　⑤ぎょるい　⑥しょうかき
⑦うしな　⑧まとはず

2 ①選ぶ　②求める　③折　④完成
⑤最初　⑥特別　⑦順位　⑧指定席

3 ①包　②法　③果　④加

4 ①六　②四　③九　④四　⑤五　⑥六

5 ①例　②清　③量　④種

25. きほんのドリル　49～50ページ

1 ①ねが　②そうふ　③きょうりょく
④つ　⑤ぎょふ

2 ①願望　②付近　③付　④協定
⑤体積　⑥夫　⑦夫　⑧交

考え方

1 ⑤の「漁夫の利」とは、人が争(あらそ)っているすきに、他の人がたやすくその利益(えき)を横取りすることです。

26. きほんのドリル　51～52ページ

1 ①いがい　②ぎだい　③もくひょう
④ぐんしゅう　⑤む　⑥むら　⑦ぐん

2 ①以来　②議長　③標本　④標高
⑤群生　⑥群　⑦群　⑧郡部

27. きほんのドリル　53～54ページ

1 ①かん　②かんがっき　③と
④とほ　⑤にゅうよく

2 ①器官　②管　③音色　④富
⑤富　⑥生徒　⑦白波　⑧浴

28. きほんのドリル　55～56ページ

1 ①がいとう　②まち　③とうだい
④せんきょ　⑤あ　⑥とうひょう

2 ①市街地　②商店街　③街角(町角)
④点灯　⑤挙手　⑥挙　⑦投票　⑧開票

29. きほんのドリル　57～58ページ

1 ①そつぎょう　②かもつせん　③おき
④せんそう　⑤たたか　⑥あらそ

2 ①卒業式　②新卒　③金貨　④沖合
⑤作戦　⑥戦　⑦競争　⑧争

考え方

2 ⑦は、勝ち負けを争うという意味の「競争」です。同じ読みの「競走」は「走って速さをきそう」ときに使います。

30 きほんのドリル 59～60ページ

1 ①はいきゅう ②はん ③めし ④ず ⑤ほうたい ⑥な

2 ①給食 ②飯 ③朝飯前 ④帯 ⑤一帯 ⑥帯 ⑦泣 ⑧泣

31 きほんのドリル 61～62ページ

1 ①ぐんか ②へいたい ③おんがくたい ④いちりん ⑤わな ⑥けい ⑦けいひん

2 ①軍歌 ②軍手 ③兵力 ④出兵 ⑤隊長 ⑥大輪 ⑦輪 ⑧夜景

考え方 2 ⑤の「隊長」は、隊のリーダーという意味です。同じ読み方の「体調」は、体の調子という意味なのでまちがえないように注意しましょう。

32 きほんのドリル 63～64ページ

1 ①せいしゅん ②あさ ③そこ ④ち ⑤じどうかい

2 ①後半戦 ②人形 ③地下鉄 ④浅 ⑤海底 ⑥散歩 ⑦犬 ⑧育児

33 まとめのドリル 65～66ページ

1 ①そつぎょう ②ゆうはん ③と ④へいたい ⑤お ⑥かもつ・つ ⑦ひょう・がいとう ⑧おき・とうだい ⑨ぎだい・せいとかい

2 ①戦う ②浴びる ③群 ④給食 ⑤以上 ⑥金管 ⑦争う・協力 ⑧願い・泣 ⑨一輪車・浅い

34 きほんのドリル 67～68ページ

1 ①いしょくじゅう ②お ③さ ④ちょうせつ ⑤たん

2 ①衣服 ②米 ③配置 ④交差点 ⑤差 ⑥節分 ⑦節目 ⑧単位

35 きほんのドリル 69～70ページ

36 きほんのドリル 71～72ページ

1 ①えいよう ②さか ③やしな ④しお ⑤むけい ⑥な ⑦しゅっさん

2 ①光栄 ②栄 ③休養 ④食塩 ⑤無口 ⑥無事 ⑦特産品 ⑧産

37 きほんのドリル 73～74ページ

1 ①しょう ②はぶ ③しょうめい ④て ⑤しゅくじつ ⑥いわ ⑦しあい

2 ①反省 ②省 ③日照 ④照明 ⑤祝辞 ⑥祝 ⑦試食 ⑧試

38 きほんのドリル 75～76ページ

1 ①くま ②しか ③のこ ④ざんねん ⑤ふあん ⑥ぶきみ

2 ①熊手 ②子鹿 ③鹿 ④残金 ⑤残 ⑥残 ⑦不調 ⑧不器用

39 きほんのドリル 77～78ページ

1 ①かんれい ②こうてい ③うせつ ④ふまん ⑤みち

2 ①冷気 ②冷 ③冷 ④低下 ⑤低 ⑥満月 ⑦満 ⑧未来

考え方 2 ②は、熱いものの温度を下げるという意味の「冷ます」です。目を「覚ます」と使い分けましょう。

40 きほんのドリル 79～80ページ

1 ①ろうぼく ②りょうこう ③ちゃくりく ④でんごん ⑤かいぎょう

2 ①父母 ②老人 ③老 ④良心 ⑤良 ⑥陸上 ⑦改 ⑧改

1 ①しろ ②あた ③なたね ④はくさい ⑤や ⑥いど

2 ①城 ②城下町 ③近辺 ④辺 ⑤海辺 ⑥野菜 ⑦青菜 ⑧井

考え方 2 ⑧「井の中のかわず」とは、「井の中のかわず大海を知らず」を略（りゃく）した言葉です。井戸の中のかえるは大きな海があることを知らないという意味から、自分の考え方や物の見方がせまいことに気づかないでいる人のことを表しています。

41. きほんのドリル 81～82ページ

1 ①まつ ②しょうちく ③がわ
④そっきん ⑤ふしぎ ⑥ねん

2 ①松竹 ②松林 ③側面 ④右側
⑤側 ⑥不思議 ⑦入念 ⑧記念

42. きほんのドリル 83～84ページ

1 ①ひなわ ②かた ③もうひつ
④ねんが ⑤とうあん

2 ①大縄 ②固定 ③正直 ④船旅
⑤黄金 ⑥晴天 ⑦羽子板 ⑧景色

43. まとめのドリル 85～86ページ

1 ①かた ②りょうがわ ③ひく
④あらた ⑤ぶようじん
⑥しろ・しか ⑦くま・お
⑧やさい・しお ⑨ぶじ・ちゃくりく

2 ①試みる ②良好 ③縄 ④栄養
⑤残り ⑥調節 ⑦井戸・冷たい
⑧満月・照らす ⑨記念・祝い

44. きほんのドリル 87～88ページ

1 ①しず ②せい ③まわ ④しゅうへん
⑤まご ⑥しそん ⑦うめ

2 ①安静 ②静 ③一周 ④周
⑤子孫 ⑥初孫 ⑦梅園 ⑧梅

45. きほんのドリル 89～90ページ

1 ①きせつ ②かき ③えふだ ④さつ
⑤あんしょう ⑥とな

2 ①季節 ②四季 ③札 ④改札
⑤札 ⑥暗唱 ⑦合唱 ⑧唱

46. きほんのドリル 91～92ページ

1 ①おかやま ②とどうふけん
③おくまん ④ちょう ⑤しょうれい

2 ①福岡 ②雪合戦 ③府 ④一億
⑤前兆 ⑥帰省 ⑦号令 ⑧命令

考え方

2 ⑤の「前兆」は、何かが起こることを、前もって知らせるものという意味です。同じ読みの「全長」とまちがえないようにしましょう。

47. 冬休みのホームテスト 93～94ページ

☆1 ①えいよう ②さんしょう ③まご
④ごうれい ⑤せきせつ ⑥しけん
⑦いりょうひん ⑧おく

☆2 ①付ける ②静まる ③周辺 ④差
⑤夫 ⑥児童 ⑦節水 ⑧府

☆3 ①ア隊 イ陸 部首名…オ
②ア松 イ梅 部首名…ウ
③ア菜 イ芽 部首名…ア
④ア散 イ敗 部首名…カ

☆4 ①1郡 2群 ②1官 2管

考え方

☆3 ①「阝」は漢字の左側の部分につく「こざとへん」、「阝」は漢字の右側の部分につく「おおざと」です。

48. 冬休みのホームテスト 95～96ページ

☆1 ①おかやま ②ぐん ③けいひん
④ねんが ⑤あらそ ⑥しょうてんがい
⑦のこ ⑧ぜんちょう

☆2 ①省く ②願う ③季節 ④目標
⑤卒業 ⑥絵札 ⑦合唱 ⑧以内

☆3 ①願望 ②高低 ③老人 ④落城
⑤未満

☆4 ①産 ②単 ③挙 ④無 ⑤試 ⑥灯

☆5 ①七 ②四 ③六 ④三

考え方

☆3 ①～⑤の熟語（じゅくご）の意味は、次のとおりです。①は、にた意味を表す漢字を組み合わせたもの。②は、意味が対（つい）になる漢字を組み合わせたもの。③は、上の漢字が下の漢字をくわしく説明しているもの。④は、上の漢字が動作や作用を、下の漢字が「〜を」「〜に」を表すもの。⑤は、上の漢字が下の漢字の意味を打ち消しているもの。

考え方 ★5 ①の部首は「くるまへん」、②の部首は「ほこづくり・ほこがまえ」、③の部首は「いとへん」、④の部首は「つちへん」です。

49 きほんのドリル 97〜98ページ

❶ ①たてもの ②きぼう ③なし ④しゅげい ⑤いばら

❷ ①歩 ②建 ③新 ④希少 ⑤山梨 ⑥丸薬 ⑦学芸会 ⑧茨

50 きほんのドリル 99〜100ページ

❶ ①けつじょう ②なかま ③じんとく ④ぼうえんきょう・こうけい ⑤かがみ

❷ ①欠席 ②欠 ③欠 ④仲直 ⑤徳用 ⑥半径 ⑦鏡台 ⑧鏡開

51 きほんのドリル 101〜102ページ

❶ ①ぼくじょう ②かくち ③しめい ④くろう ⑤なんきょく

❷ ①牛肉 ②牧草 ③寺社 ④各国 ⑤氏名 ⑥労力 ⑦北極 ⑧積極的

52 きほんのドリル 103〜104ページ

❶ ①さくや ②ふくだいじん ③ほうかご ④きのう ⑤きかい

❷ ①昨年 ②副会長 ③大臣 ④家臣 ⑤放課後 ⑥課題 ⑦昨日 ⑧器械

53 きほんのドリル 105〜106ページ

❶ ①くだもの ②かお ③かがわ ④みんぞく ⑤ゆうき ⑥しん

❷ ①果物 ②香 ③香 ④民宿 ⑤市民 ⑥勇者 ⑦勇 ⑧自信

54 きほんのドリル 107〜108ページ

❶ ①にいがた ②とやま ③ぎふ ④とちぎ

❷ ①宮城 ②新潟 ③潟 ④富山 ⑤岐阜 ⑥茨城 ⑦栃木 ⑧栃

55 きほんのドリル 109〜110ページ

❶ ①さいたま ②かながわ ③しが ④おおさか

❷ ①群馬 ②埼玉 ③千葉 ④神奈川 ⑤奈良 ⑥奈落 ⑦滋賀 ⑧大阪

56 きほんのドリル 111〜112ページ

❶ ①とっとり ②えひめ ③さが ④ながさき ⑤くまもと ⑥おおいた ⑦かごしま

❷ ①鳥取 ②愛媛 ③大佐 ④長崎 ⑤宮崎 ⑥熊本 ⑦大分 ⑧鹿児島

57 学年末のホームテスト 113〜114ページ

★1 ①にいがた ②なし ③おおさか ④ほうぼく ⑤とち ⑥とく ⑦さいたま ⑧てかがみ

★2 ①欠ける ②仲 ③奈良 ④愛媛 ⑤希望 ⑥昨夜 ⑦住民 ⑧消極的

★3 ①1器械 2機械 ②1指名 2氏名 ③1自身 2自信 ④1口径 2光景

★4 ①艹 ②山

★5 ①1服 2副 3福 ②1験 2建 3健

考え方 ★4 ①の部首は「くさかんむり」、②の部首は「やまへん」です。

おうちの方へ 57 ★3の同音異義語は、特に間違えやすい問題です。文や熟語の意味を考えて、使い分けができるように練習をしましょう。